O universo do luxo

O universo do luxo

Renato Ortiz

alameda

Grafia atualizada segundo o Acordo Ortográfico da Língua Portuguesa de 1990, que entrou em vigor no Brasil em 2009.

Edição: Haroldo Ceravolo Sereza
Editora assistente: Danielly de Jesus Teles
Projeto gráfico e diagramação: Danielly de Jesus Teles
Assistente acadêmica: Bruna Marques
Revisão: Alexandra Colontini
Arte da capa: Marcos Cartum

CIP-BRASIL. CATALOGAÇÃO NA PUBLICAÇÃO
SINDICATO NACIONAL DOS EDITORES DE LIVROS, RJ

O89u

Ortiz, Renato
O universo do luxo / Renato Ortiz. - 1. ed. - São Paulo : Alameda, 2019.
p. ; 21 cm.

ISBN 978-85-7939-600-7
Inclui bibliografia

1. Consumo (Economia) - Aspectos sociais. 2. Cultura. 3. Globalização - Aspectos sociais. I. Título.

19-54884 CDD: 306.3
CDU: 304.2

ALAMEDA CASA EDITORIAL
Rua 13 de Maio, 353 – Bela Vista
CEP 01327-000 – São Paulo, SP
Tel. (11) 3012-2403
www.alamedaeditorial.com.br

Sumário

Introdução
7

O mercado de bens de luxo
11

Um universo singular
63

Distinção e sobreposição das fronteiras: arte e luxo
115

O mundo dos ricos
171

Considerações finais: autenticidade e gosto
231

Digressão
261

Bibliografia
269

Introdução

Meu interesse pela temática do luxo se deve muito provavelmente aos estudos que fiz sobre a relação entre mundialização e cultura. Creio que o leitor, ao longo do texto, irá perceber os traços desse itinerário anterior. Há uma dimensão que marca o debate sobre a globalização: a questão do espaço. No âmbito da modernidade-mundo as categorias espaciais se transformam, por exemplo, a relação entre o próximo e o distante, e as fronteiras tornam-se linhas de conflitos e de afirmações das identidades. Um exemplo é o mundo do consumo, ele nos permite pensar o fenômeno da desterritorialização, ou seja, a maneira como determinados bens simbólicos afastam-se de suas raízes locais ou nacionais. De fato a contemporaneidade é marcada por signos e símbolos desterritorializados, das celebridades de Hollywood às imagens dos paraísos turísticos (praias, desertos, montanhas). Entretanto, no caso do luxo, temos uma peculiaridade, ele é simultaneamente global e hiper-restrito. Dois movimentos o constituem, expansão e exiguidade. Seus objetos são globais, encontram-se em "todo" o planeta, mas seletivos, são inacessíveis à maioria das pessoas. O universo do luxo realiza-se em um lugar à parte, o que denominei de "o mundo dos ricos". Sem esta dimensão material ele não existiria. A tensão entre expansão e restrição é o ponto de partida deste livro, o fio condutor dos argumentos. Quando digo universo, isso significa, o espaço onde o luxo habita. Trata-se de um território específico formado por pontos descontínuos interligados pela mesma intenção simbólica. Um vestido Dior, na sua solidão, é apenas um traço deste mundo luxuoso. Em si, ele é pouco representativo, no entanto, ao articular-se à outros objetos (lenços Hermès, bolsas Louis Vuitton, relógios Rolex) e a outras práticas (frequência à lojas chiques em Paris, viagens de avião em primeira classe, estadias em hotéis-palácios), sua natureza torna-se inteligível. Cada ponto é uma manifestação da restrição mas ele encontra-se articulado à uma totalidade, daí a importância em construir sua idiossincrasia, definir suas qualidades e suas fronteiras. Para isso é preciso separar o luxo das manifestações banais, definir sua "autenticidade" e sua singularidade. Um labor simbólico é realizado para que essa distinção seja convincente, apresente-se como "verdadeira". Toda identidade é uma construção simbólica que se faz em relação a um referente. A problemática a que dedico tem como referente o luxo, e sua dimensão simbólica é construída por um conjunto de artífices: os "intelectuais orgânicos" desse mundo. São eles que dão veracidade e densidade ao padrão de autoridade que se torna, cada vez mais, de alcance global; referência legítima do bom gosto, elegância e refinamento. Compreender sua lógica é entender o lado suave da dominação.

Uma pesquisa deste tipo pressupõe uma pergunta: como construir o objeto sociológico? Antes de mais nada devo situar meu interesse, a proposta é circunscrevê-lo ao mundo contemporâneo, isto é, o momento em que o luxo se globaliza. Esse é o contexto no qual sua singularidade é trabalhada, constituindo-se em padrão de autoridade cuja legitimidade simbólica transcende a esfera das particularidades locais e nacionais. O mercado dos bens de luxo é global, nele atuam as empresas e as corporações que reivindicam sua autenticidade: Louis Vuitton Moët Hennessy (LVMH), Kering, Armani, Hermès, etc. Entretanto, uma dificuldade se impões, o fato da temática ter sido negligenciada pelas Ciências Sociais. A História foi talvez a única disciplina que lhe deu a devida atenção, há diversos textos relativos ao fausto das cortes aristocráticas, à Roma Antiga, Idade Média, Renascimento, Oriente Médio, China Antiga. Os problemas iniciam-se com o século XIX, e ao chegarmos ao XX, os estudos tornam-se mais rarefeitos. Pode-se dizer que alguns dos pais fundadores da Sociologia o levaram em consideração. Basta lembrar certos textos canônicos: "Luxo e Capitalismo" (Sombart); "A moda" (Simmel); "Teoria da Classe Ociosa" (Veblen), ou ainda o belíssimo livro de Norbert Elias sobre a sociedade de corte. Entretanto, o impulso inicial se perdeu. Durante as décadas de 1970 e 1980 surge um conjunto de estudos sobre a sociedade de consumo, e no âmbito do debate sobre a pós-modernidade, diversas análises articulando consumo e pós-modernidade[1]. Mas são realmente poucos os trabalhos sociológicos e antropológicos propriamente sobre a esfera do luxo. Trata-se de algo, senão marginal, pelo menos secundário na bibliografia acadêmica internacional. Há, é claro, exceções que confirmam a regra[2]. Tampouco os economistas realmente se interessaram pelo tema, na verdade, quando Adam Smith funda a ciência econômica, o luxo, tema de discussão acalorada entre os mercantilistas, torna-se um capítulo encerrado, algo periférico ao

1 Ver Jean Baudrillart, *La Société de Consommation*, Paris, Denöel, 1970; Mike Featherstone, *Cultura de Consumo e Pós Modernismo*, São Paulo, Studio Nobel, 1995.

2 Por exemplo, no Brasil, o trabalho de José Carlos Durand, *Moda, Luxo e Economia*, São Paulo, Babel Cultural, 1988.

entendimento da acumulação da riqueza. Porém, se existe um relativo silêncio bibliográfico em relação à questão, em contrapartida há uma eloquência superlativa ao considerarmos a área de administração de empresas e do marketing. Neste caso, tem-se à disposição uma literatura imensa. Ela é interessada, dirigida ideologicamente, mas fala de um objeto que nos interessa e constitui um rico material de análise. Existe um mercado global de bens de luxo e para isso a reflexão sobre sua racionalidade e gestão faz-se necessária (há escolas que formam profissionais para atuar na área). Muito do material utilizado neste livro provém dessa fonte bibliográfica, mas procurei também integrar os escritos, as vezes entrevistas, relativos a personagens desse universo, criadores, perfumistas, costureiros, cronistas. Do ponto de vista antropológico, poderíamos dizer que se trata de uma literatura nativa. As grandes marcas têm ainda o hábito do auto-elogio, editam elaboradas publicações com fotos e desenhos de seus produtos; trata-se de um material icônico sugestivo que auxilia a compreender os meandros desse lugar privilegiado. Outras fontes foram os documentários cinematográficos, particularmente em relação à alta costura, e principalmente os vídeos; basta digitar "luxo" no Youtube e tem-se à disposição dezenas de referências. Uma última observação de ordem metodológica: as visitas à exposições e museus. Diante da rarefação dos estudos em Ciências Sociais esta foi a forma que encontrei para acercar-me do tema. Um pouco como os antropólogos procurei decifrar os habitantes dessas ilhas de Trobriand, impregnando-me de seus hábitos excêntricos, para mim, até então, pouco familiares. Mas não tenhamos ilusões, não se trata da clássica observação participante, a entrada nesse universo à parte é protegida por barreiras intransponíveis, os intrusos são cuidadosamente mantidos à distância.

Por fim, os agradecimentos, que nada têm de formais, ao CNPq e à Fapesp, o auxílio dessas instituições foi imprescindível na realização do trabalho.

O mercado dos bens de luxo

Os mapas têm a virtude de auxiliar a navegação representam graficamente o espaço a ser percorrido, sem eles o deslocamento torna-se errático, indeterminado. Nas Ciências Sociais números e tabelas funcionam como balizas geográficas para o entendimento analítico. Desenham um retrato que nos aproxima do tema a ser decifrado. Minha intenção neste capítulo é transmitir ao leitor o mapa de uma problemática na qual as informações são geralmente incompletas e rarefeitas. Seu intuito é trazer subsídios para que se possa melhor compreender as questões trabalhadas ao longo do texto. Os estudos quantitativos do mercado de bens de luxo são feitos por consultorias privadas que vendem os resultados aos interessados. Contrariamente às estatísticas relativas ao setor da saúde, educação e comércio, não existe uma sistematicidade na coleta de dados, muito menos fontes oficiais que deles se ocupem. Se os estatísticos estão frequentemente em disputa em relação às categorias que utilizam em seus trabalhos, no caso que nos interessa as dificuldades são expressivas. Isso se agrava quando se sabe que os próprios economistas manifestaram ao longo do tempo um razoável desinteresse pelo tema, há de fato poucas análises deste mercado "misterioso". Como não é meu objetivo fazer uma exposição detalhada sobre o assunto utilizarei, com cautela, algumas dessas fontes como material primário para desenvolver minha argumentação.[1] Em 2016 o valor do mercado de bens de luxo atingiu 1.081 bilhões € encontrando-se dividido da seguinte forma: carros = 438 bilhões; bens pessoais = 249 bilhões; hotéis = 183 bilhões; vinhos e aguardentes = 66 bilhões; comida fina = 46 bilhões; artes finas = 39 bilhões (objetos de decoração, antiguidades); design e móveis = 33 bilhões; jatos privados = 18 bilhões; iates = 7 bilhões; cruzeiros = 2 bilhões.[2] Trata-se portanto de um mercado bastante rentável. Os gráficos 1 e 2 mostram como carros e bens pessoais têm tido um crescimento contínuo ao longo dos anos; se é verdade que a curva em alguns momentos conhece um

1 Basicamente duas dessas instituições são importantes. Xerfi, do grupo Xerfi de análise de mercado; Bain & Company instituição com longa tradição em elaborar relatórios comerciais. Atualmente trabalha em parceria com a Fondazione Altagamma (fundada em 1992), formada por um grupo de empresas italianas de marcas de luxo cujo intuito é administrar os seus interesses próprios.

2 Altagama 2016 Worldwide Luxury Market Monitor (Bain & Company). Nota ao leitor: o montante do faturamento no mercado de bens de luxo não se compara ao das grandes corporações. O faturamento anual da Google é de US$ 75 bilhões em 2015 um número muito superior ao da LVMH (Louis Vuitton Moët Hennessy) o maior oligopólio da esfera do luxo. O mesmo ocorre em relação ao valor das marcas (dados para 2014): Apple 118,8 bilhões de dólares; Google 107,4 bilhões; Coca-Cola 81,5 bilhões; IBM 72,2 bilhões; Louis Vuitton 22,5 bilhões. No entanto, a esfera do luxo encerra um valor simbólico que nenhuma dessas empresas possuem.

certo descenso, por exemplo em 2009, após a crise de 2008, no todo ela indica um ascenso regular.[3]

Gráfico 1: (Bens Pessoais: bilhões €)

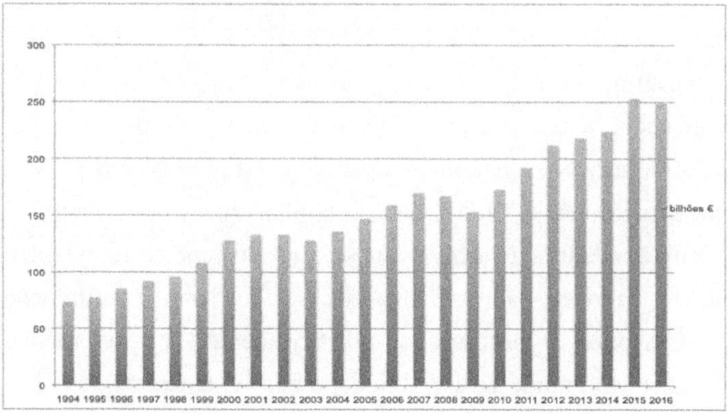

Gráfico 2: (Automóveis: bilhões €)

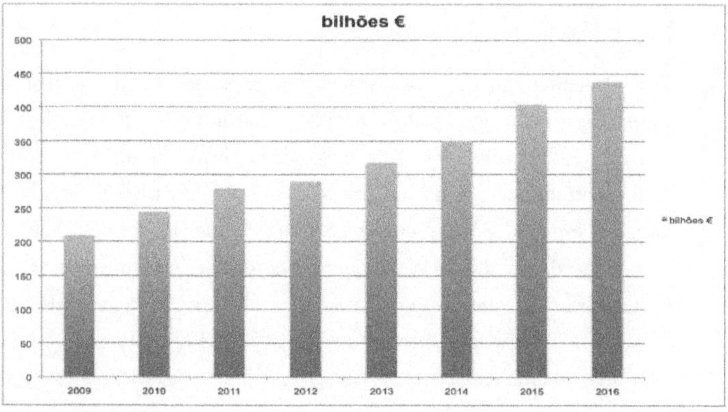

3 Os gráficos resultam da consulta aos relatórios elaborados por Bain & Company de 2008 à 2016.

Como os dados disponíveis referem-se sobretudo aos bens pessoais, pode-se perguntar o que eles nos ensinam. O gráfico 3 traz informações sobre a divisão regional do mercado[4]. A comparação entre 2007 e 2016 indica mudanças importantes. A Europa deixa de ser o maior mercado de faturamento sendo alcançada pelas Américas (continente americano); em 2016 essas duas regiões concentram 66% do mercado de bens pessoais de luxo. O Japão, que ocupava uma posição de destaque ainda em 2007 vê sua parte diminuir; a Ásia tem um crescimento vertiginoso neste período, particularmente a China. Cabe sublinhar que a performance da China revela uma tendência que se consolida apenas recentemente.[5] Os dados da Bain & Company para 2008 sobre o faturamento do mercado nos mostram que a distância entre os países asiáticos não era tão grande ainda:[6] China 5,9 bilhões €; Coréia do Sul 4,9 bilhões; Hong Kong 3,6 bilhões; Taiwan 2,7 bilhões. Podia-se até mesmo fazer uma comparação com alguns países emergentes (fa-

4 Dados da Bain & Company de 2007 à 2016.

5 Dois elementos são importantes para se compreender o papel atual da China. O primeiro diz respeito à "revolução do consumo". Ainda na década de 1970 o Estado supria uma série de gastos familiares e individuais: desde moradia até entradas de cinema, frutas, comida, bolos para festa de aniversários; os espaços de trabalho ofereciam também atividades de recreação. O conjunto dessas atividades e o lazer passam posteriormente a ser administrado pelo mercado. A segunda mudança refere-se à emergência de uma classe de ricos a partir de meados dos anos 1980. O Estado repassa para o setor privado uma série de empresas, agora administradas dentro da estrita lógica capitalista. Ver Debora S. Davis (ed.) *Consumer Revolution in Urban China*, Berkeley, University of California Press, 2000; Karl Gerth, "Lifestyles of the rich and infamous: the creation and implication of China's new aristocracy", *Comparative Sociology*, vol. 10, nº 6, 2011.

6 Bain & Company, "Luxury Goods Worlwide Market Study", October 2008.

tia do mercado global de bens pessoais): China 2,7%; Rússia 2,1%; Brasil 0,8%; Índia 0,4%. O quadro é outro poucos anos depois e a comparação já não se faz mais em relação aos países asiáticos do continente: em 2016 a China detém 7% do mercado e o Japão 9%.[7] Percebe-se ainda que o mercado concentra-se no continente americano, região européia e asiática, a categoria "resto do mundo" permanecendo constante ao longo desses anos, algo em torno de 5%.

Gráfico 3: repartição regional em % (Bens Pessoais)

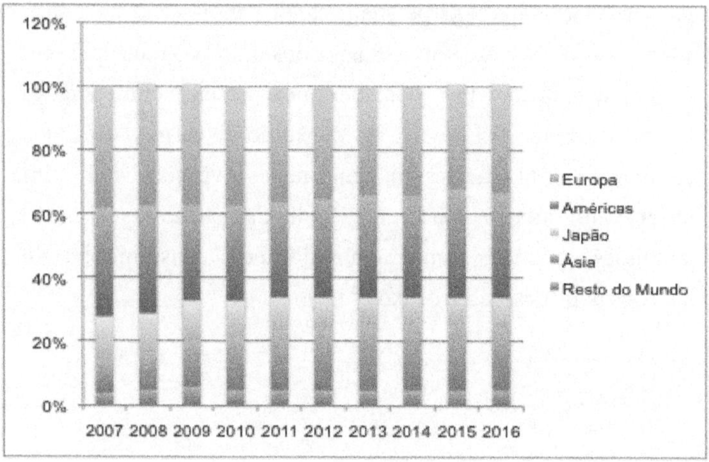

É possível estabelecer a distribuição geográfica deste mercado por países:[8] gráfico 4. Chama a atenção a dimensão do mercado norte-americano, ele supera China, França, Itália e

7 Nos relatórios da Bain & Company a China não figurava como entidade autônoma, fazia parte da categoria Ásia. Somente em 2015 ela passa a ser considerada uma região específica.

8 Bain & Company, "Luxury Goods Worlwide Market Study", Fall-Winter 2015.

Japão (soma) juntos. Embora os dados apresentados não sejam desagregados para outros países, os relatórios produzidos reiteradamente sublinham a importância de alguns locais emergentes como Brasil e Índia. Cabe porém uma observação, a divisão regional não coincide com a nacionalidade dos consumidores: 31% chineses; 24% americanos (todo o continente); 18% europeus; 10% japoneses; 10% asiáticos; 7% outras nacionalidades.[9] Em 2000 os chineses não ultrapassavam 1% dos consumidores. O crescimento dos consumidores chineses não se exprime apenas em relação aos bens pessoais, ele distribui-se entre os diversos setores dos bens de luxo. Basta consultar os dados de Bain & Company para 2016 para perceber que a presença chinesa torna-se cada vez mais expressiva no consumo de carros, artes finas, comidas finas, hotéis, design, aguardentes e vinhos. Uma última observação: salta aos olhos que a soma das categorias (chineses, japoneses e asiáticos) constitui a maioria dos consumidores globais dos bens pessoais de luxo (51%).

9 "La Distribution des Produits de Luxe", Paris, Xerfi, 2016.

Gráfico 4: Bens Pessoais

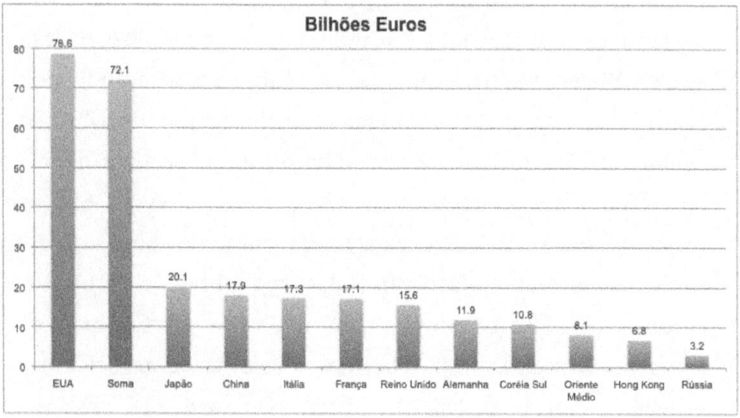

Vale a pena nos deter sobre a divisão geográfica que os dados revelam. Um contra-ponto pode ser feito com a indústria têxtil e de vestimentas. Diversos autores sublinham que nas últimas décadas (anos 1990) a ordem mundial das exportações e importações mudou radicalmente. As empresas europeias deslocalizam a produção de tecidos e roupas para lugares onde a mão de obra é mais barata, Marrocos, Tunísia, Europa do Leste e, paralelamente, diversos países asiáticos tornam-se concorrentes dos antigos centros que dominavam o mercado. Os números são expressivos e atestam o nítido descenso da hegemonia europeia e o crescimento da produção asiática. Em 1992 a Europa detinha uma parcela considerável do comércio internacional de vestimentas (36%) e 47% da exportação de tecidos. Em 2015 o panorama é inteiramente distinto. Exportação de tecidos:[10] China (37,4%); Europa (22,1%); Índia (6,9%); Estados Unidos (4,8%); Turquia (3,8%); Coréia

10 Dados in WTO Reports World Textile and Apparel Trade, 2015.

do Sul (3,7%); Taipei (3,3%); Paquistão (2,9%); Japão (2,1%). O predomínio é claramente asiático. O mesmo ocorre com a exportação de roupas: China (39,3%); Europa (25,2%); Bangladesh (5,9%); Vietnam (4,9%); Índia (4,1%); Turquia (3,4%); Indonésia (1,5%); Camboja (1,4%). Entretanto, malgrado esta distribuição assimétrica, ou melhor, no seu interior, insere-se uma hierarquia sutil.[11] Se a produção desloca-se para os países do "Sul" as maiores cadeias transnacionais de distribuição dos produtos, assim como as marcas das vestimentas, são sobretudo de origem europeia ou norte-americana, com uma certa abertura para as japonesas (Uniqlo). Basta olharmos o volume de negócios das principais empresas: Macy's (Estados Unidos); TJX (Estados Unidos); Inditex (Espanha); Kohl's (Estados Unidos); JC Penney (Estados Unidos); El Corte Inglés (Espanha); H&N (Suécia); Marks&Spencer (Reino Unido); Isetan (Japão); Gap Inc. (Estados Unidos); Otto (Alemanha); Nordstrom (Estados Unidos); Limited Brands (Estados Unidos). Um exemplo interessante é Inditex que administra a marca Zara.[12] Os dados mostram que em 2006 os principais fornecedores encontravam-se localizados na Europa (64%), contra apenas 26,4% na Ásia. O panorama é outro já em 2012: 40,6% na Europa e 46,9% na Ásia. No entanto, Zara, a cadeia de comercialização dos produtos manufaturados, tem um papel mais relevante do que as empresas originárias dos países asiáticos exportadores de tecido e roupas. Há, portanto, uma divisão inter-

11 Ver Dominique Jacomet e Gildas Minvielle, "Marché, industrie & mondialisation" in *Mode et Luxe: économie, création et marketing*, Paris (Institut Français de la Mode), Éditions du Regard, 2014.

12 Consultar Nehabat Tokatli, "Single firm case studies in economic geography: some methodological reflexions on the case of Zara" *Journal of Economic Geography*, vol.15, May, 2014.

nacional do trabalho, os países do "Sul" aproveitam-se das condições de uma mão de obra abundante e barata, sub-remunerada, mas o comércio da confecção, o setor mais rentável, em grande parte lhes escapa, ainda, do controle.

Se isso é verdade para o setor especializado na distribuição de produtos para o grande público o quadro é certamente mais concentrado em relação aos bens pessoais de luxo. Como no caso anterior, os principais grupos são de origem ocidental; a lista das 10 maiores empresas (por faturamento) em 2015 o confirma:[13]

Tabela 1:

Empresa	País	Faturamento (bilhões €)
LVMH	França	35.664
Richemont	Suiça	10.410
Estée Lauder	Estados Unidos	8.972
Luxottica	Itália	8.836
Swatch	Suiça	7.916
Kering (Luxo)	França	7.865
L'Oreal (Luxo)	França	7.230
Ralph Loren	Estados Unidos	6.009
Chanel	França	5.660
Shiseido	Japão	5.605

Trata-se de um elevado grau de concentração (41% do total do faturamento do mercado). Um estudo elaborado pela Delloite mostra como em 2015 apenas oito países (China, França, Itália, Alemanha, Espanha, Suiça, Reino Unido, Estados Unidos) repre-

13 "La Distribuição des Produits de Luxe", *op.cit.*

sentavam 86,7% do total das Top 100 empresas de luxo, sendo ainda responsáveis por 94% das vendas.[14] O mercado é portanto concentrado em poucas empresas e poucos países. Os dados nos permitem ainda entender o porquê da predominância de determinadas marcas no seu interior: Chanel, Givenchy, Gucci, Prada, Burberry, Ralph Loren, são ícones que majoritariamente pertencem à mesma região geográfica. Há, no entanto, uma particularidade, o predomínio das empresas e marcas francesas e italianas. Essa preponderância tem se mantido ao longo do tempo, embora nos últimos anos indique uma tendência a arrefecer.[15] A divisão do mercado de bens pessoais em função do faturamento da nacionalidade das marcas é a seguinte: 1995 França/Itália 48%; 2012: 49%. Os Estados Unidos detém respectivamente 22% e 23%. O mesmo quadro se repete em relação ao faturamento do mercado em relação à nacionalidade das empresas: 1995 França/Itália 47%; 2012: 46%. Quanto aos Estados Unidos: 1995: 22%; 2012: 23%. O relatório da Deloitte mostra que em 2015 a Itália possuía o maior número de empresas (26) contra 15 dos Estados Unidos e 10 da França; porém a França detinha maior parcela das vendas (23,9%) contra 21,3% dos Estados Unidos e 16% da Itália (não nos esqueçamos que LVMH, o gigante das corporações de luxo, é de origem "francesa"). É interessante observar a posição de um país como os Estados Unidos, ela é relativamente modesta. Considerando-se a tabela 1 constata-se que o faturamento das Top 10 empresas européias é de 95.195 milhões de euros (87,7%) enquanto as empresas americanas (Ralph Lauren e Estée Lauder) atingem um número pouco expressivo, 14.981 milhões

---

14 Deloitte, Deloitte (DTTL). "Global Powers of Luxury Goods 2017".

15 Bain & Company, "Luxury Goods Worlwide Market Study", October 2013.

(14,38%). Alguns estudos econômicos confirmam este desequilíbrio quando comparam a exportação dos produtos de luxo da Comunidade Européia e dos Estados Unidos.[16] O predomínio é evidente em setores como vinhos de qualidade, acessórios de couro, vestimentas, perfumes, artes da mesa, relógios e joias. Isso contrasta com o tamanho do mercado consumidor norte-americano, o maior do mundo. Vimos, no caso das empresas que atuam no ramo do comércio da confecção que sua pujança é inegável: Macy's, TJX, JC Penney, são cadeias gigantescas, embora o país seja pouco expressivo enquanto exportador de tecidos e roupas. Esta sensação de relativa fragilidade acentua-se ao considerarmos o ramo automotivo. Trata-se afinal do maior mercado mundial de veículos de luxo (30%).[17] Entretanto, as marcas mais valorizadas são européias: Aston Martin, Bentley, Ferrari, Lamborghini, Maserati, McLaren, Porshe, Rolls-Royce. A própria repartição do mercado interno norte-americano evidencia uma clara dominância dos carros estrangeiros:[18] 17.7% Mercedes Benz; 16,4% Lexus; 9,6% Audi; 8,4% Acura; 8,3% Cadillac; Infiniti 6,3%; BMW 5,4%; Lincoln 4,8%; Jaguar 4%; Volvo 3,3%; Porshe 2,5%; Outros 2,2%. Da lista apresentada apenas Cadillac (GM) e Lincoln (Ford) são americanos. Na esfera do luxo os Estados Unidos não conseguem repetir a performance da indústria cinematográfica, televisiva, ou da música popular.

16 Lionel Fontagne e Sophie Hatte, "European High-End Products in International Competition". Paris School of Economics, Working Paper nº 37, November 2013.

17 "Luxueux Pardoxe: le marché de l'automobile de luxe ne connait pas la crise", Revue Automobile, nº 35, 2015.

18 Dados de 2015 in "US luxury market share in 2015, by brands", Statista.com

O predomínio existente explica-se em parte por razões históricas. Sombart dizia que o luxo é uma das causas do surgimento do capitalismo moderno, sua tese contém talvez um certo exagero, mas realça uma característica essencial deste processo, o luxo é indubitavelmente um estímulo ao incremento das trocas internacionais. De fato seus produtos eram os únicos que podiam ser transportados à grande distância e, devido ao custo do transporte, serem vendidos a um preço final bastante elevado. O consumo desses bens era ainda restrito, limitava-se aos estratos das classes superiores, exigindo sua comercialização fora dos locais de fabricação. As trocas internacionais são fundamentais para se entender a constituição de um *world system*, para falar como Wallerstein, neste aspecto, o luxo desempenhou um papel relevante ao aproximar empreendedores e comerciantes de comunidades distantes, tendo contribuído para a consolidação de um sistema mundial cada vez mais integrado. Um exemplo: os diamantes.[19] Eles são introduzidos na Europa no início do Renascimento em proveniência da Índia; com as descobertas marítimas dos portugueses e a criação da Companhia Holandesa das Índias Orientais, Goa transforma-se em um importante local de produção. Daí saem as pedras que viajam para serem polidas e lapidadas em Antuérpia, neste século XVI quando a Holanda é o centro de irradiação do capitalismo comercial. Os historiadores nos mostram que até o século XVIII havia uma certa divisão internacional do trabalho. A Ásia era o centro da produção e exportação, a Europa constituía o grande mercado consumidor, e as Américas, exportadoras de matéria-prima, formavam um espaço de pouca relevância na ab-

19 Karin Hofmeester, "Les diamants, de la mine à la bague: pour une histoire globale du travail au moyen d'un article de luxe", Le Mouvement Social, nº 241, octobre-décembre 2012.

sorção desses produtos. A aristocracia européia apreciava a seda da China e as especiarias da Índia, mas a importação do oriente cobria uma gama ampla de coisas: algodão fino, musselinas e estampas de chita, jogos de porcelana, móveis de laca, bandejas para chá, papel-parede, leques (os únicos objetos europeus tecnologicamente sofisticados vendidos na Ásia eram os relógios). Maxine Berg faz uma observação pertinente a esse respeito: os europeus importavam os produtos e os copiavam, mas não assimilavam as tecnologias que os fabricava. "O consumo asiático era transferido para a Europa, mas não o sistema asiático de produção".[20] Esta dependência permanece durante um longo período mas cessa de existir no curso do século XVIII. Na Inglaterra há todo um processo de "substituição das importações": os potes de barro de Stattfordshire e os bules de chá de Wedgwood substituem a porcelana chinesa, os artefatos são ainda adaptados ao gosto inglês. Como observa Berg, este não é um movimento fortuito, trata-se de uma política de Estado: em 1754 é fundada a Sociedade de Artes da Manufatura e do Comércio responsável em desenvolver alternativas para a indústria do luxo; as importações da Índia são bloqueadas e são impostas taxas elevadas para os produtos chineses, laca e porcelana. Na França, o poder estatal incentiva a criação das manufaturas reais: indústria da seda em Lyon, renda em Calais, tapetes em Aubuisson, vidros e espelhos em Saint-Gobain. Há também uma expansão do mercado interno com a integração de segmentos da classe burguesa ascendente. Os termos *confort* em inglês e *comodité* em francês exprimem bem essa transformação, nomeiam os objetos que se generalizam e trazem conforto

20 Maxime Berg, "In Poursuit of Luxury: global history and British consumer goods in eighteenth century", *Past and Present*, nº 182, February 2004, p.86.

e comodidade. O eixo da divisão de trabalho transfere-se assim para a Inglaterra e a França, a disputa é acirrada entre elas.

Patrick Verley considera que alguns elementos fizeram desequilibrar a concorrência em favor dos franceses.[21] Em relação à Inglaterra eles teriam conhecido tardiamente uma sociedade "menos elitista", ou seja, uma certa dimensão hierárquica anterior prevalece nas relações sociais estratificadas. Napoleão Bonaparte criou um fausto aristocrático a seu redor ao ser consagrado imperador (1804-1815) e a Restauração (1815) procurou por todos os meios apagar as lembranças da Revolução (não nos esqueçamos, os panfletos revolucionários concebiam o luxo como uma imoralidade); o enaltecimento da vida luxuosa acentua-se com o esplendor do Império de Napoleão III (1852-1870). Este é o momento em que empresários de diferentes horizontes constituem e consagram seus empreendimentos comerciais.[22] Quando se lê sobre a trajetória das casas de luxo percebe-se como seus destinos encontram-se entrelaçados a essa camada privilegiada de pessoas[23]. Cartier tinha como clientes a alta burguesia e a aristocracia, a princesa Matilde (filha do imperador) era uma entusiasta de sua magnífica coleção de jóias; Louis Vuitton foi responsável pela organização das embalagens (suas "famosas malas") do cortejo que acompanhou a imperatriz Eugénie ao Egito na inauguração do canal de Suez; Charles Frederick Worth, ironicamente um inglês que inventa a alta costu-

21 Patrick Verley, "Marché des produits de luxe et division internationale du travail: XIXe-XXe siècles", *Revue de Synthèses*, vol.127, nº 2, octobre 2006.

22 Ver Alain Plessis: "Au temps du Second Empire, de l'entreprise de luxe au sommet des affaires" in Jacques Marseille (ed.) *Le Luxe en France du Siècle des Lumières à Nos Jours*, Paris, Association pour le Développement de l'Histoire Économique, 1999.

23 Ver Yann Kerlau, *Les Dynasties du Luxe*, Paris, Perrin, 2010.

ra, era um assíduo frequentador do palácio imperial. Outro aspecto sublinhado por Verley refere-se à tradição artesanal herdada dos séculos passados. Essa camada de *savoir faire*, transmitida fora do sistema profissional de ensino, é recuperada e retrabalhada pelas pequenas empresas que surgem após a Revolução. O exemplo do perfume é interessante.[24] O código corporativo do Antigo Regime atribuía a profissão à Confraria dos Mestres Luveiros e Perfumistas. Em 1791 ela é dissolvida e os profissionais passam a trabalhar por conta própria. A indústria de perfume emergente tem origem nesse artesanato que ajusta o saber tradicional às exigências de um domínio específico da indústria e do comércio. Metaforicamente, de maneira saborosa, Philippe Gilet diz que este momento de transição pode ser apreendido pela mudança do termo "frascos para perfume" (*flâcons à parfum*) para "frascos de perfume" (*flâcons de parfum*).[25] A troca da preposição "para" por "de" nomeia a nova organização da esfera produtiva. Antes os perfumes não vinham embalados em frascos individuais, o líquido, qualquer que fosse sua procedência e aroma, era vertido num recipiente para conservá-lo. Ele funcionava como um receptáculo, uma espécie de estojo para jóias, no qual cada uma delas era guardada. O "de" indica que o conteúdo ajusta-se à racionalidade industrial, agora, a fragrância é encapsulada na sua prisão domiciliar. Com as inovações tecnológi-

24 Ver Élisabeth de Feydeau. "De l'hygiène au rêve: un siècle de luxe em parfumerie (1830-1939)" in *Le Luxe en France du Siècle des Lumières à Nos Jours*, op.cit.; Eugénie Briot, "L'internalisation de la parfumerie parisienne au XIXe siècle, entre domination de marché et promotion du goût français" in Nadège Sougy (ed.) *Luxes et Internationalisation (XVIe-XIXe siècles)*, Neuchâtel, Presses Universitaires Suisses, 2013.

25 Philippe Gilet, """Le luxe de l'emballage et l'emballage du luxe" in *Le Luxe en France du Siècle des Lumières à Nos Jours op.cit.*

cas e as estratégias dos comerciantes para cativar o grande público (Couty é considerado uma espécie de pioneiro da perfumaria moderna) a França desbanca a Inglaterra de sua posição dominante. Ou nos dizeres dos personagens da época, Paris transforma-se no "passaporte universal da perfumaria francesa".

A primazia francesa mantém-se até meados do século XX, entre 1918 e 1939, após a crise da Grande Guerra, muitas empresas se recuperam e desfrutam, especialmente no domínio da alta costura, um desenvolvimento expressivo.[26] Esta é a época dos costureiros de renome cujas grifes nos são familiares: Lanvin, Chanel, Balenciaga (Worth, o fundador da linhagem caiu no esquecimento). Os estudos feitos sobre os bens de luxo nesta época indicam que malgrado esta expansão a França não consegue retornar ao nível de produção e exportação do final do século anterior.[27] A eclosão da II Guerra Mundial e a ocupação de Paris pelos alemães desestrutura a indústria do luxo, a partir de 1945 a antiga hegemonia sofre cada vez mais as pressões de Londres e Nova Iorque. Um exemplo, o declínio da alta costura diante do *prêt-à-porter*, ele é definitivo: em 1946 havia 106 casas do gênero, em 1967 são apenas 19.

Entretanto, o novo pólo da esfera do luxo torna-se a Itália, aí surgem grandes criadores de design (Valentino Garavani; Gianfranco Ferré; Gianni Versace; Giorgio Armani; Prada) e uma rede produtiva estruturada que unifica a concepção, confecção e distribuição dos produtos. São várias as razões que concorrem

26 Esta primazia não se exerce, porém, em relação ao setor dos automóveis de luxo. Ver Jean-Louis Loubet. "L'automobile de luxe n'est plus française" in *Le Luxe en France du Siècle des Lumières à Nos Jours* op.cit.

27 Ver Joseph Soavi, "Les exportations des produits de luxe dans l'entre-deux guerres" in *Le Luxe en France du Siècle des Lumières à Nos Jours*, op.cit.

para isso.[28] O mercado italiano era relativamente pequeno e o baixo poder aquisitivo de sua população entravava o crescimento de um consumo de massa. A indústria de confecção irá encontrar na América do Norte o grande escoadouro que lhe faltava. As remessas crescem cada vez mais e em 1956 a Itália é o maior exportador de tecidos e vestimentas para os Estados Unidos e o Canadá superando os concorrentes franceses e ingleses. O vínculo com os Estados Unidos se estreita com a criação de entidades profissionais como a Associação Industrial do Vestuário (1945) e o financiamento de máquinas e tecnologia que renovam o parque industrial italiano. Outra dimensão relevante diz respeito ao "atraso" da modernização italiana em relação à Inglaterra e França (em 1951, 45% da população encontrava-se empregada na agricultura), ironicamente, a defasagem temporal transmuta-se em vantagem estratégica e competitiva. A Itália é um celeiro de artesãos, como na França do início do XIX, eles preservam um saber e uma prática essenciais na elaboração dos bens de luxo. Muitos desses artesãos migram para os Estados Unidos, aí exercem suas habilidades, familiarizam-se com o gosto e a exigência das classes superiores, e retornam ao *paese* para instalar seus negócios. A trajetória de Salvatore Ferragamo é exemplar. Originário de um pequeno povoado no sul do país (Bonito), ele tem uma formação de aprendiz de sapateiro, depois de trabalhar em Nápoles viaja para os Estados Unidos em 1914. Seu irmão o espera em Santa Barbara, Califórnia. A família abre uma pequena empresa cujo principal cliente é a Companhia Americana do Filme com suas encomendas de botas para filmes de cowboys. A consolidação de Hollywood

28 Consultar Elisabetta Merlo e Francesca Polese. "Turning fashion into business: the emergence of Milan as an international fashion hub", *The Business History Review*, vol.80, nº 3, 2006.

como centro cinematográfico faz com que os irmãos Ferragamo deixem Santa Barbara e mudem para Los Angeles: fabricam botas, coturnos, sandálias para Cecil B. De Mille (Os Dez Mandamentos: 1923), desenham sapatos para Buster Keaton (A General: 1926) e os filmes de Lubitsch (O Leque de Lady Windermere: 1925). Seus clientes pertencem ao star-system em formação. Na década de 1930 Salvatore retorna à Itália e abre seu ateliê em Florença, a experiência no exterior é decisiva para o futuro de seus empreendimentos. Um último aspecto favorece o florescimento desta esfera do luxo: Milão. A cidade beneficia-se do surto industrial que no final do século XIX ocorre no norte da Itália, sendo que após a Grande Guerra transforma-se no principal centro manufatureiro do país. A modernização econômica faz-se numa íntima associação entre a aristocracia, que se interessa pelas atividades industriais, e a burguesia emergente. Milão concentrava também a publicação das revistas de moda, porém, não se tratava apenas de uma vantagem editorial em relação a outros núcleos urbanos como Roma ou Florença, elas eram parte integrante de uma malha de interesses corporativos vinculadas diretamente à indústria têxtil e de vestimentas. Na verdade, a elite local soube explorar com êxito a relação entre indústria, moda, design e arte, inaugurando uma cadeia produtiva integrada na confecção dos bens de luxo. Os estudiosos consideram que o surgimento da La Rinascente em 1917 é também um marco específico de Milão, a loja de departamento introduz os italianos no fascínio dos *grands magazins* familiares aos franceses do século anterior. Em poucas décadas a Itália assume uma posição de destaque; sua parte do mercado internacional em 1999 é invejável: 39,3% das roupas; 33,3% sapatos; 38,0% couro; 66,7% óculos.[29]

Mas possuiriam os objetos uma identidade territorial? A tradição francesa muitas vezes considera o luxo como algo inerente à sua natureza identitária, a história comprovaria a evidência indiscutível:[30] o esplendor do reinado de Luís XIV, Versalhes, o brilho da sociedade de corte, a magnificiência dos palácios e das moradias dos nobres; os hotéis indubitavelmente revelavam na sua arquitetura e decoração a distinção estamental. Nos séculos XVII e XVIII o país percebe-se e é percebido como fonte demiúrgica de civilização e bom gosto; Norbert Elias descreve com maestria este "processo civilizatório", que é europeu, mas encontra na França o seu centro gravitacional. Mesmo atividades modestas como a gastronomia são louvadas sob o auspício de sua superioridade banal. Em um de seus aforismos, Brillat-Savarin dizia em seu livro *Fisiologia do Gosto* que "o destino das nações dependem de como elas se alimentam".[31] A roda da fortuna teria reservado aos franceses a tribuna de honra na história dos povos, a invenção da *haute cuisine*, e do champanhe, pelo monge beneditino Dom Pérignon, testemunharia a inclinação natural para a elegância e o refina-

29 Dados in Andrea Colli e Elisabetta Merlo. "Family Business and Luxury Business in Italy 1950-2000", *Entreprises et Histoire*, vol. 1, nº 47, 2007.

30 Ver Olivier Assouly, "La justification du luxe entre nationalité et simplicité" in Olivier Assouly (ed.) in *Le Luxe Essais sur la Fabrique de l'Ostentation*, Paris, Éditions de l'Institut Français de la Mode, 2005.

31 Brillat-Savarin, Jean Anthelme, *Physiologie du Goût*, Paris, [1826], Edição Ebook, posição 77 de 5384. Um livro sugestivo sobre as "maravilhas" do espírito francês é o da norte-americana Joan DeJean, *Du Estyle: comment les Français ont inventé la haute couture, la grande cuisine, les cafés chic, le raffinement et l'élégance*, Paris, Grasset, 2005.

mento. Esta ilusão é reforçada após a revolução industrial, a posição dominante no mercado de bens de luxo lhe confere solidez de crença popular. O caso dos fabricantes de perfume e produtos de higiene do corpo no século XIX é sugestivo. Eles apregoam: "Na Inglaterra os perfumistas não fazem sabão para toalete; simplesmente refundem o sabão que já estava pronto... Acrescente-se que o sabão inglês contém de 10 a 30% de resina, o que evidencia esse odor que encontramos em toda parte na Inglaterra, na roupa de cama e nas vestimentas.....; Os sabões alemães são praticamente todos, muito ruins, fabricados com óleo de côco têm uma superfície marmórea e fazem bastante espuma, mas deixam na pele um odor infecto....; Não é suficiente que o perfume dos produtos de higiene seja agradável, ou que eles sejam bem feitos; importa, para as pessoas de bom gosto, que eles sejam também bem embalados: ora, em nenhum lugar as embalagens são tão ricas e variadas como na França".[32] A ideia que o luxo seria um atributo preferencialmente francês prevalece ainda hoje, cito como exemplo uma de suas definições: "o luxo é de origem exclusivamente francesa e aristocrática. Seus componentes essenciais são a arte, a elegância, o bom gosto e a beleza".[33] Mas talvez o caso mais emblemático seja o Comité Colbert, criado em 1954 por um grupo de empresários, ele congrega atividades de diferentes ramos: cristais, couro, gastronomia, alta costura, hotéis, joalheria (Bacarat, Boucheron, Bugatti, Christian Dior Couture, George V, Lancôme, etc.). As casas deste seleto grupo de prestígio cultivam a imagem de uma

32 Retiro as citações de Eugénie Briot, "L'internalisation de la parfumerie parisienne au XIXe siècle, entre domination de marché et promotion du goût français", *op.cit.* p.324.

33 Marie Claude Sicard, *Luxe Mensonges et Marketing*, Paris, Pearson Education France, 2010, p.20.

moral invejável: "partilham os mesmos valores e levam a imagem da França para todo o mundo". A missão: transmitir o charme e o encantamento de uma maneira de ser. Neste sentido, as marcas de prestígio seriam a expressão de um gosto e de um estilo de vida, traduziriam a idiossincrasia da alma francesa.

Outra maneira de associar os bens de luxo aos lugares geográficos é enfatizando-se a origem de sua fabricação: *made in France; made in Italy*. Esta é uma estratégia usual utilizada algumas vezes (nem sempre) na promoção dos produtos. Supõe-se (sem o demonstrar) que as marcas conteriam um valor distintivo em função de seu enraizamento territorial, o local agregaria um valor simbólico às mercadorias. O raciocínio considera portanto a existência de uma hierarquia internacional de lugares na qual alguns teriam ascendência sobre outros. Caberia às técnicas de marketing explorar o posicionamento territorial privilegiado de algumas marcas diante da concorrência entre elas. Neste sentido, independentemente da materialidade do objeto, um artefato *made in France*, seria mais valioso do que seu concorrente *made in Brazil* (por exemplo, as jóias de H.Stern). Na acirrada disputa pela conquista dos mercados o lugar de referência transformaria-se em vantagem competitiva. Ao *made in Italy* associa-se o glamour do Renascimento e a qualidade "inconfundível" de seus artesãos. Os produtos de Ferragamo podem ser assim exibidos no Museu de Arte Contemporânea de Xangai sob o signo da italianidade.[34] Um palácio florentino é construído *ad hoc* no seu interior, nele um grupo de artesãos, ao vivo, mestres de um saber ancestral, fabri-

34 Simona Reinach "Fashion and national identity: interaction between Italians and Chineses in the global fashion industry", Business History Conference, 2009. URL: http://www.thebhc.org/publications/BEHonline/2009/reinach.pdf.

cam sapatos sob o olhar de admiração do público. São inúmeras as artimanhas dos homens de marketing para valorizar suas mercadorias, mas fica a indagação: a origem realmente definiria o seu pertencimento? Nada mais duvidoso.

O processo de globalização dos mercados exigiu das firmas uma reestruturação radical de sua organização e funcionamento. Por isso a literatura especializada sobre business e administração das empresas discutiu longamente nos anos 1980 a distinção entre multinacional e transnacional. Cito uma passagem do célebre texto de Theodore Levitt: "A multinacional opera num número de países, e ajusta, a um preço elevado, suas práticas e seus produtos para cada um deles. A corporação global, a um baixo preço de custo, com uma constância resoluta, opera em todo o mundo como se ele fosse uma entidade singular; ela vende as mesmas coisas, e da mesma maneira, em todos os lugares".[35] O pensamento e a prática mercadológica, ao tomar o planeta como espaço de atuação, distancia-se assim da geografia nacional. Como diz Richard Reich: "Na empresa global, as fronteiras entre a companhia e o país – entre "eles" e o "nós" – estão sendo erodidas rapidamente. Em seu lugar estamos testemunhando a criação de uma forma de capitalismo mais pura, praticada globalmente pelos administradores, os quais são mais frios e racionais nas suas decisões, abandonando as filiações com os povos e os lugares, Hoje, as decisões corporativas são ditadas pela competição global e não pela lealdade nacional".[36] Não me interessa retomar esse debate da década de 80 em termos de homogeinização/heterogeinização, essa é hoje

35 Theodore Levitt, "The globalization of markets", *Harvard Business Review*, May-June 1983, pp.92-93.

36 Richard Reich, "Who is them?", *Harvard Business Review*, March-April 1991, p.77.

uma questão superada.[37] O falso problema da existência de um mundo "plano" onde "todos" respiram o mesmo ar, o mercado, imagem cara aos economistas, é na melhor das hipóteses um mal entendido. Importa entender que a realização deste capitalismo planetário exige um tipo de intervenção específica. Uma analogia pode ser feita com o clássico texto de Alfred Chandler sobre a organização das empresas, *A Mão Visível*.[38] O título é uma referência à Adam Smith e sua metáfora para compreender a lógica do mercado: a mão invisível. Chandler tem uma perspectiva oposta a do grande economista, não é a mão invisível que executa a racionalidade do mercado capitalista mas a visível, aquela capaz de estrategicamente orientar os empreendimentos, da fabricação à distribuição dos produtos. Esse é o papel da administração e do gerenciamento das empresas. O mercado global requer a eficiência da "mão visível" que o modela, é necessário que ela revista-se de um alcance transnacional, pois o controle, gestão, distribuição e a promoção dos produtos, não podem ficar ao sabor dos desencontros particulares.

Os bens de luxo inscrevem-se neste contexto, faz pouco sentido condicioná-los à restrição das identidades específicas. Ou como consideram alguns especialistas: "A mundialização dos gastos com os produtos de luxo é tal que uma análise do mercado por países já não tenha muito sentido. O consumidor torna-se a base deste sistema, e o gosto e as tendências locais representam

37 Trabalhei o tema em meu livro *Mundialização e Cultura*, São Paulo, Brasiliense, 1994.

38 Alfred Chandler, *The Visible Hand: the management revolution in American business*, Cambridge, Harvard University Press, 1977,

apenas uma pequena parte da equação".[39] Um primeiro aspecto desta "equação" refere-se à deslocalização da produção para países nos quais a mão de obra é mais barata. Prada possui unidades na China, Vietnã, Turquia, Romênia; Hugo Boss na Turquia; Gucci e Louis Vuitton na China.[40] As camisas pólo de Tommy Hilfinger e Ralph Lauren são costuradas na Indonésia, um vestido da Courrèges é desenhado na França e feito na Romênia. A deslocalização da produção, ou parte dela, por exemplo, a fabricação de componentes de um produto (relógios "suíços"),[41] insere-se dentro de uma lógica particular. Boa parte do lucro das empresas advém, não tanto da fabricação em si, mas do valor agregado proveniente de áreas como design, marketing e distribuição. Isso significa que a terceirização transforma-se num mecanismo de barateamento da produção enquanto as competências relativas ao valor agregado permanecem no centro das grandes empresas. Os executivos da esfera do luxo debatem-se em torno das vantagens e inconvenientes deste mecanismo de exploração do mercado.[42] O principal argumento negativo por eles avançado re-

---

39 Le Marché Mondial des Produits de Luxe Devrait Continuer à Croitre à un Taux Réel de 2 A 4 % en 2015, http://www.bain.fr/publications/communiques-de-presse/le-marche-mondial-des-produits-de-luxe-devrait-continuer-a-croitre-a-un-taux-reel-de-2-a-4-pourcent-en-2015.aspx

40 Consultar Nehabat Tokatli, "Made in Italy? Who Cares! Prada new economic geograpy", *Geoforum*, vol.54, April 2014.

41 O rótulo "made in Suiça" é conferido aos relógios nos quais os custos de fabricação seriam de pelo menos 60% realizados na Suiça. A política de proteção nacional garantiria assim a "autenticidade" do que se fabrica.

42 Maxime Koromyslov. "La logique de la délocalisation dans le luxe: motivations, accélérateurs et freins", XVIème Conférence Internationale de Management Stratégique, Montréal, 6-9 juin 2007.

fere-se a um possível desgaste da marca. Fabricá-la fora de casa (esse é o receio) em princípio poderia desvalorizá-la, ela perderia em autenticidade. Mas as razões comerciais terminam por prevalecer, pois garantem um posicionamento vantajoso diante das adversidades econômicas. Outro mecanismo utilizado são as licenças. Através de um contrato o proprietário de uma determinada marca autoriza ao contratante sua exposição nos produtos que fabrica. Chloé, Calvin Klein, Yves Saint-Laurent, tem assim suas "assinaturas" expostas em relógios, óculos, perfumes, fabricados em diversos cantos do mundo. Atribui-se à Christian Dior a argúcia em ter utilizado pela primeira vez este artifício na esfera do luxo; em 1947, diante do declínio da alta costura e da penúria de uma França do pós-guerra, ele volta-se para a conquista do mercado norte-americano. Através das licenças com os fabricantes da moda local difunde sua marca por todo o país. A deslocalização e as licenças revelam o hiato existente entre o lugar de origem e a representação simbólica a que nos remetem, os objetos circulam sem que o peso identitário perturbe o seu movimento. Esse é o caso dos automóveis. Ferrucio Lamborghini, proprietário de uma fábrica de tratores, funda sua empresa em 1963; devido a problemas financeiros ela é incorporada à Chrysler que a vende posteriormente a uma firma da Indonésia (filho do presidente Suharto); por fim, Audi adquire a propriedade da marca. Rolls-Royce pertence à BMW, Ferrari à Fiat, a tradicional Jaguar à Tata Motors (Índia), Bentley à Volkswagen. Pode-se perceber a fragilidade do *made in* quando se analisa as grandes corporações que atuam no mercado global. LVMH (Louis Vuitton Moët Hennessy) congrega domínios diversos: moda, couro, vinhos e aguardentes, perfumes, cosméticos, jóias, relógios. Cada um deles é formado por um conjunto de "identidades" diversas: conhaque Hennessy, aguardentes chinesas Weijun; Moët & Chandon, vinícolas em

Saint Émilion (Chateau Cheval Blanc), na Califórnia e no Brasil (Domaine Chandon), na Argentina (Terrazas de los Andes). No setor moda temos, Marc Jacobs, Kenzo, Givenchy, Donna Karan; perfumes e cosméticos, Kenzo, Fendi, Emilio Pucci. A "americanidade" de Donna Karan, a "italianidade" de Fendi e a "japonidade" de Kenzo seriam administradas pela "francidade" de LVMH? O mesmo se passa com outras corporações: Richemont, a segunda maior entre elas, administra Alaïa, Alfred Dunhill, Cartier, Van Cleef & Arpels, Montblanc. Kering controla: Gucci, Yves Saint-Laurent, Bottega Veneto, Alexander McQueen, Stella McCartney.

No mercado de bens simbólicos a identidade das marcas não coincide com a geografia de origem, elas são desterritorializadas, pertencem ao espaço da modernidade-mundo. Esta é uma dimensão mais geral do fenômeno de mundialização da cultura. As estrelas de Hollywood e as celebridades da música pop (Madonna) não são mais norte-americanas, assim como Pokemon não é mais japonês, trata-se de ícones e figuras que habitam o espaço de uma cultura mundializada. Retomo um exemplo que trabalhei em meu livro "O Próximo e o Distante: Japão e modernidade-mundo".[43] A polaridade *wa/yo* tem um significado particular na cultura japonesa, ela nomeia o contraponto com o Ocidente. *Washoku* (cozinha japonesa) x *yoshoku* (cozinha ocidental), *wagashi* (doce japonês) x *yogashi* (bolos,tortas), *washi* (papel japonês) x *yoshi* (papel ocidental), *wafuku* (vestimenta japonesa) x *yofuku* (roupa ocidental), *washitsu* (tatami) x *yoshitsu* (móveis ocidentais). Delimita-se desta forma a raiz territorial de determinadas práticas, hábitos e coisas. *Wa* e *yo* são categorias espaciais de classificação que dis-

43 Renato Ortiz, *O oróximo e o distante: Japão e modernidade-mundo*, São Paulo, Brasiliense, 2000.

tinguem claramente entre o autóctone e o estrangeiro. Entretanto, seria insensato aplica-las à esfera da alta costura, Issey Miyake, Kenzo, Rei Kawakubo, Yamamoto, dificilmente se encaixariam dentro desta definição. Somente uma perspectiva nostálgica ou orientalista os consideraria como representantes de um eventual japonismo estético. A presença superlativa da identidade nipônica caminharia contra suas intenções artísticas e comerciais; suas vestimentas, em princípio, vestem "universalmente" qualquer corpo, isto é, são expostas e consumidas no mercado global. Por isso Yamamoto dirá: "não há nenhuma nacionalidade em minhas roupas. Elas não são nem japonesas, nem francesas, nem americanas. Minhas roupas não pertencem à nenhuma nação".[44] O artista-costureiro situa-se no âmbito da modernidade-mundo, suas criações são liberadas das imposições geo-culturais. O exagero identitário seria um entrave às suas ambições. A rigor, deveríamos dizer, mesmo as identidades de marca, cultivadas pelos especialistas de marketing (há uma literatura superlativa e superficial a seu respeito), são em certa medida secundárias [Eu me refiro a certas adjetivações como: "Louis Vuitton é simples, elegante, moderno; "Chanel é criativa, intuitiva, audaciosa"; "Hermès é calorosa e esportiva"; "Yves Saint Laurent é provocadora e sedutora"]. Creio que as regras que definem o capitalismo global sejam talvez mais severas (ou mais puras?) para a esfera do luxo do que para outros setores. Vende-se o mesmo produto globalmente desde que não tenhamos dúvidas de que façam parte de um terreno comum. Este é o traço revelador da distinção. Prada ou Givenchy, deixados à deriva de sua existência, fazem pouco sentido, os objetos/marcas não esgotam suas expressões na singularidade material que os en-

44 Citação in F. Baudot, *Yohji Yamamoto*, Paris, Éditions Assouline, 1997, p.7.

cerra, eles nos remetem a algo que os transcendem e os inclui. Sem esta dimensão que os ultrapassa seriam pontos indistintos numa miríade de objetos de consumo. Isso significa que existe um padrão que se impõem em escala global, ele é percebido desta forma e deve ser reproduzido enquanto tal.

Um contraponto histórico ilustra meu raciocínio. Os historiadores nos ensinam que nos séculos XVII e XVIII as importações da China consistiam principalmente de seda, laca, porcelana e chá. Entretanto, como observa Antoine Gournay, "as porcelanas eram montadas, os biombos laqueados eram decompostos para serem utilizados como telas na fabricação de novos artefatos, adaptados ao gosto e ao uso dos europeus; da mesma maneira, o chá era consumido segundo os modos europeus bastante distantes do uso feito pelos chineses".[45] Ou seja, a demanda ajustava os objetos às expectativas da aristocracia ocidental. Para contentar as exigências deste mercado específico, fabricava-se produtos para exportação, mas eles não se confundiam com o "verdadeiro" gosto chinês, distinto e superior ao dos "bárbaros". O luxo oriental tinha como referência o império celestial e não as veleidades das cortes européias (Pequim era considerado o centro de um universo quadrado cujos cantos, habitados pelos estrangeiros, não eram cobertos pelo céu). Desde a Antiguidade tinha-se uma estima particular pelo jade, utilizado na fabricação dos principais objetos rituais reservados às figuras importantes da sociedade. O ouro e a prata tinham menos prestígio do que o bronze que era empregado na confecção de utensílios para a preparação das oferendas às divindades e aos antepassados. Quanto à seda apreciava-se a maneira

---

45 Antoine Gournay, "Le luxe de la Chine ancienne", Monde Chinois, vol1, nº 29, 2012, p.33.

como os fios eram entrelaçados e a beleza dos motivos desenhados nos panos. Neste sentido, cabe falar de concepções diferentes do luxo em função da diversidade das culturas e civilizações em contato. O universo ao qual me refiro nada tem de relativo, ele se constitui e se impõe como "universal" (as aspas são propositais), define um padrão a ser reproduzido em escala global. O consumidor asiático ou latino-americano é seduzido pelos objetos que habitam esse universo: Chanel, Burberry, Hermès, Mercedes-Benz, Lamborghini, etc. Essa é a referência legítima. Um paralelo pode ser feito com o mercado de bens linguísticos. Vários autores se interrogaram sobre as condições que levariam determinado idioma a ocupar uma posição hegemônica em relação a outros. Uma das explicações possíveis refere-se à questão do padrão de uso linguístico. Os linguistas nos dizem que uma vez estabelecido ele tende a se perpetuar independentemente das condições existentes anteriormente.[46] Uma língua consolidada como sistema de comunicação entre os falantes A e B pouco se altera quando nela são integrados C e D. Na realidade, o padrão reforça-se com a inclusão dos novos locutores. Isso ocorre justamente com o inglês ao se tornar a língua central da contemporaneidade. Como diz De Swaan: todas as vezes que as pessoas utilizam um determinado padrão linguístico elas terminam por validar sua utilidade e legitimidade.[47] Muitas vezes nos perguntamos se o mandarim, em função da fabulosa expansão econômica da China, não deveria

46 Ver Stanley Lieberson, "Forces affecting language spread: some basic propositions" in R.Cooper (ed.) *Language Spread*, Bloomington, Indiana University Press, 1982. A respeito do debate sobre o inglês como língua dominante ver meu livro *A diversidade dos sotaques: o inglês e as ciências sociais*, São Paulo, Brasiliense, 2008.

47 Abram De Swaan, *Words of the World*, Cambridge, Polity Press, 2001.

em um futuro remoto destronar o inglês de sua posição dominante. Esquece-se que o padrão linguístico da modernidade-mundo encontra-se previamente definido e que a entrada de novos falantes não modifica seu estatuto ou seu funcionamento. Pode-se dizer algo análogo em relação ao universo do luxo. Uma vez estabelecido um padrão, a entrada de novos consumidores modifica pouco sua constituição. A expansão do mercado, principalmente no continente asiático, tende a reforçar a norma instituída, consolidando-a enquanto referência generalizada.

Talvez por isso a noção de sinergia aplique-se tão bem a esta esfera de bens simbólicos. A ideia faz parte do arsenal conceitual dos teóricos do business. Ela nomeia a relação orgânica entre mercadorias e práticas no interior de uma mesma corporação. Por exemplo: Sony Corporation, proprietária de Sony Music e Columbia Pictures, consegue articular um artista contratado pela divisão de música à realização de um filme produzido por Columbia Pictures, maximiza-se desta forma as relações *cross-media* vinculando-se música, astro e cinema. Turner Publishing publica um livro para celebrar o dia dos namorados, ele contem inúmeras páginas dos arquivos de Turner Entertainment e tem a publicidade garantida por CNN do mesmo grupo empresarial. As empresas de luxo utilizam frequentemente este tipo de estratégia. Um evento promovido por Louis Vuitton associa seus produtos de seda, gravatas e lenços, aos materiais em couro e perfumes da casa. A empresa funciona como um todo no qual as diversas divisões contribuem para seu movimento geral, cada "grão" encontra-se sinergeticamente articulado aos outros. Entretanto, se a sinergia é um eficaz mecanismo de marketing, sublinho, no universo do luxo ela encerra um aspecto que ultrapassa o mero cálculo comercial. Vejamos o caso da associação do chef Alain Ducasse e Chanel na abertura de um restaurante em

Tóquio. A narrativa de uma das responsáveis pelo empreendimento é exemplar. "Como todos os grandes chefs, Alain Ducasse não se encontra mais atrás do fogão. Ele é um chef contemporâneo. E hoje é um criador e um visionários, um administrador e transmissor de um saber. Ele não cozinha mais mas está implicado em cada receita. Ele é o inspirador que prova cada um dos pratos. Dos vinte e um restaurantes que administra no mundo, não há um acompanhamento, um tempero, uma sobremesa que figure no menu, que ele não tenha provado, validado, e cuidadosamente analisado em termos de gosto, apresentação e custo. Ele influencia, corrige, rejeita... Em Tóquio nós abrimos Benoît no 1º de setembro deste ano. É um bistrot chique situado no bairro Aoyama. Nós já tínhamos Beige em Ginza, onde os japoneses de idade madura (de quarenta à sessenta anos) vinham gastar somas enormes nas lojas de luxo. Temos agora Benoît em um bairro que mistura símbolos de luxo e novos design, lojas da vanguarda para o prazer de uma população mais jovem (de vinte à quarenta anos). Um bairro que se move, moderno, arrojado, ligado... Durante um ano nossos dois grupos se conheceram. Primeiro de maneira informal, depois de forma mais estruturada, e construímos nossas passarelas. Alain Ducasse conheceu a família Wertheimer, os proprietários de Chanel... Visitamos com o chef da corporação, e o futuro chef do restaurante, chef patissier, responsável pelas artes da mesa, o apartamento de Mademoiselle Chanel, a joalheria da Place Vendome, os studios de criação de Dominique Moncourtois, para ver, sentir e compreender, como são feitos os batons e a mistura as cores, como são pensadas as embalagens... Beige tinha que ser único. Um conceito único: fizemos um restaurante com Chanel, e não faremos outro. Trata-se de um lugar único... Por fim, o serviço. Para isso trabalhamos com Karl Lagerfeld marcado por seu espírito des-sacralizador:

queríamos um serviço elegante e descontraído. Karl Lagerfeld fez os *cardigan*, as cestas para pão, as camisas que deixavam o braço visível e o colarinho desestruturado".[48] A intenção da joint-venture é certamente retirar do empreendimento conjunto o máximo de rentabilidade, sem esta ambição inicial nada aconteceria. Porém, os argumentos mobilizados para justificá-lo transcendem a esfera meramente utilitária. Ducasse é um "criador visionário", seu bom gosto combina com o refinamento das "jóias da Place Vendôme" e a elegância dos objetos Chanel, o restaurante é "único", tendo sido decorado por um artista de renome "indiscutível". Dito de outra forma, Ducasse e Chanel partilham os valores de um universo que os envolve e os aproxima, e o enredo dessa associação se passa em Tóquio.

Os economistas definem oligopólio de franja uma estrutura na qual pequenas empresas periféricas concorrem, à margem, por uma parcela do mercado dominado por grandes corporações empresariais. O status quo favorece portanto a concentração do poder em algumas firmas; elas controlam o mercado sem necessariamente implicar o desaparecimento dos concorrentes menores. Este tipo de estrutura caracteriza várias indústrias culturais, as majors no setor fonográfico, a produção cinematográfica de Hollywood, as editoras globais no domínio do livro. Devido à dimensão transnacional do mercado a tendência para a criação desses oligopólios predomina na esfera do luxo, mas ela combina um equilíbrio com a permanência de empresas que exploram alguns de seus nichos.[49] Tem-se assim, ao lado de corporações

48 Stéphane Bellon, "Ducasse et Chanel se marient au Japon", Le Journal de l'École de Paris du Management, vol.1, nº 57, 2006.

49 Ver Franck Depal e Dominique, Jacomet. *Économie du Luxe*, Paris, Dunod, 2014.

como LVMH, Richemont, Kering, casas como Armani, Hermès, Bulgari, Tiffany. Contrariamente às grandes corporações que são multi-marcas essas empresas exploram uma linha de diferentes produtos (perfumes, jóias, artefatos de couro, óculos, roupas, lenços, etc.) pertencentes à mesma marca. Trata-se de um mercado consolidado, bem estruturado, que dificulta a entrada de novos atores. Há inúmeras barreiras para os *outsiders*. É preciso ter uma marca de renome para atrair os clientes, algo que se adquire lentamente ao longo do tempo. Isso favorece muitas vezes uma estratégia de reativação de marcas antigas que haviam deixado de existir: é o caso de Balenciaga que tinha fechado sua *griffe* de alta costura em 1968 (o grande costureiro ficou "horrorizado" com a rebelião dos estudantes) ou de Schiaparelli. As despesas com comunicação, particularmente a realização de eventos, são altas, e os custos não são imediatamente recuperáveis. A visibilidade das empresas através de suas redes de distribuição é também um fator que inibe a chegada de novos integrantes. Por outro lado, como grande parte do trabalho de fabricação dos bens de luxo se faz através da terceirização da produção, existe uma forte relação de dependência que articula os prestadores de serviço às instituições previamente estabelecidas. Os *outsiders* contam ainda com uma base limitada de mercado, o segmento é hiper-restrito, e suas estruturas frágeis tornam o empreendimento arriscado e imprevisível. Um bom exemplo é a alta costura. Um estudo de Diana Crane mostra como este tipo de oligopólio opera em um circuito restrito.[50] Entre 1990-1992 existiam 9 grandes organizações e 19 pequenas empresas atuando no ramo; 34% das grandes firmas

50 Diana Crane, "Globalisation, organizational size, and innovation in the French luxury fashion industry: production of cultural theory revisited", *Poetics*, vol.24, July 1997.

concentravam 87% do lucro do setor. Do total das casas de costura a ampla maioria datava de meados do século XX ou do período imediatamente após a Grande Guerra, apenas uma (Hanae Mori) tinha uma origem recente. É importante sublinhar que a expansão da alta costura e do *prêt-à-porter* de prestígio se faz através de sua globalização. As semanas de moda se multiplicam em São Paulo, São Petersburgo, Nova Deli, Pequim. Devido a espetacularização do mundo da moda, muitos desfiles podem ser vistos ao vivo em canais fechados de televisão ou em circuitos seletos espalhados por todo o mundo. Este processo de abertura implica a legitimação de determinadas marcas e a ampliação do universo de clientes potenciais. Entretanto, ele não significa uma equalização das oportunidades, pelo contrário, explicita a consolidação das capitais da moda em escala global (Paris, Milão, Londres, Nova Iorque).[51] Há uma visível hierarquia que vincula os atores e as instituições participantes deste mercado específico. Um exemplo: a moda brasileira. Miqueli Miquetti mostra como a partir da década de 1990 desenvolve-se toda uma indústria de confecção que busca inserir-se no circuito global.[52] São criadas as semanas de moda em São Paulo e no Rio de Janeiro, diversas marcas participam das feiras realizadas no exterior, principalmente nos salões parisienses. Porém, este movimento centrípeto é restrito. Na busca da globalidade é crucial para as pequenas empresas participarem deste espaço "sem fronteiras", entretanto, o resultado deste esforço, em termos econômicos, é mínimo, a exportação dos artigos brasileiros é inexpressiva. Na verdade não se trata tanto de vender

51 Ver David Zajtmann, "Les capitales de la mode, prolifération et sélectivité" in *Mode Luxe: économie, création et marketing*, op.cit.

52 Miqueli Miquetti, *Moda Brasileira e Mundialização*, São Paulo, Annablume, 2015.

algo em Paris, mas de frequentar a "capital internacional da moda" onde se joga a batalha pela legitimidade simbólica. Estar presente, fazer parte, é uma estratégia que valoriza as marcas, a viagem "lá fora" significa a conquista de um capital simbólico que lhes permite concorrer em condições vantajosas no mercado interno nacional. O oligopólio de franja pode ser caracterizado por uma ideia de Robert Merton:[53] o efeito Mateus. O autor utiliza a passagem do Evangelho para descrever a estrutura do campo científico: "Para aquele que tem, muito será dado, ele terá abundância; para o que nada tem dele será retirado até mesmo o que não possui". Em suas análises sobre a sociologia da ciência, Merton considera que o crédito científico distribui-se assimetricamente entre os cientistas, tendendo a se concentrar naqueles previamente consagrados (prêmios, honrarias, citações). Isso ocorre com os laureado do Nobel, ao co-assinarem artigos com outros parceiros, recebem um reconhecimento maior do que seus colegas. O corolário é também verdadeiro. Os que publicam em conjunto com os laureados desfrutam de um prestígio que outros pesquisadores desconhecem. O efeito Mateus intensifica a visibilidade de alguns em detrimento dos outros, ele privilegia os abastados.

Desde o seu surgimento o mercado de bens de luxo caracteriza-se por sua dimensão extra-territorial, particularmente com a expansão das trocas internacionais após a revolução industrial, porém, apenas nas últimas décadas ele adquiriu uma feição global. A constituição dos grandes oligopólios é recente. LVMH (1987) é resultado da fusão do grupo Moët-Henessy (champanhe Moët Chandon e conhaque Henessy) e Louis Vuitton; Richemont é um

53 Robert Merton, "The Matthew efffect in science" in *The Sociology of Science*, Chicago, The University of Chicago Press, 1973.

conglomerado fundado em 1988; Kering (antiga PPP) tem origem numa empresa do ramo madeireiro que nos anos 90 diversifica suas atividades (comércio de roupas), mas somente em 1999 passa a atuar na esfera do luxo. Para isso foi necessário um conjunto de transformações em relação à organização e à estratégia das empresas. Diversos estudos mostram que no passado o modelo de gerenciamento das casas de luxo combinava um certo equilíbrio entre a figura do criador, do fundador e do empresário. O nome e o renome do fundador encontravam-se intimamente associado à sua performance: Dior, Chanel, Balenciaga, Guerlain, Cartier, etc. As empresas tinham ainda uma dimensão "familiar" (não necessariamente pertenciam aos herdeiros dos fundadores), eram pequenas, e certamente não possuíam a inserção globalizada que atualmente conhecem. Como observa Elyette Roux: "A partir da fundação das grandes casas de luxo do século XIX, o setor conheceu uma verdadeira mutação. Ele passou de uma lógica artesanal e familiar à uma lógica industrial e financeira".[54] Isso não se aplica apenas às grandes corporações, as empresas menores deste oligopólio de franja seguem a mesma lógica de organização dos negócios. É o caso de Gucci que nos anos 90 deixa de ser uma simples firma italiana para transformar-se em uma potente marca de prestígio mundial (após sua valorização é vendida para o grupo PPP, posteriormente absorvido por Kering);[55] ou de Hermès uma empresa mono-marca com ações na bolsa de valores e participação nos negócios de John Loob (sapatos) e Jean-Paul Gaultier (vestimentas). O mercado de bens

---

54 Elyete Roux, "Le luxe au temps de marques", *Géoéconomie*, vol.2, nº 49, 2009, p.20.

55 Consultar Nehabat Tokatli, "Doing a Gucci: the transformation of a Italian fashion firm into a global powerhouse in a Los Angeles-izing world", *Journal of Economic Geograpy*, vol.13, December 2012.

de luxo é feito de fusões, aquisições de marcas, e encontra-se em sintonia com o movimento de financeirização da economia.[56] Creio que as noções de *griffe* e de marca nos ajudam a compreender o significado das mudanças recentes. Quando Pierre Bourdieu e Yvette Delsaut analisam o campo da alta costura, num artigo publicado ainda no início dos anos 1970, o que lhes retém a atenção é a ideia de *griffe*.[57] Ela nos remete ao sinal deixado pelo autor nos artefatos que modela. A magia de Chanel, Dior ou Lanvin, deriva do nome atribuído ao artista-costureiro; há uma transubstancialização simbólica que transfere o valor da assinatura pessoal do criador ao objeto em questão. O costureiro insere na malha das vestimentas o indício, a cicatriz reveladora de sua individualidade. Por isso os autores utilizam o conceito weberiano de carisma para compreender este tipo de legitimidade. O carisma é pessoal, intransferível, possui uma qualidade indissolúvel, única. Cada costureiro é dotado de uma personalidade que o diferencia de outros, suas pegadas o identificam no campo da alta costura. A *griffe* é o emblema do carisma. A noção de marca é de outra natureza. Consideremos a definição de um Dicionário de Negócios. "Marca: design único, sinal, símbolo, palavras ou combinação delas, utilizados na criação de uma imagem que identifica o produto e o diferencia de seus concorrentes. Ao longo do tempo esta imagem é associada na mente do consumidor a um nível de credibilidade, qualidade e satisfação. Portanto a marca ajuda os consumidores a reconhecê-la nos lugares públicos e mercados sofisticados, a eles apresentando seus benefícios e va-

56 Ver por exemplo um trabalho bastante específico sobre o grupo LVMH. Patrick Eveno, "La construction d'un groupe international: LVMH" in *Le Luxe en France du Siècle des Lumières à Nos Jours*, op.cit.

57 Pierre Bourdieu e Yvette Delsaut, "Le couturier et sa griffe", *Actes de la Recherche em Sciences Sociales*, nº 1, 1975.

lor".[58] Estamos distantes dos atributos anteriores, a identidade consagrada pertence à uma instituição, uma empresa, importa realçar sua imagem diante de outras. Trata-se de uma diferença no interior de um mercado no qual diversos produtos competem entre si. Há também o papel do consumidor (ausente na noção de *griffe*) ele deve reconhecer esta diferença no seio da multidão (para falarmos como os autores do século XIX). A definição pressupõe um cálculo racional prévio à sua existência, é necessário trazer benefícios, ser rentável, sem o que a manifestação icônica seria um exercício fútil e sem sentido. A marca é a impressão digital da "mão visível" que alimenta o mercado. O exemplo da gastronomia é sugestivo. Como outros produtos de luxo ela deve adaptar-se às exigências comerciais, torna-se crucial para os chefs empreendedores situar a oferta gastronômica em um circuito capaz de integrar uma clientela abastada. Os grandes chefs se vêem assim obrigados a expandir suas marcas para além dos lugares de origem (ver o exemplo de sinergia entre Ducasse e Chanel). Como dizem os estudiosos: "Os casos de Bocuse, Robuchon ou Ducasse, ilustram perfeitamente esse fenômeno da transformação da *griffe* (o nome próprio do criador) em marca (uma garantia de qualidade)... O tempo dos chefs proprietários de seu restaurante com muitas estrelas em boa parte terminou. Os chefs necessitam de um quadro luxuoso para conquistar os clientes".[59] A passagem da *griffe* à marca denota as mudanças ocorridas na esfera produtiva na qual as exigências comerciais tornam-se cada vez mais imperativas. Os objetos são consumidos e admirados

58 Business Dictionary, http://www.businessdictionary.com/definition/brand.html

59 Christian Barrère alli. "Tourisme de luxe et gastronomie de luxe: une nouvelle Sainte Alliance sur le fond de patrimoine?", *Territoire en Mouvement*, vol.21, 2014. Citação p.19 e p.21.

no interior de um espaço comum, o mercado global, mas para isso é preciso administrar sua racionalidade.

A dimensão transnacional do mercado exige uma atuação condizente com sua amplitude, é preciso expandir as fronteiras sem se perder na sua extensão. Uma estratégia utilizada é a verticalização da produção, ela envolve um maior controle da concepção à fabricação do produto. Há vários modelos de organização com a finalidade de direcionar a cadeia produtiva, por exemplo, muitas empresas passam a gerenciar mais de perto os serviços de terceirização. Cientes da importância da qualidade final do produto elas se dedicam a acompanhar com regularidade e cuidado o que está sendo realizado fora de seus domínios. Há também um maior rigor em relação à concessão das licenças, embora este continue a ser um instrumento valorizado para o incremento do lucro. Outro modelo pode ser exemplificado com Armani.[60] Neste caso a firma tem a intenção de ter em mãos quase que inteiramente todo o processo produtivo, para isso é necessário adquirir fábricas de fios, tecidos, roupas, sapatos, artefatos de couro; ou gerenciar indiretamente centros de produção estratégicos para suas atividades. A vigilância estende-se ao portfólio das marcas operadas pela empresa: Giorgio Armani, a linha principal; Armani Collezioni, roupas finas masculinas; Emporio Armani, moda jovem; AJ/Armani, linha jovem focada em tecnologia e ecologia; A/X Armani Exchange, moda urbana; Armani Casa, móveis e acessórios para casa. Cada uma dessas linhas, nas suas diferenças, é parte de uma concepção comercial e estética integrada a um todo. Entretanto, os estudos sobre a esfe-

60 Ver Christopher Moore e Stephen Wigley, "The anatomy of a international fashion retailers: the Giorgio Armani group", Woking Paper, British Academy of Management (BAM) 2004, 30th August-1st September 2004, St. Andrews, UK.

ra do luxo mostram que o elo mais fraco da cadeia de valor é a distribuição. Historicamente as grandes casas tinham tendência a concentrar suas atividades em lugares exclusivos, a matriz, situada na privilegiada malha urbana das cidades, atendia os clientes afortunados. O caso da alta costura é emblemático. Até os anos 1960 a loja e o ateliê de confecção faziam parte de um mesmo espaço, aí eram atendidos os clientes; a apresentação das coleções fazia-se em residências privadas ou no próprio ateliê. Alguns costureiros, como Paul Poiret, para apresentar suas coleções, construíram verdadeiras salas de espetáculo (*Salle Fraîche*); loja e ateliê tinham uma atribuição específica, constituíam o palco da peça a ser encenada. A disputa entre a alta costura e o *prêt-à-porter* envolvia justamente este aspecto, a expansão da clientela; o que exigia a remodelação dos parâmetros empresariais, confecção de vestimentas mais acessíveis e criação de unidades de venda independentes dos salões.[61] Neste sentido, o universo do luxo era centrífugo, voltava-se para si mesmo, cultivava a dimensão da privacidade de poucos. Dos anos 1960 aos 1990 há uma generalização da oferta, os produtos passam a ser distribuídos em lojas de departamento e espaços especializados; há um crescimento das marcas internacionais e a estratégia de distribuição passa da exclusividade à seletividade. É quando se começa a discutir a "massificação" dos bens de luxo (*masstige*: massa + prestígio).[62] São inúmeros os textos de marketing que consideram ser este um momento de sua "democratização" (sic). Cito um desses manuais consagrados pela literatura nativa: "Esta é uma das orientações mais importantes do luxo, a que explica seu êxito atual, pois

61 Brigitte Bardot dizia preferir as boutiques aos salões, sua "modernidade" anunciava o ocaso da alta costura.

62 Ver, entre outros, Jose Luis Nueno e John A. Quelch, "The mass market of luxury", Business Horizons, November-December 1998.

democratização implica em duas coisas: primeiro, qualquer pessoa tem acesso ao mundo do luxo, por isso a base dos clientes cresceu exponencialmente. Mas tendo dito isso, esta clara e fabulosa oportunidade para a expansão do luxo implica um risco maior: o de sua vulgarização, o que é uma armadilha a ser evitado neste processo de democratização".[63] A globalização econômica redireciona, no entanto, as estratégias de venda, as empresas começam a desenvolver suas próprias rede de distribuição. Não se trata de eliminar a política anterior de vendas no varejo nas lojas de departamento ou, sobretudo nos Estados Unidos, as cadeias especializadas em cosméticos e perfumes, mas tem-se agora um alargamento da noção de verticalização: ela atinge o setor do comércio. Em 1970 Louis Vuitton possuía apenas duas lojas; em 1990 Christian Dior, quatro. A distribuição dos produtos escapava à vigilância da matriz. O quatro atual é distinto, há um inegável crescimento do número de lojas próprias espalhadas em diversos cantos do mundo:[64]

Tabela 2: nº de lojas

Empresas	2010	2015
LVMH	1.385	2.164
Kering	684	1.264
Richemont	815	1.159
Tiffany	233	307
Hermès	193	210

Uma primeira observação se impõe: as grandes corporações (LVMH, Richemont, Kering) multiplicam mais rapidamente seus

63 Jean-Noël Kapferer e Vincent Bastien, *Luxury Strategy: break the rules of marketing to build luxury brand*, London, Kogan Page, 2009, p.11.

64 "La Distribuição des Produits de Luxe", *op.cit.*

pontos de venda do que as empresas mono-marcas, pois mobilizam recursos importantes e possuem maior capacidade de atuação no mercado. Aos dados apresentados seria preciso acrescentar a presença das marcas em um "não lugar" (diria Marc Augé) emblemático da modernidade-mundo: os aeroportos. Espaço de circulação de viajantes internacionais eles se tornam uma necessidade incontornável na exposição dos bens pessoais de luxo. De uma certa forma, este movimento de expansão é o reverso do que acontece com outros setores que se globalizam. O comércio dos livros é um bom exemplo.[65] Nas últimas décadas assistimos ao crescimento e preponderância dos grandes distribuidores; há um nítido declínio das livrarias independentes diante das mega-lojas tipo Barnes & Nobles (cada país possui sua grande cadeia de distribuição: na França, FNAC; no Brasil, Saraiva;). Isso tem uma implicação direta na política das pequenas editoras, elas passam a depender das grandes redes de distribuição, valoriza-se assim a publicação e distribuição de textos de mais fácil leitura voltados para o grande público. As unidades de venda da esfera do luxo tendem a ser singulares e seletivas, nelas predomina a dimensão qualitativa. As *flagships*[66] constituem o ideal tipo de um novo conceito de exposição das mercadorias: operam com uma única marca de produtos; são propriedades das grandes firmas; e a intenção principal é promover a imagem da marca.[67] Uma flagship não é concebida para dar lucro (muitas delas são de-

65 Ver Jonh B.Thompson, *Merchants of Culture: the publishing business in the twenty-first century*, Penguin, London, 2013.

66 Em português, a melhor tradução talvez fosse nau capitânea, o navio no qual embarca o comandante de toda a frota.

67 Ver Christopher Moore alli. "Flagship store as a marketing entry method: the perspective of luxury fashion retailing", *European Journal of Marketing*, vol.44, nº 1:2, 2010.

ficitárias), sua função é realçar a diferença no mercado concorrencial. O que a distingue das lojas habituais é a localização, a escala, o design e os custos operacionais. Para isso é preciso que encerre algumas qualidades: situar-se nos bairros chiques e famosos das cidades importantes, este é o sinal inequívoco de distinção (Paris, Nova Iorque, Xangai, Londres, Moscou); serem concebidas como projetos arquitetônicos originais. O papel do arquiteto é decisivo na elaboração da imagem de extravagância e bom gosto, a escolha e a combinação dos materiais, assim como o volume da construção, são signos definidores de sua excepcionalidade. O impacto visual é uma dimensão fundamental de sua identidade. Como observa um executivo do ramo: "A regra de distribuição dos produtos de luxo é clara. Espaço, e o que chamamos de o extravagante uso do espaço vazio, define a experiência do luxo. A presença de um espaço comercial inativo é sinal de exclusividade, luxo e extravagância são o coração do luxo".[68] As flagships não são uma simples técnica de marketing, artimanha comercial para explorar o mercado. São uma fantasmagoria do universo do luxo, contém em miniatura as virtudes que o constituem. A modernidade-mundo desenha um território cuja extensão é o planeta, este é o lugar de atuação das empresas. Para marcá-lo com sua impressão digital é preciso encontrar um ícone que as denote. As flagships cumprem este papel, mapeiam um circuito específico, revelam um código semiológico que nos orienta no emaranhado dos objetos de consumo.

Por fim, um último aspecto deste mercado: sua configuração urbana. Os dados sobre a repartição das cidades são sugestivos:[69]

68 Citação in Christopher Moore, *op.cit.*, p.148.

69 Bain & Company 2015, op.cit.

Gráfico 5: Bens Pessoais

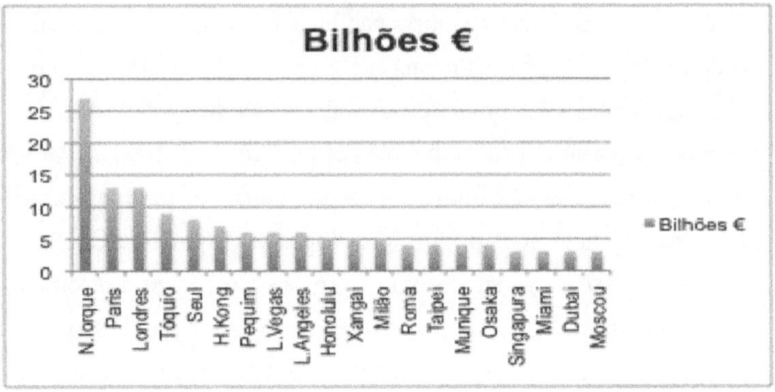

As cidades representadas no gráfico têm um faturamento de 158 bilhões €, o equivalente à 62,45% do mercado. O quadro se repete quando se considera a fatia de cada uma delas dentro de seus próprios países ou regiões: Nova Iorque 34,35% (EUA); Paris 76,02% (França); Londres 83,33% (Reino Unido); Seul 74,07% (Coréia do Sul); Moscou 93,75% (Rússia); Munique 33,61% (Alemanha); Dubai 37,03% (Oriente Médio). Nova Iorque, Las Vegas, Los Angeles e Miami compõem 53,4% do mercado norte-americano; Milão e Roma 52,02% do italiano. A concentração é elevadíssima. Diversos autores enfatizam a importância das cidades globais no contexto do capitalismo atual. Saskia Sassen, ao comparar Nova Iorque, Londres e Tóquio, demonstra como esses centros desempenham um papel econômico fundamental.[70] Aí se localizam os escritórios das grandes empresas industriais, comerciais, financeiras, e os produtores de serviço (publicidade, agência de seguros, mídia). Diante da globalização do mercado,

70 Saskia Sassen, *The Global City: New York, London, Tokyo*, New Jersey, Princeton University Press, 1991.

da deslocalização da produção, da flexibilidade das tecnologias, as instituições transnacionais são rearticuladas, determinando locais de comando de suas atividades. Este é um traço recente na evolução do capitalismo. Braudel e Wallerstein, quando nos falam de economia-mundo, reiteram sempre uma de suas características principais: ela se organiza a partir de um centro. A história do capitalismo é o sucessivo deslocamento da preponderância de alguns núcleos urbanos: Amsterdã, Londres, Nova Iorque. Cada um deles, em diferentes momentos históricos, constituía o lugar em torno do qual evoluía o ciclo do capital. A cidade global é de outra natureza, ela não delimita um território geográfico específico, trata-se de uma rede de pontos articulados entre si. A rigor nenhuma das cidades reais que a compõem pode ser entendida dentro de suas próprias fronteiras. Internamente elas se dilatam abrangendo as áreas conurbadas de seu em torno; externamente formam pólos dinâmicos interativos. Nova Iorque, Londres e Tóquio, são os exemplos trabalhados por Sassen, mas poderíamos a elas acrescentar outros locais que preencheriam as mesmas condições: Paris, Xangai, Hong Kong, São Paulo, Osaka, etc. Entretanto, a definição de cidade global tende a ser demasiadamente econômica, a ênfase recai geralmente na esfera produtiva. Allen J. Scott procura justamente dar conta desta restrição ao sublinhar a importância da dimensão cultural que muitas delas encerram.[71] Por exemplo, ao envolver as indústrias culturais, segmento crucial das sociedades contemporânea. O autor analisa desta forma como uma economia da cultura enraíza-se em lugares específicos: cinema em Hollywood; complexo midiático em Manhattan, moda em Paris,

---

71 Allen J. Scott, *Social Economy of Metropolis*, Oxford, Oxford University Press, 2008. Do mesmo autor "Creatives Cities: conceptual issues and policy questions", *Jornal of Urban Affairs*, vol.28, nº 1, 2006.

edições em Londres. Setor cuja produção é transnacional, mas congrega nas áreas metropolitanas uma variedade de serviços e programações culturais: teatros, restaurantes, galerias de arte, salas de concerto, cursos de dança, etc. Alguns autores denominam esta conjunção entre economia e cultura de "cidades criativas", elas seriam capazes de articular níveis diferenciados da vida em sociedade; o local torna-se simultaneamente fonte de produção econômica e cultural. Entretanto, elas não são pontos geográficos independentes entre si, como se cada um definisse um lugar específico. Pelo contrário, inserem-se na malha do mundo globalizado, fazem parte de uma rede que os articula para além das fronteiras nacionais. A ideia é interessante, poderíamos pensar a esfera do luxo como um circuito interligado de cidades nas quais a dimensão simbólica se sobressai. Isso explicaria a posição de lugares expressivos como Los Angeles (Hollywood) e Las Vegas (cassinos); ou Mônaco, um enclave que dificilmente poderia ser definido como cidade global, mas que concentra a maior densidade de carros de luxo e de iates do mundo. A rede urbana materializaria a existência da distinção e glamour.

O retrato esboçado é sugestivo, porém, parcial. O gráfico 5 atesta a concentração do universo do luxo mas é preciso completá-lo com outras informações. Na verdade, a noção de cidade é demasiada ampla para dar conta da realidade que nos interessa. É preciso reduzi-la a uma dimensão ainda menor: bairros e ruas. Consideremos por exemplo a distribuição dos hotéis de luxo em Paris (mapa: anexo 1),[72] ela concentra-se numa zona bastante particular da cidade. O limite à leste é dado pelos hotéis Le Cheval Blanc

72 Ver "L'Hôtellerie de luxe à Paris", Paris, Office du Tourisme et des Congrès, 2013.

(imóvel art-deco do século XIX, antiga sede da loja de departamento La Samaritaine) e mais ao norte o Park Hyatt Vendôme. Ambos situam-se no 1e e 2e arrondissement, bairros historicamente consagrados pela história da burguesia no século XIX. Á oeste temos Península e Royal Monceau Raffles, ficam no 16e e no 8e *arrondissement*, região ocupada pelas classes altas com a expansão urbana. O mapa sugere um claro insulamento espacial, destaca o lugar dos hotéis-palácios parisienses em contraposição à "banalidade" que os cerca. Poderíamos talvez apreender este traço de especialização urbanística através da ideia de gentrificação. Geógrafos e urbanistas conhecem bem o fenômeno.[73] Ele envolve diferentes aspectos: renovação de antigas construções (*lofts* e armazéns); edificação de imóveis de alto padrão; construção de zonas de escritórios e lojas comerciais; re-urbanização de áreas específicas; ocupação do espaço pela classe média alta; expulsão das classes trabalhadores e populares dos locais escolhidos; valorização e especulação imobiliária. Existe ainda uma dimensão estética, um investimento na arquitetura e decoração dos edifícios, lojas comerciais, cafés, restaurantes, que distingue a área urbana de outros sítios. Henri Lebfevre costumava dizer que a cidade é uma projeção da sociedade em um determinado território, ela reproduz espacialmente as relações sociais, culturais, políticas e econômicas. A ocupação urbana revela a imagem destorcida de uma sociedade desigual, explicita as fissuras que separam as classes sociais e os seus modos de vida. Creio porém que o conceito de gentrificação, ao esclarecer alguns aspectos do problema que nos interessa, deixa escapar outros. O universo do luxo é mais seletivo do que o processo sugere. Sua amplitude espacial é mínima em-

73 Remeto o leitor a um dos inúmeros textos que fazem uma revisão do conceito. Kate Shaw. "Gentrification: what it is, why it is, and what can be done about it", *Geography Compass*, vol.2, nº 5, 2008.

bora seu valor simbólico seja incomparável. Para compreendê-lo é preciso afunilar ainda mais os diminutos locais da vida urbana: as ruas, às vezes, quarteirões. Bond Street e Sloane Street em Londres; Avenue du Champs Elysées, Avenue Montaigne, Rue Sainte Honoré, em Paris; 5th Avenue (entre 49th e 60th St.) e Madison Avenue em Nova Iorque; Quadrilátero Mágico (Via Montenapoleone, Via della Spiga, Via Sant'Andrea, Via Bogospesso) em Milão; Ginza em Tóquio. O foco na micro-segregação espacial seleciona a clientela rica e abastada. Um estudo sobre a localização das *flagships* de algumas marcas famosas (Louis Vuitton, Gucci, Burberry, Hermès, Tiffany, Cartier) mostra justamente este tipo de concentração. Em Londres, Sidney, Hong Kong e Tóquio há uma clara aglomeração dessas lojas no interior de um espaço exíguo (ver os mapas anexo 2).[74] Por isso os grandes empreendedores estão interessados em diversificar seus negócios nessas regiões de fortuna, trata-se de uma espécie de especulação imobiliária e simbólica. LVMH compra o Hotel Heuzé de Vologer, antigo hotel aristocrático do século XVIII situado na Place Vendôme; Richemont o The St. Regis New York, ao lado do Central Park; Hermès um imóvel na New Bon Street em Londres; Prada no sul da Old Bond Street e outro imóvel na luxuosa Bolshaya Konyushennaya em São Petersburgo. Eu havia observado que o universo do luxo realiza-se em algumas cidades, e no seu interior, em algumas localidades. Ao inserirmos neste quadro a noção de rua vemos o quanto ele é descontínuo. Por exemplo, entre a New Bond Street e Sloane Street em Londres há uma distância física considerável; o mesmo pode ser dito em relação à Avenue Montaigne e a Place Vendôme em Paris. Dito de outra forma, a concentração

---

74 Elisa Arrigo, "The role of flagship store in luxury branding: an international exploratory study", *International Journal of Retail & Distribution Management*, vol.43, nº 6, 2015.

revelada nos mapas em anexo não significa a existência de um espaço homogêneo, pelo contrário, cada "núcleo" situa-se à distância de outros pontos de prestígio. O espaço urbano é assim recortado de maneira heterogênea segundo a mesma intenção. É possível termos um panorama aproximado desta distribuição desigual de espaço e riqueza ao considerarmos a classificação das ruas mais caras do mundo (anexo 3).[75] Nelas concentra-se o "verdadeiro" universo do luxo. Sua amplitude é transnacional mas sua realização restringe-se a espaços minúsculos. Os pontos estão afastados uns dos outros mas o significado que os articula pertence ao mesmo código de distinção, este é o território no qual circulam mercadorias, pessoas, instituições e valores.

Anexo 1: Concentração hotéis-palácios em Paris

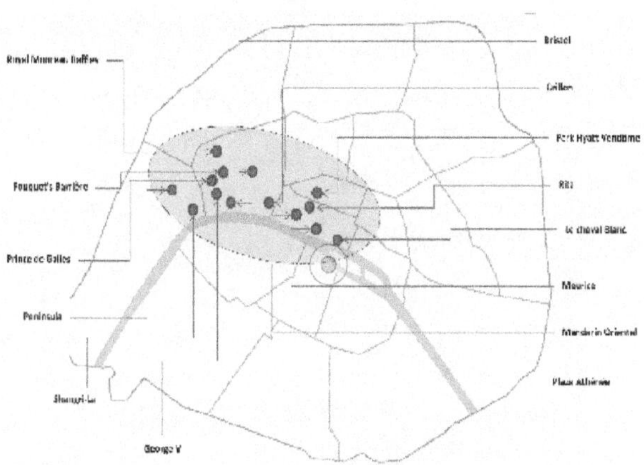

75 "Main Streets Across the World", *A.Cushman & Wakefield Research Publication*, 2015/2016.

Anexo 2: Concentração das lojas de luxo

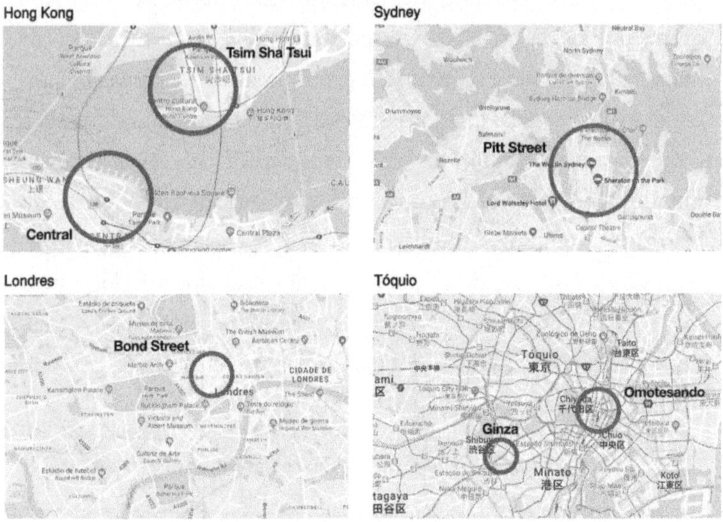

Anexo 3: Ruas Mais Caras do Mundo

País	Cidade	Localização	Aluguel € m2/ano
EUA	Nova Iorque	Upper 5th Av.	33.812
Hong Kong	Hong Kong	Causeway Bay	23.178
França	Paris	Av. Champs Elysées	13.255
Reino Unido	Londres	New Bond Street	12.762
Itália	Milão	Via Montenapoleone	10.000
Austrália	Sidney	Pitt Street Mall	8.898
Suiça	Zurique	Banhofstrasse	8.643
Japão	Tóquio	Ginza	8.520
Coréia do Sul	Seul	Myeongdong	8.519
Áustria	Viena	Kohlmarkt	4.620
Alemanha	Munique	Kaufinger/Neuhauser	4.440
China	Xangai	West Najing Road	4.233
Rússia	Moscou	Stoleshnikov	3.814
Singapura	Singapura	Orchard Road	3.253
Espanha	Barcelona	Portal de l'Angel	3.220
Irlanda	Dublin	Grafton Street	3.091
Turquia	Istambul	Bagdat	3.016
Holanda	Amsterdã	Kalverstraat	2.900
Noruega	Oslo	Karl Johan	2.852
Taiwan	Taipei	ZongXia E.Road	2.640

Um universo singular

O iate desliza no mar suas linhas são minimalistas.[1] Música instrumental de fundo, não há narração em *off* ou diálogos, a semiótica da imagem privilegia a sensação visual. O barco singra calmamente no tapete azul, deixa seus sulcos na água, as pegadas no oceano. Não se trata de um comercial, há poucos clientes potenciais para serem convencidos de sua excepcionalidade, estamos distantes do reino da publicidade a artimanha é mostrar o que os olhos desvendam. Lentamente a câmera percorre a paisagem: o deck da piscina, o bar, a sala de estar, os diversos andares, o elevador transparente em forma de cápsula espacial, a mesa posta com os talheres de prata e as taças de cristal, os quartos, a delicadeza da roupa de cama, a academia de ginástica. As imagens transpiram conforto e elegância. Entre uma cena e outra são intercaladas citações eruditas: "tudo o que se imagina é real" (Picasso);

1 Luxury Vision Production (video), YouTube.

"a perfeição se realiza quando nada é deixado para ser retirado e nada existe para ser adicionado" (Saint Exupéry); "a graça é a beleza da forma sob a influência da liberdade" (Schiller). O mundo descrito impõe-se por si mesmo, as citações apenas confirmam sua existência, somos espectadores de sua veracidade. O luxo "é" uma evidência, sem mediações seu Ser materializa-se diante de nós, ao contemplá-lo confirmamos sua realidade terrena. Esta sensação de imanência percorre a literatura que dele se ocupa, os textos reiteradamente afirmam: o conceito não pode ser definido de maneira precisa, sua essência escapa ao domínio das palavras.[2] Abundam desta forma as definições espontâneas do que não pode ser apreendido com clareza: "o luxo é uma atitude"; "uma maneira de ser"; "sinônimo de criação"; "prazer, festa, conforto". Até mesmo sua origem etmológica seria misteriosa, enigmática. O termo em latim (*luxus*) significaria: ostentação, luxúria ou desvio? Mas paradoxalmente, na sua indefinição (bastaria consultar um linguista para dirimir as dúvidas)[3] uma certeza se impõe, sua presença inefável é visível, tangível. Como dizem alguns autores: "Não existe uma definição de Luxo (com maiúscula) mas seus ingredientes são reconhecíveis e fazem que nenhum erro, dúvida ou engano, seja possível".[4] Somente os míopes duvidariam de sua de-

2 A literatura sobre o marketing de luxo é bastante padronizada, geralmente a introdução ao tema passa por uma revisão das definições consagradas para se concluir sobre sua impossibilidade. Vários textos se dedicam ainda a "desvendar" a origem etmológica do termo. Ver por exemplo, Valérie Haie, *Donnez Nous Notre Luxe Quotidien*, Paris, Gualino Éditeur (Institut Supérieur de Marketing de Luxe), 2002.

3 Ver Alain Ray, "Le luxe, le mot et la chose" in *Le Luxe en France du Siècle des Lumières à Nos Jours*, op.cit.

4 Citação in Valérie Haie op.cit. p.188.

monstração ocular: *le luxe c'est le luxe*. Entretanto, essa convicção tautológica é fruto de uma ilusão de ótica, o brilho exibido ilude o espectador, ofusca a capacidade de entendimento. O universo do luxo é socialmente construído, nada possui de espontâneo, para se tornar evidente sua singularidade deve ser antes submetida a um labor simbólico que a qualifica como tal.

Mas o que é um universo? Tenho utilizado o termo de maneira genérica, sem me ater à precisão do que está sendo descrito, gostaria de qualificá-lo melhor. Um universo é um território no interior do qual habita um modo de ser e de estar no mundo; ele é constituído por indivíduos, instituições, práticas e objetos. Trata-se portanto de um todo, totalidade na qual a integração das partes que o compõem faz-se necessária, elas encontram-se interligadas. Neste sentido, não estou interessado na pergunta, "o que é um objeto de luxo?", o relevante é estabelecer o vínculo existente entre objetos, práticas e instituições. Dou um exemplo. No livro, *A Ideia de Luxo*, Christopher Berry procura definir suas características; sabendo que a raridade é geralmente considerada uma de suas dimensões intrínsecas ele trabalha um contra-exemplo.[5] Se eu peço a um livreiro o livro de Hobbes, *De Cive*, estou ciente de que se trata de um material raro, mas não necessariamente de luxo. Este tipo de raciocínio é recorrente na literatura que se ocupa do assunto. Seria a caneta tinteiro ou o cosmético que posso comprar numa loja qualquer um item desta natureza? Quando se lê os historiadores é comum encontrarmos a afirmação: o luxo é relativo, o luxo de uma época torna-se banal em outra. Fernand Braudel, na sua trilogia histórica do capitalismo, nos dá um exemplo sugestivo

5 Christopher Berry, *The Idea of Luxury: a conceptual and historical investigation*, Cambridge, Cambridge University Press, 1994.

ao se referir ao ditado popular "caro como pimenta"; quando a especiaria era escassa e cobiçada representava algo excepcional, porém, ao torna-se um condimento usual na prática culinária perde-se até mesmo a lembrança de seu esplendor antigo. Não tenho a intenção de considerar tais observações como equívocas, de fato, há uma banalização dos objetos de luxo, entretanto, o tipo de análise que elas induzem parece-me improfícuo. Creio que faz pouco sentido tomar os objetos de maneira singular, como se cada unidade possuísse uma lógica própria, importa entender a relação entre eles e o pertencimento à uma totalidade específica: o universo do luxo. É preciso situar Prada, Vuitton, Hermès, Rolls-Royce, Lamborghini, aviões particulares, viagens, no solo comum que partilham. É isso que lhes dá sustentação e coerência. A ênfase no que lhes é intrínseco apenas fragmenta o que se encontra unido. Entretanto, apesar da exigência de inter-relação que sublinho, não penso que seja promissor descrever esse universo em termos sistêmicos, um pouco como Jean Baudrillard tentou em *O Sistema dos Objetos*.[6] Ele tem razão ao dizer que o objeto é o símbolo de uma série de outros objetos do qual ele é apenas um dos termos; faz parte de uma cadeia de significado que o transcende e não pode ser compreendido na sua solidão. A visão sistêmica tem uma vantagem em relação à perspectiva que os considera como pontos finitos e descontínuos no espaço, ela privilegia o entendimento relacional. Porém, possui desvantagens. A ideia de sistema implica a existência de um grau de interação entre as partes quase mecânico; ele possuiria um ordenamento lógico e funcional no qual o movimento de cada um dos componentes implicaria o rearranjo da totalidade. Esta "engrenagem", suposta

6 Jean Baudrillard, *O Sistema dos Objetos*, São Paulo, Perspectiva 2006.

pelo pensamento analítico, dificilmente se aplica às relações sociais. Por outro lado, o universo que me interessa não é composto apenas de objetos (o que seria tema da Semiologia), mas também por práticas, ideologia e instituições. Na verdade, a existência material de cada um deles seria ininteligível sem essas mediações. Eu poderia talvez emprestar de Bourdieu a noção de campo, mas isso induziria a análise às disputas no seu interior, o que certamente, sem negá-las, não é meu objetivo. A noção de universo encerra duas dimensões que irei explorar: ele possui um núcleo central e fronteiras. A questão é entender sua especificidade e limites, sua amplitude e restrição.

A esfera do luxo é marcada por uma ambivalência estrutural: a necessidade de constituir um domínio à parte ao mundo que a envolve. Um olhar retrospectivo nos ajuda a entender minha observação. Sombart tem razão ao dizer que o luxo na Idade Média era sinônimo de fausto, ele era coletivo, as coroações dos reis ou as grandes cerimônias religiosas, e manifestava-se publicamente à vista de todos. Aos poucos ele se emancipa desta dimensão impessoal e individualiza-se, movimento que o projeta no espaço da vida privada (móveis domésticos, maneira de dispor a comida na mesa, relógios, adornos), enfim, refinamento que caracteriza a aristocracia e particularmente a sociedade de corte ocidental. Eu diria que neste contexto a ambivalência a que me referia encontrava-se latente mas não necessariamente manifesta, um conjunto de mecanismos controlavam sua realização. As leis suntuárias (que estabeleciam o direito de quem poderia importar e usar determinados tipos de tecidos finos) e as portarias vestimentárias (chegavam ao detalhe de definir o tipo e a cor da roupa que os segmentos sociais eram autorizados a vestir) atuavam como instrumentos de regulação política, social e econômica. Garantia-se desta forma a visibilidade dos diferentes graus da hierarquia social, as vestimentas eram signos de um sistema de classificação, espelho da ordem vigente. A sociedade do Antigo Regime era estamental, o luxo encerrava-se dentro de fronteiras sólidas, não corria o risco de se confundir com a precariedade ou a frugalidade da vida das classes sociais dele excluídas[7]. Uma série de mudanças ocorrem ao longo do século XVIII, momento, como vimos, em que Inglaterra e França transformam-se nos grandes centros de fabricação e exportação dos objetos de luxo. Há no mundo ocidental uma discussão acirrada em torno de sua moralidade, ela mobiliza intelectuais, religiosos e políticos. Historiadores e filósofos consideram a fábula das abelhas de Mandeville (1723) uma espécie de marco zero deste debate. Ao se afirmar que os "vícios privados" resultam em "benefícios públicos", retira-se a esfera do luxo do domínio do excesso, do supérfluo, da luxúria. Abre-se assim a possibilidade de pensá-lo enquanto positividade, não como corrosão do caráter. Por isso o campo dos filósofos iluministas se divide: de um lado encontram-se os detratores do luxo, como Rousseau, para quem os vícios e os prazeres alimentariam a vaidade e a ociosidade dos homens. Do outro lado, os defensores, Voltaire, ao considerar o supérfluo uma necessidade da educação cortesã, sinal civilizatório que definitivamente afastaria o homem de suas origens bárbaras.[8] Há ainda os que se preocupam com a questão econômica.

7 Consultar Philippe Perrot *Le Luxe une Richesse entre Fauste et Confort XVIIIe-XIXe*, Paris, Seuil, 1995.

8 O debate sobre a moralidade do luxo está bem documentado. Um texto que de certa forma sintetiza os argumentos é o de Jeremy Jennings, "The debate about luxury in Eighteenth and Nineteenth Century French Political Thought", Journal of the History of Ideas, vol.68, nº1, 2007. Ver também Maxine Berg e Elizabeth Eger (ed.) *Luxury in Eighteenth Century*, New York, Palgrave Macmillan, 2003.

Diderot, na Enciclopédia, define o luxo como "o uso que se faz da riqueza da indústria para se procurar uma existência agradável".[9] A referência à economia não é fortuita, a controvérsia traduz no plano moral as mudanças no âmbito do pensamento político e econômico. A crítica que os mercantilistas fazem aos pensadores que os antecedem é que em nenhum momento o comércio tinha sido considerado uma questão de Estado. As trocas internacionais faziam-se ao sabor da interação conjuntural entre os comerciantes e os mercados disponíveis. Os mercantilistas são porta-vozes de um novo argumento, o Estado deve promover a expansão do comércio exterior, esta seria a base da riqueza nacional. O luxo deixa de ser percebido como corrupção, debilidade do espírito, transforma-se em potência comercial a ser explorada; longe de constituir um vício, inconscientemente trabalharia para a emulação da riqueza.[10] Mas os ataques ou a defesa de suas virtudes, malgrado as divergências explicitadas, não ameaçavam a separação do modo de vida das classes sociais em contraste. Rosalind Williams observa que o modelo aristocrático exercia seu fascínio no interior de limites bastante precisos.[11] Uma eventual imitação dos modos da corte era sempre possível, porém, circunscrita. O burguês vivia dentro de seu orçamento familiar, não possuía acesso ao crédito real, e os empréstimos individuais eram raros. Sua

9 Diderot, verbete "Luxe" da *Encyclopaedie*, Pergamon Press (versão digital). Ao que parece o texto não é de sua autoria mas de um mercantilista da época, Saint-Lambert.

10 Um bom texto sobre o tema é o de Stefan T. Bratosin e Joël T. Ravix, "Commerce Internacional et Luxe: des mercantilistes aux premiers économistes classiques" in *Luxes et Internationalisation (XVIe-XIXe siècles)* op.cit.

11 Rosalind Williams, *Dreams World: mass consumption in 19th century France*, Los Angeles, University of California Press, 1982.

fortuna dependia do resultado de seu trabalho não da ociosidade cortesã. As condições objetivas da vida burguesa circunscreviam o luxo dentro a um contorno específico; quanto ao resto da população, a distância era abismal e a segregação explícita. Daniel Roche nos diz que nesta época conviviam três lógicas vestimentárias : da sociedade de status, da racionalidade burguesa e da necessidade dos pobres.[12] Cada uma delas com sua identidade própria.

O panorama é outro com as revoluções política e industrial. A ruptura da ordem aristocrática e dos privilégios estatutários, a emergência de uma sociedade de indivíduos, as conquistas tecnológicas, alteram substancialmente o quadro anterior. O debate sobre o luxo toma assim outra direção. Os economistas clássicos ao reformularem o pensamento econômico passam a considerá-lo como algo residual no entendimento das leis econômicas. Para Adam Smith e Ricardo já não se trata mais de explicar seu efeito benéfico ou maléfico no comércio exterior, mas entender como a sociedade como um todo transforma-se num organismo de livre troca. A indústria torna-se o centro da riqueza das nações, ela privilegia o consumo produtivo, os vícios ou as virtudes anteriores seriam elementos periféricos para sua realização. A perspectiva liberal é utilitarista por isso o consumo irracional é negligenciável [no momento em que a ciência econômica se autonomiza o tema perde em interesse e centralidade].[13] Outro aspecto refere-se à produção generalizada dos objetos. A modernidade do século XIX não se fundamenta apenas na fábrica ou no vapor, ela ancora-se em toda uma transformação do sistema técnico. Invenção

12 Daniel Roche, *La Culture des Apparences*, Paris, Fayard, 1989.

13 Ver Serge Latouche, "Le luxe guillotiné, ou comment un concept disparaît du discours économique dans la tourmente révolutionnaire", *Revue du MAUSS*, nº 5, 1989.

da iluminação a gás, depois eletricidade, revolução dos transportes (bondes, estradas, trens), revolução da confecção (produção em massa de vestimentas e advento das lojas de departamento), expansão da indústria editorial (livros, imprensa, romance folhetim), advento do automóvel, avião, telégrafo, telefone, fotografia, cinema. Trata-se de uma mudança radical que atinge a esfera da produção, a organização social, e o quotidiano das pessoas. O conforto transborda o círculo íntimo das comodidades aristocráticas. Nas casas surgem a água encanada (com o fim dos carregadores de água), pias, banheiros, privadas, bidês; novos objetos de toalete são introduzidos como a navalha para barbear e as escovas de dente. Nos escritórios vários utensílios tornam-se corriqueiros: mata-borrão, borracha, grampeador, clipe, apontador de lápis; as penas metálicas substituem as penas de aves, surgem a caneta esferográfica, a máquina de escrever, o papel-carbono, o estêncil. Em 1881 o dicionário francês de Artes e Manufaturas registra um elogio ditirâmbico às artes da mesa: "Devemos à prateação eletroquímica esses utensílios diversos, apetrechos de mesa, cafeteiras, chaleiras e sobretudo esses talheres ao mesmo tempo higiênicos e elegantes, hoje tão difundidos em nossos lares; foi a prateação eletroquímica que espalhou nas moradias mais modestas o conforto barato".[14] Basta lermos a série de crônicas escritas por Georges D'Avenel para nos dar conta deste movimento de *nivellement des jouissances*.[15] Ele se interessa em compreender os mecanismos da vida moderna: *grands magasins*, energia elétrica, estradas de ferro, transportes urbanos, alimentação, construção das casas. D'Avenel

14 Citação in Patrice Carré, "Les ruses de la fée éléctricité" in J.P.Goubert (ed.) *Du Luxe au Confort*, Paris, Bélin, 1988, p.67.

15 Georges D'Avenel, *Le Nivellement des Jouissances*, Paris, Flammarionm 1913.

observa que ao longo do século há um incremento do consumo de vários gêneros alimentícios: vinho, batata, carne cerveja, produtos considerados raros tornam-se corriqueiros, chocolate, café, açúcar, banana. Generaliza-se o hábito de comer pão branco e os pães de trigo moirisco e centeio praticamente desaparecem. Ele diz: "de hoje em diante, ninguém, ao comer primeiro seu pão branco, deve temer ficar reduzido mais tarde ao pão negro da adversidade".[16] A modernidade industrial multiplica a existência de inúmeros itens antes envoltos pela aura do luxo, surge assim toda uma discussão em torno de sua democratização e popularização. A controvérsia anterior sobre sua moralidade é assim reorientada. Um escritor da época, Henry Baudrillart, dirá: "salta aos olhos o lado bom do luxo, multiplicado e repartido pela influência do espírito democrático do bem-estar e da igualdade. Seu mérito é substituir em geral um luxo incômodo, frequente ao fausto das sociedades antigas, por um luxo mais cômodo".[17] Outros autores são ainda mais explícitos a esse respeito: "O luxo perigoso não é o uso da riqueza mas o seu abuso. Ele não consiste em satisfazer mais ou menos nossas necessidades legítimas, mas na criação de necessidades factícias e um consumo prejudicial ao indivíduo e ao Estado. Ele pode ser definido com a má utilização do supérfluo".[18] Necessidade/supérfluo, durável/efêmero, real/factício, estável/instável, são polaridades que recobrem agora a realidade social. A categoria utilidade torna-se o pivô articulador do debate. Existiria

16 Georges D'Avenel, *Les Mecanismes de la Vie Moderne*, Paris, Collin, 1896, p.157.

17 Henri Baudrillart, "Le luxe et les formes de gouvernement", *Revue des Deux Mondes*, 1º septembre, 1877, p.160.

18 Henri Nadault, *Notre Ennemi le Luxe*, Paris, Jouvert et Cie, 1869, p.28.

assim um grau de aceitação de sua manifestação desde que contida dentro de determinados limites.

Mas esse é o problema: as fronteiras. Sobretudo no âmbito de uma sociedade na qual a divisão entre utilidade e inutilidade embaralhou-se. Como pondera Baudrillard em seu livro precursor *A Sociedade de Consumo*, o consumo não se esgota no ato da compra ou da consumação de determinado bem.[19] Uma sociedade de consumo possui uma especificidade quando a utilidade dos objetos deixa de ser central na sua aquisição pelo consumidor. A dimensão funcional (um carro serve para locomover-se; uma máquina de lavar roupas para lavar roupas) encontra-se imersa numa floresta de símbolos vinculando cada uma delas à um imaginário explorado pelas técnicas de propaganda e de marketing. Ao escolher um objeto o indivíduo faz parte deste imaginário que o transcende e cujos ícones materializam-se na dimensão funcional que o caracteriza. É este acréscimo simbólico (diz-se em economia, valor agregado) que caracteriza o consumo contemporâneo, ele o diferencia de um tipo de produção que se esgota na dimensão utilitária dos objetos. O consumidor insere a idiossincrasia do seu mínimo Eu nas escolhas que faz, as técnicas de venda têm inclusive a capacidade de integrar sua dimensão psicológica ao traçar o seu perfil. A sociedade de consumo produz referentes simbólicos para a construção de estilos de vida, ela é fonte de orientação das condutas. O indivíduo encontra-

19 Jean Baudrillard, *La Société de Consommation*, Paris, Denöel, 1970. Por isso ele critica a noção de valor de uso de Marx. Ao diferencia-la do valor de troca Marx a retira do domínio do mercado, do que seria equivalente, mera mercadoria. Porém o valor de uso ancora-se na ideia de utilidade, utilidade que por sua vez é também fruto de uma relação social. Ver "Au-delà de la valeur d'usage" in *Pour Une Critique de l'Économie Politique du Signe*, Paris, Gallimard, 1972.

-se enredado em um emaranhado de símbolos e signos nos quais suas práticas estão inseridas. Dentro deste contexto a polaridade útil/inútil se desfaz. A ideia que o luxo seria sinônimo de inutilidade (definição encontrada amiúde nos dicionários) torna-se insuficiente. Ela ajustava-se às condições anteriores, quando o capitalismo "fordista" e o culto à utilidade era inquestionável, porém, aplica-se mal à situação atual. Consideremos algumas das inúmeras definições que a literatura de marketing nos oferece: "uma marca de luxo traz ao consumidor um valor emocional e criativo"; "é luxuoso tudo o que não é indispensável mas é delicioso e sensível à graça".[20] Deixo de lado o aspecto retórico dessas afirmações, importa compreender, as qualidades, indispensável, emocional e criativo, dificilmente elas seriam exclusivas ao domínio do luxo. Vejamos um contra-exemplo. John Urry nos mostra que o olhar do turista escolhe determinadas paisagens e lugares porque se orienta através da antecipações de sonho e fantasia alimentadas por filmes, jornais, programas de televisão, revistas e vídeos.[21] Ou seja, ele habita um universo de signos no qual a experiência das férias, do descanso, são compreendidas e classificadas como um tempo excepcional afastado da rotina do trabalho. A prática do turismo nada tem de indispensável, não é uma necessidade, e evidentemente envolve um elemento emocional decisivo. Há inúmeras formas de fruição da "aventura" (passeios no deserto, safari, praias selvagens, países exóticos, estadias em hotéis) nas quais a emoção é o centro das atividades almejadas. Dito de outra forma, há uma generalização do simbólico que confunde as fronteiras, basta olharmos o imaginário trabalhado pela publicida-

20 Citações respectivamente in Michel Chevalier e Gérald Mazzalovo, *Management et Marketing de Luxe*, Paris, Dunod, 2008. p.6; Jean Castarède, *Le Luxe*, Paris, PUF, Que Sais-je?2012, p. 19.

21 John Urry, *Consuming Places*, London, Routledge, 1995.

de, ele incide sobre produtos os mais diversos, de um aspirador de pó à uma visita ao Gugguenheim. Isso significa que os muros que separam o universo do luxo de outras modalidades de consumo necessitam ser reiteradamente refeitos. Se de fato suas dimensões essenciais são a arte, o bom gosto, a elegância e a beleza, como dizem e acreditam seus artífices, é preciso que essas probidades sejam enunciadas de maneira segura afim de temperar as adversidades existentes. No mundo contemporâneo a distinção faz-se no interior de um mercado segmentado, degustar um Nespresso (a publicidade com George Clooney garante) é distinto de vestir-se com roupas ordinárias *made in China*. As diferenciações de classe, de identidade, de "bom" ou "mau" gosto, realizam-se através de bens materiais e simbólicos. Utilizo uma ideia de Simmel para esclarecer minha argumentação. Ele diz em seu ensaio sobre a moda que ela é caracterizada por dois fatores: separação e imitação. Acrescenta ainda: sua generalização significaria o seu desaparecimento. Pode-se dizer algo ao semelhante em relação ao universo do luxo. A separação é um traço fundamental para sua existência, entretanto, na medida em que os objetos encontram-se à disposição dos consumidores, sua difusão (que não se faz apenas pela imitação) coloca o problema de seu desaparecimento. Esta é a tensão enfrentada pelos homens de marketing e pelos criadores, ela revela a ambivalência entre encontrar-se à parte e simultaneamente manifestar-se no interior de um amplo mercado de escolhas. O esforço teórico dedicado à sua compreensão é justamente o de re-equilibrar a tensão constitutiva de sua existência. Este é o paradoxo (os textos de marketing o qualificam desta maneira) a ser enfrentado.

Mas como considerar tais virtudes no âmbito de uma diversidade de marcas, sublinhar a especificidade de algo que se vê como superior e diferente dos outros? Um primeiro aspecto diz respeito à economia, os objetos de luxo são regidos por uma lógica distinta das outras mercadorias. Os economistas denominam de efeito Veblen tal peculiaridade. A referência, é claro, "A Teoria das Classes Ociosas", no livro o autor reconhece dois tipos de motivação para o consumo conspícuo. Denomina de "comparação invejosa" a situação na qual os membros da classe alta consomem determinados itens para se diferenciar das classes baixas; e "emulação pecuniária" quando os membros da classe baixa querem se igualar aos que se encontram acima dela. O efeito que nos interessa situa-se na parte superior da pirâmide social, o pertencimento às classes superiores motivaria seus participantes a buscar os artigos mais caros, desprezando o equivalente mais barato. Harvey Leibenstein escreveu na década de 50 um estudo que se tornou clássico entre os economistas a este respeito.[22] Ele considera que muitos produtos existentes no mercado não são procurados por suas características intrínsecas, a dimensão de funcionalidade torna-se assim secundária. Entretanto, ele diferencia uma gama de artigos considerados como a-funcionais. Os produtos para a maioria (*bandwagon*) referem-se àqueles em que a demanda aumenta pelo fato de outras pessoas estarem consumindo a mesma mercadoria (Gabriel Tarde diria, trata-se de imitação). Outro tipo de efeito, que o autor denomina de esnobe, acontece na situação contrária, quando o consumo decai porque muitas pessoas estão adquirindo o mesmo produto (uma estratégia de distinção social). Nos dois casos são as motivações externas à qualidade do produto que determinam a procura. O efeito Veblen ocorre quando a demanda de determinado item aumenta sendo seu preço maior em relação a outros semelhantes. A rigor, o que interessa aos economistas não é tanto a definição de consumo conspícuo

22 Harvey Leibenstein, "Bandwagon, snob and Veblen effects in the theory of consumer's demand", *Quartely Journal of Economics*, vol.64, nº 2, 1950.

dada por Veblen (há uma controvérsia a esse respeito), mas a irracionalidade, talvez fosse mais correto dizer, a imprevisibilidade dos preços nesta esfera de bens simbólicos. Na verdade, a indústria do luxo não manipula técnicas tão diferentes de outros setores homólogos, um vestido de alta costura é produzido a partir de um tecido, é cortado, costurado e acabado da mesma maneira que qualquer roupa padrão fabricada para o mercado de massa. A produção de uma bolsa de couro Birkin da Hermès (deriva do nome da atriz Jane Birkin) é similar à qualquer outra bolsa feminina; ambas servem para transportar coisas, porém, a imagem da marca acrescenta um valor simbólico que escapa à racionalidade da relação entre a oferta e a procura. A esfera do luxo opera como uma espécie de monopólio da oferta, não é a procura que dita o preço das mercadorias. Isso implica uma relativa irracionalidade de seu valor. Um estudo feito sobre a variação do preço do lenço Hermès[23] mostra como em 1937 ele custava 218 francos (preço atualizado) e em 1995 valia 1.300 francos, portanto, um aumento de praticamente seis vezes. Isso levando-se em consideração que durante o mesmo período o mercado de consumidores aumentou consideravelmente. Outro dado relevante: o preço de um *carré* (o lenço Hermès é um quadrado) em 1958 equivalia à 27 horas de trabalho (a base de cálculo é o salário mínimo francês), em 1993, 35 horas. Seria necessário trabalhar mais para comprar o mesmo item. Outros autores procuraram expandir este tipo de pesquisa englobando diversos produtos.[24] Eles mostram que nos países ocidentais durante o século XX o preço da maioria dos produtos têm uma formidável baixa enquanto a média

---

23 Caroline Müller, "Le Carré Hermès" in *Le Luxe en France du Siècle des Lumimères à Nos Jours* op.cit.

24 Jaques Marseille, "Le Luxe Est-il Cher?" in *Le Luxe en France du Siècle des Lumimères à Nos Jours* op.cit.

dos salários aumenta consideravelmente. Há desta forma uma certa distribuição social do bem estar (D'Avenel denominava o processo de "nivelamento dos prazeres"). Entretanto, o domínio do luxo escapa à lei da oferta e da procura que rege as mercadorias. Os dados apresentados são sugestivos: no final de 1990 é necessário trabalhar a mesma quantidade de tempo que no início do século XX para se oferecer uma taça de cristal Roscoff de Lalique ou uma xícara de café Litron (em porcelana, fabricada desde o século XVIII); para comprar um frasco de Chanel nº 5, a mesma quantidade que no fim da Segunda Guerra Mundial. Um prato em arabesco da Baccarat custaria sete vezes mais do que em 1946; e uma noite no hotel Bristol duas vezes mais do que em 1982. Mas há itens que baixam de preço: os talheres Marly de Christofle exigiam 563 horas de trabalho em 1913 e 325 horas em 1994; o perfume Joy (Jean Patou) 103 horas de trabalho em 1935 e 42 horas em 1994. Como encontrar uma explicação racional para este tipo de oscilação? Resposta: o efeito Veblen.

Os homens de marketing estão cientes das particularidades do mercado de bens de luxo eles insistem em dizer: "este não é um setor como os outros". De uma certa forma querem inverter a questão ao afirmar: "o luxo faz o preço" e não o contrário. Alguns autores falam inclusive das anti-leis do marketing deste mercado:[25] "Não procure vender"; "Não adapte os produtos em função da demanda dos clientes"; "Não responda sempre à alta da demanda"; "Crie na entrada uma barreira para a compra dos clientes"; "O papel da publicidade não é vender"; "Ao longo do tempo aumente os preços para estimular a demanda"; "Não venda livremente na internet"; "Não deslocalize a produção para reduzir os custos". Há

25 Vincent Bastien, "Le luxe à la française: un marché porteur, ou une stratégie originale et dominante?", *Annales de Mines – Réalités Industrielles*, vol.4, novembre 2013, p.59.

muito de eloquência discursiva nessas afirmações. A deslocalização é uma realidade generalizada e incontestável; a máxima, "não procure vender" é retórica, significa: não queira vender a qualquer custo (o discurso do business tende a ser hiperbólico). O termo final da frase é que importa: o custo. Como observa um executivo da LVMH: "Eu não quero aumentar o faturamento a qualquer preço, aumentar o volume de vendas, é preciso, talvez, ser menos visível, esta é a melhor maneira para se valorizar uma marca".[26] Dito de outra maneira, a exposição da marca em demasia poderia danificá-la. O mesmo pode ser dito em relação à publicidade. De fato, ela existe em diversos setores, das roupas ao turismo, dos automóveis às joias, negá-la seria um contra-senso. Entretanto, ela é seletiva. Alguns estudos mostram como para as joias e bijuterias os anúncios concentram-se nos produtos mais acessíveis ao bolso do cliente: aneis e brincos.[27] As verdadeiras preciosidades prescindem do apelo publicitário, são caríssimas, vendidas em lojas exclusivas, e para serem encontradas e escolhidas dependem da orientação e do aconselhamento de um especialista. A publicidade na esfera do luxo deve "ser" de luxo, isto é, partilhar a estética e os valores que ele encerra, caso contrário seria inoperante e se confundiria com as técnicas corriqueiras disponíveis no mercado.[28] Em alguns casos, como na apresentação do iate que abre este capítulo, a exposição não significa necessariamente propagan-

---

26 Bernard Arnaud, citação in Eric Briones e Grégory Casper, "Une connexion au luxe bien spécifique", *L'Expansion Management Review*, vol.2, nº 153, p. 20.

27 Marie-Claude Vettraino Soulard, *Luxe et Publicité*, Paris, Retz, 1990.

28 Consultar Lucien Bouis, "Luxe et communication publicitaire" in Danielle Allérès (ed.) *Luxe: métiers et management atypiques*, Paris, Economica, 2006.

da, estímulo à compra (*advertising*), o objeto em questão está ao alcance de pouquíssimos clientes, não há maneira de aumentar consideravelmente o mercado de sua fruição. A intenção da mensagem visual é tornar público alguma coisa, expor as maravilhas de um domínio inacessível, deixar à vista sua espetacularidade. Como os carros Aston Martin nas películas de James Bond.

Por isso a gestão desses bens é atípica, não pode ser reduzida ao saber cristalizado das técnicas tradicionais. Um tema interessante é a distinção que alguns autores fazem entre o luxo como categoria e a classificação dos objetos em "premium" ou "super-premium" (empregada particularmente pelos autores norte-americanos). Jean-Noël Kapferer e Vincent Bastien, profissionais do ramo, questionam aqueles que confundem essas duas instâncias. Por exemplo, um produto de uma determinada gama de objetos poderia ser alçado ao nível superior quando seu preço fosse aumentado, ele passaria assim do nível "premium" para "super-premium" em função das estratégias de mercado. "Neste caso o luxo seria considerado não como uma categoria, mas simplesmente como o limite extremo de inúmeros atributos, nenhum deles (por exemplo, um preço mais elevado) sendo suficiente para se definir luxo. Bastaria fixar o limite mais alto e aplicá-lo ao design, fabricação, distribuição e comunicação para se descrever o luxo. O livros tradicionais e clássicos de marketing seguem essa linha de pensamento: para muitos deles o luxo é apenas a mudança dos produtos "premium" para "super-premium". Neste sentido, o luxo seria a última etapa de um *continuum* caracterizado através dos critérios de raridade, ser caro, sensualidade, criatividade, atenção aos detalhes, idade, qualidade, imaginação. O problema com esse tipo de perspectiva é que ela não corresponde à realidade. Se a negação da especificade do luxo fosse verdadeira L'Oréal ou Procter & Gamble seriam os "imperadores do luxo", e inversamente, Louis

Vuitton, Chanel, Cartier, seriam pequenas empresas, claro prestigiosas, sinônimos de locais e companhias familiares. Esse não é o caso: nem L'Oréal, apesar da aquisição de Lanvin em 1990, nem P&G conseguiram êxito no domínio do luxo".[29] O interessante no raciocínio apresentado é a crítica à ideia de *continuum*. Caso ela fosse verdadeira não haveria uma ruptura entre as classes em presença, a passagem de uma fase para outra faria-se por meio de uma gradação ascendente. Neste caso o luxo não constituiria uma categoria em si, um compartimento isolado. Um tema em disputa entre os autores refere-se à estratégia de posicionamento das marcas. Os estudos de marketing consideram a marca o traço material da identidade de um produto, entretanto, para lançar uma nova marca é necessário definir o seu público-alvo e a segmentação do mercado. O problema é que o lugar de trocas e de lucro já se encontra preenchido por outros concorrentes; há portanto um espaço prévio, organizado e hierarquizado, no qual a intenção de marketing se inscreve. O posicionamento significa que um objeto encontra-se numa determinada localização em comparação à posição ocupada por outros. Para usufruir algum tipo de vantagem comercial determinada marca é obrigada a situar a posição de seus adversários em relação a ela; acentuar sua diferença e tornar-se atraente para o consumidor. Esta é uma concepção corrente na literatura empresarial.[30] Entretanto, do ponto de vista dos que defendem uma autonomia do luxo isso coloca uma dúvida; o posicionamento anularia a pretensão de singularidade. Por isso os autores dirão: "Nada é mais estranho do que isso quando se trata

29 J.N.Kapferer e V. Bastien, *Luxury Strategy, op.cit.* p.40-41.

30 Ver Francisco A. Serralvo e Márcio T. Furrier, "Fundamentos do posicionamento de marcas: uma revisão teórica", *Pesquisa Quantitativa de Marketing*, Seminário de Administração, 7, 2004, São Paulo, Anais FEA/USP.

de luxo. Neste caso, o que importa é ser único, não a comparação com o concorrente. Luxo é a expressão de gosto, de identidade criativa, da paixão intrínseca ao criador; luxo implica em dizer "isso é o que eu sou" e não "isso depende", que é o que a noção de posicionamento significa".[31] Desta maneira, a integridade deste universo de perfeição pode ser preservada. O luxo não se compara a nada, ele simplesmente "é".

Os antropólogos possuem uma rica tradição a respeito dos sistemas classificatórios, eles sabem que as disputas em torno deles revestem-se de um sentido social importante. Robert Hertz no seu clássico ensaio "A preeminência da mão direita" dizia que a polaridade direita/esquerda escondia um emaranhado de significados: alto/baixo, centro/margem, masculino/feminino, superior/inferior. Ao classificar o mundo o pensamento o ordena e o hierarquiza; isola determinada qualidade (superior) e a contrapõe aquilo que ela não é (inferior). O que se encontra no centro (masculino) "vale mais" do que se confina à margem (feminino). Dizer que o luxo é uma categoria implica em delimitar uma zona que o separa e o eleva do que existe fora dele. Um exemplo deste tipo de operação é a classificação dos hotéis.[32] O caso francês é emblemático. A distribuição das estrelas de 1 à 5 depende de uma série de critérios. Avaliação dos equipamentos: limpeza dos jardins e dos móveis, estado e iluminação da fachada, vestimenta e uniforme dos empregados, sistema de aquecimento, espaço para o bar, superfície mínima dos quartos, garagem, elevadores, academia de ginástica, etc; Serviços: internet, site com apresentação em vários idiomas,

31 Kapferer e Bastien *Luxury Strategy* op.cit. p.62.

32 Existem diversas classificações internacionais dos hotéis de luxo: *Andrew Harper's Hideway Report*, Ultra Travel. Além de premiações dos melhores hotéis do mundo tipo World Travel Awards.

secretária eletrônica no quarto, acompanhamento do cliente aos aposentos, serviço de portaria, cuidado das bagagens, pagamento com cartão de crédito, serviço de reclamação, pessoal com fluência em francês e inglês, limpeza das roupas dos hóspedes, café da manhã, restaurante, etc. Há uma pontuação para cada item além de determinados critérios considerados obrigatórios ou facultativos. A existência de cofre forte e garagem é facultativa para os estabelecimentos de 1* à 4*, mas obrigatória para os de 5*. Tem-se desta forma uma sistema classificatório que permite distinguir entre uma hotelaria econômica (1*), mediana (2* e 3*) e de alto padrão (4* e 5*). Para galgar a escala estelar os estabelecimentos devem cumprir as exigências estabelecidas e somar os pontos necessários para uma eventual promoção de nível. Existe no entanto uma franja da hotelaria que escapa a esta complexa avaliação: os palácios. Eles são regidos por outras regras que permitem "o reconhecimento de hotéis que apresentam características excepcionais, particularmente em relação à sua situação geográfica, a seu interesse histórico, estético ou patrimonial, assim como os serviços oferecidos".[33] Trata-se de uma edificação suntuosa (quase um monumento) localizado num sítio de prestígio e decorado com elegância e esmero. Um conjunto de qualidades inexistentes na classificação anterior são enunciadas: a localização (ruas e bairros nobres da cidade), a relação entre o edifício e o patrimônio histórico, a valorização estética, a oferta de serviços superiores. Os palácios são poucos (em 2015 eram 23 em toda a França) e escolhidos por uma comissão (não pelo acúmulo de pontos) composta por personalidades do mundo das letras,

33 Artigo 1 da *Atout France* responsável pela classificação dos palácios. Consultar ainda Pierre Gouirand, "Le concept de palace: le luxe dans l'hôtellerie et son évolution", *Recherches Regionales* (Colloque Tradition et grandeur de l'hôtellerie de luxe sur la Côte d'Azur), vol.54, nº 203, 2013.

das artes, da cultura, da mídia e dos negócios. Existe assim uma descontinuidade no sistema classificatório, é possível quantificar o brilho das estrelas, elas estão à vista, próximas de nós; os palácios escapam à tirania dos números, habitam outra galáxia. Isso nos remete à questão da comparação mencionada anteriormente. Ao delimitar um território singular o luxo não pode ser comparado ao que se encontra no seu exterior. Seria o mesmo que aproximar unidades discrepantes entre si. Como diz Marc Deschamps: "Desta forma uma estadia em um palácio aparece como uma singularidade sendo simultaneamente: incomparável (os serviços propostos são independentes), de qualidade não padronizada e, portanto, incomensurável em relação à qualquer estadia em outro palácio".[34] A incomensurabilidade deste espaço tem um dupla implicação. Separa territórios de natureza qualitativamente diferente, um pouco como a oposição durkheimiana sagrado/profano, e acrescenta: os palácios não são comparáveis entre si, cada um contém sua idiossincrasia. Como dizem os experts, o luxo é superlativo e não comparativo. Neste sentido a experiência no interior deste mundo é única e não pode ser mensurada em relação a outras (suas semelhantes). O que importa não é a escolha deste ou daquele objeto (ou serviço) mas o fato deles participarem da mesma galáxia.

Uma maneira de se delimitar as fronteiras do universo do luxo é através da ideia de raridade. Este é um tema chave da literatura especializada, quanto mais em falta um artigo maior seria o seu valor simbólico. Entretanto, a noção é polissêmica, seu sentido varia em função do contexto (evidentemente nem tudo que é raro é de luxo). Historicamente ela associa-se à escassez. É o

34 Marc Deschamps, "L'inexistence du luxe comme catégorie finie et unifiée: le classement hôtelier en France", *Innovations*, vol.2, nº 41, 2013, p.134.

caso do chocolate produto originário do México (o cacau) que se tornou a bebida preferida na corte espanhola. Como nesta época a Espanha dominava o tráfego marítimo para o continente latino-americano durante mais de um século ele tornou-se parte da vida cortesã de Castela; somente no século XVII foi introduzido nos hábitos da corte francesa. O chocolate transforma-se assim na expressão do status aristocrático em contraposição ao café, bebida apropriada ao gosto burguês.[35] A dimensão de escassez permanece ainda hoje em relação a alguns itens de luxo. Caviar selvagem: diferencia-se do caviar cultivado em piscinas ou tanques; origina-se principalmente do mar Cáspio onde o esturjão encontra-se em via de extinção (este tipo de pesca foi declarada ilegal). Acqua di Cristalo: considerada a água mais cara do mundo; a garrafa foi desenhada reproduzindo um desenho de Modigliani; contém 750 ml de água de Fiji (com alta concentração de silício), da França e de uma geleira na Islândia; nela é misturada 5 mg de pó de ouro de 23 quilates, essencial para a saúde e o paladar. Antartic Nail Ale: cerveja cuja preparação contém 90% de água retirada de uma geleira na Antártida. Relógios fabricados com pedaços de um meteoro que caiu há 8.000 anos na Terra, oriundo de uma constelação entre Saturno e Marte. Sublinha-se assim a excentricidade dos materiais utilizados na elaboração de determinados artefatos. Um significado distinto recobre a ideia de excepcionalidade em função de alguns elementos de natureza técnica, como os relógios cronômetros Tag-Heuer cuja precisão atinge milionésimos de segundo. Ou a performance dos carros. Rolls-Royce Wraith: 632 cavalos, velocidade máxima de 250 km/h, atinge de 0 à 100 km em

35 Uma reflexão interessante sobre a oposição entre o chocolate e o café pode ser encontrada no livro de Wolfgang Schivelbusch, *Historia de los Estimulantes*, Barcelona, Editorial Anagrama, 1995.

4,6 segundos; Bentley Continental GT (esporte): 635 cavalos, velocidade máxima de 331 km/h, leva 3,7 segundos para atingir 100 km. Existe uma série de inovações tecnológicas que acompanham esses automóveis fantásticos. Detector do batimento do coração; monitora o coração do condutor do veículo alertando-o para as situações de perigo. Monitoramento dos olhos do motorista, reconhece o nível de atenção no volante. Visão noturna, carros equipados com câmeras infra-vermelho. Esta dimensão de raridade tecnológica aplica-se a determinados tipos de arquitetura como o Hotel Hydropolis em Dubai no qual os quartos estão submersos no oceano. O hóspede contempla de seu quarto, através das paredes transparentes, a fauna e a flora marinha. A noção de raridade contempla ainda a valorização do aspecto artesanal (irei trabalhá-lo no próximo capítulo), o "feito à mão" sendo uma forma de se contrapor à massificação dos produtos em série. Como dizem Chevalier e Mazzavolo: "Todo objeto de luxo deve ter alguma parte espetacular, mesmo pequena, feita à mão. Essa dimensão o diferencia dos objetos feitos em série, do mundo sem surpresa da fábrica. Como diz o texto de Nautilus, relógio da Patek Philippe, com seu design moderno: 265 componentes individualmente feitos à mão".[36] Assim, o cliente que encomenda seu Jaguar, sabe que algumas das partes de seu veículo serão confeccionadas expressamente "para ele".

A questão da raridade nos remete ao tema da separação. Ou como se diz na literatura nativa: "Para o consumidor o luxo deve ser alguma coisa rara. Se nos comportamos como Danone ou Nestlé, o consumidor nos coloca no mesmo nível. Se o luxo

36 Kapferer e Bastien, *The Luxury Strategy* op.cit. p.90.

está em todos os cantos das ruas, não é mais luxo".[37] É necessário produzir um efeito de escassez controlada para manter à vista as linhas divisórias entre territórios distintos. Diana Crane nos mostra como na esfera da moda coexistem duas estratégias de difusão das tendências:[38] de cima para baixo e de baixo para cima. A primeira é centralizada, tem como referência a alta costura, a valorização do costureiro e das grandes marcas. Neste processo as capitais da moda, Paris, Londres, Nova Iorque, Milão, desempenham um papel decisivo. A segunda corresponde aos estilos de vida (moda dos jovens, das tribos), é descentralizada e sua origem é "a rua" onde se dá uma interação íntima com a cultura pop. O modelo de cima para baixo caracteriza o setor do luxo o de baixo para cima a indústria de confecção. Isso significa que o campo da moda torna-se mais complexo (deixa de ser monolítico), porém, a divisão de trabalho entre modelos diferentes, preserva as fronteiras e a diferença entre eles. O mesmo se passa em relação ao setor dos perfumes. Há uma nítida divisão entre os produtos de prestígio e o *masstige*, desde a concepção olfativa, o desenho e a estética do frasco, às técnicas de propaganda e de distribuição.[39] Por isso as empresas estabelecem uma diferenciação entre os tipos de atividades que realizam: L'Oréal e L'Oréal Luxe (produtos Kiehl para o cuidado do corpo, comercializados em lojas especializa-

37 Marie-Claude Sicard, *Les Ressorts Cachés du Désir*, Paris, Village Mondial, 2005, p.291.

38 Diana Crane, "Diffusion models and fashion: a reassessment", *The Annals of the American Academy of Political and Social Sciences*, vol.566, November 1999.

39 Boutiba, Jamel. "Quelles filiation entre les tendances de la distribution séléctive et celles de la grande distribution" in Guillaume Erner, L*a Mode des Tendances*, Paris, PUF, 2011.

das); Burberry Prorsun (costura) e Burberry London (confecção mais simples); Kering e Kering polo luxo. Um artifício utilizado para introduzir os clientes neste mundo à parte são as séries limitadas. Um exemplo interessante é o das bolsas Kelly de Hermès. Diz a lenda que Grace Kelly, diva do Olimpo hoollywoodiano, foi seduzida pelo charme da bolsa quando ainda rodava um filme com Hitchcock, a partir de então seu nome foi "adicionado" ao artefato. Não estamos falando de um produto qualquer, existem normas que o definem, para se denominar Kelly as bolsas obedecem a certas características: "uma forma trapezoidal com uma prega nos dois lados; uma dobradura recortada; um sistema de fecho feito de duas tiras de couro cujas extremidades hexagonais em metal, estão fixadas por quatro cravos em forma de pérola, as duas plaquetas metálicas ajustam-se a um mecanismo em forma de anel que permite fechar e abrir as plaquetas, o anel é perfurado e pode ser fechado com um cadeado, a chave encontra-se em um saquinho de couro, em forma de sino, preso à alça da bolsa por uma tira de couro; a alça encontra-se na parte superior da bolsa; duas correias de couro, em dupla costura, são fixadas na parte traseira da bolsa".[40] O produto encontra-se disponível em vários tamanhos e cores, fechos e couros diferentes. A cliente pode comprá-lo na loja ou encomendá-lo: o básico, em couro preto; em couro de crocodilo; em couro de crocodilo ornado de diamantes. A estratégia das séries limitadas é amplamente utilizada no mer-

40 Kim Przybyla, "Les Stratégies Marketing de Luxe: Le Kelly d'Hermès, du sac à main à l'icone de luxe", Mestrado, *Sciences Politiques Toulouse*, 2014, p.62. A descrição da bolsa segue os parâmetros registrados em cartório, em 1949.

cado de bens de luxo.[41] Nina Ricci, em edição limitada, lançou seu perfume "L'Air du Temps" em cristal Lalique (frasco de 1250 ml); Guerlain, "L'Instant" disponível em 750 exemplares, o frasco era polido à mão e a tampa envolvida em ouro fino. Romanée-Conti (*pinot noir* da Borgonha) produz poucas garrafas de vinho por ano mas não é geralmente vendido por unidade; o cliente tem acesso à apenas uma garrafa que faz parte de uma seleção de *grand crus* produzidos na região. As champanhes são geralmente elaboradas a partir de uma mistura de colheitas da região. "La Trilogie des Grands Crus" (Moët et Chandon) engloba três apelações, "Vignes de Saran", "Les Champs de Romont", "Les Sarments d'Avy"; cada uma delas é fruto de uma única cepa de prestígio. As garrafas, elaboradas em escala reduzida, são comercializadas através de poucos restaurantes de renome. Esta gradação de prestígio no interior do próprio universo do luxo (o sob medida), valoriza a dimensão da raridade, qualificando-a como algo singular e autêntico. Mas neste caso o raro separa-se de escassez ou performance tecnológica, significa seletividade, a restrição lhe confere a aura de inacessibilidade.

A natureza do universo do luxo revela-se na sua relação com a moda. À primeira vista os dois conceitos caminhariam lado a lado sem maiores problemas. Por exemplo, a necessidade das casas de alta costura e do *prêt-à-porter* em apresentar periodicamente novas coleções de vestuário, essa é a maneira de renovar o estoque e aguçar o afã dos clientes pelas novidades. Ou o ramo dos acessórios, lenços, bolsas, óculos, relógios, cintos, que deve adaptar-se aos estilos de vida. Entretanto, as empresas e os criadores são ciosos em estabelecer a diferença entre os termos.

---

41 Consultar Bernard Catry, "Le luxe peut être cher, mais est-il toujours rare?", *Revue Française de Gestion,* vol.2, nº 171, 2007.

"A vestimenta de uma marca que está na moda possui um valor passageiro; fruto de uma tendência fugaz e caprichosa, ela não passa do símbolo momentâneo de um estilo de vida, e sua confecção nem sempre em nada é melhor do que uma roupa produzida em série. O perfume, pelo contrário, é um produto de luxo cujo valor é imanente e durável; alguns perfumes clássicos têm uma duração de vida extremamente longa".[42] Como afirma um executivo da Hermès: "O luxo atravessa o tempo e raramente se encontra com a moda. Uma verdadeira casa de luxo é atemporal, não é moda nem encontra-se distante de seu tempo. Essas casas transcendem a moda. Compra-se um produto para sempre, que não sai da moda, porque ele é particular".[43] Enfatiza-se assim a ideia de a-temporalidade (*diamonts are forever*) em contraposição ao que seria passageiro. Essa é a dimensão explorada pela publicidade de alguns itens: "Você nunca possuirá completamente um Patek Philippe. Você é apenas o guardião para as gerações futuras". A crítica ao efêmero torna-se assim uma constante, como diz um desses autores: "Um produto na moda deixará de ser moda; trata-se de um risco econômico em potencial. O objeto deve escapar das tendência e dos logotipos, precisa se satisfazer a si mesmo. O produto deve alimentar o território da marca e não a marca vender o produto. Se isso acontece, ele se empobrece".[44] Existiria portanto uma diferença entre produtos clássicos e de moda, os primeiros seriam mais duradouros, atravessariam a linha do

42 Bernard Duguay, "Le luxe de 1950-2020: une nouvelle géoéconomie des acteurs", *Géoéconomie*, vol.2, nº 49, p.55.

43 Christian Blanckaert, *Les 100 Mots du Luxe*, Paris, Que sais-je? (PUF), 2010, p.90.

44 Patrick Thomas, "Hermès, une machine à créer", *Le Journal de l'École de Paris*, nº 112, mars-avril 2015, p.26.

tempo sem se corromper[45]. A bolsa para viagem Keepall criada por Louis Vuitton em 1930; Kelly de Hermès; Chanel e seu nº 5; Oyster de Rolex. Os artefatos de longa duração se sobressaem por sua durabilidade, são o contraponto aos produtos exibidos nas vitrines das grandes cadeias de distribuição como Zara ou Uniqlo, esses facilmente descartáveis. No mercado das roupas rápidas a duração de vida de um produto não se mede em meses mas em semanas. A durabilidade constitui portanto um elemento essencial para a compreensão deste universo seleto: "a intenção do luxo é a atemporalidade inscrita no corpo de uma realização única".[46] Contrariamente aos "best sellers" ou aos filmes de entretenimento (Harry Potter, Shreck), cujo ciclo de vida é curto e rentável, o luxo tem como característica a permanência. Almeja a perenidade. O testemunho de um costureiro francês ilustra bem este aspecto. Ele diz: "a moda é o que está na rua, se não está na rua não é moda. A alta costura é diferente: não se dirige às mesmas pessoas... não está, obrigatoriamente, implicada no ar dos tempos. Ele representa alguma coisa a mais, algo atemporal, um artesanato atemporal".[47] Um contraste que ilumina esta particularidade do universo do luxo são as lojas *pop-up*. A denominação deriva das *pop-up windowns* que se abrem momentaneamente durante uma operação na internet. Geralmente elas se referem a uma mensagem de erro ou a algum anúncio e podem ser ignoradas pelo utilizador, basta clicar na janela, ela desaparece. Diferentemente do glamour

45 Ver Marine Agogé e Guillaume Nainville, "La haute couture aujourd'hui: comment concilier le luxe et la mode", *Annales de Mines*, vol.1, nº 99, 2010.

46 Manfredi Ricca e Rebecca Robins, *Meta-Luxury: brands and the culture of excelence*, London, Palgrave Macmillan, 2012, p.10.

47 Frank Sorbier, "La haute couture est un monde particulier un peu en dehors de la mode", franceculture.fr

e da elegância das *flagships*, as lojas *pop-up* são simples, têm uma decoração pouco sofisticada, ocupam uma pequena área de um imóvel e seu objetivo fundamental é a rotatividade das mercadorias.[48] As *flagships* são o emblema da marca, para tanto é necessário que permaneçam no tempo; sem esta virtude não poderiam exprimir material e simbolicamente as qualidade da empresa. As *pop-up* são voláteis, temporárias, duram de alguns dias a um ano, vendem os produtos mais baratos, e sua vida circunscreve-se ao período necessário para esgotar o estoque e aumentar os lucros. As passagens acima são sugestivas na medida em que nos remetem à ideia de unicidade. O luxo deve possuir uma consistência, um peso que o identifique enquanto substância; a moda refere-se ao reino do efêmero. Há uma variedade delas, ele permaneceria idêntico a si mesmo.

Existe assim uma tendência em se valorizar a tradição. Não se trata de se contrapor o tradicional ao moderno, os objetos necessariamente devem se ajustar ao ar dos tempos, sem isso as expectativas das pessoas seriam frustradas. Isso não é apenas uma questão de mercado. A história da moda revela uma íntima relação entre as vestimentas e os hábitos sociais, como dizia Coco Chanel, diante das transformações advindas no final do longo século XIX: "Eu trabalhava para uma sociedade nova. Até então, vestia-se as mulheres como se fossem inúteis, inativas, mulheres a quem as governantas deviam auxiliar; tinha doravante uma clientela de mulheres ativas; e uma mulher ativa precisa se sentir à vontade em seu

---

48 Christel de Lassus e Anido Freire, "Acces to luxury brand myth in pop-up stores: a netnographic and semiotic analysis", *Journal of Retailing and Consumer Services*, vol.21, October 2014.

vestido. É preciso arregaçar as mangas".[49] O design dos isqueiros, frascos de perfume, cintos, bolsas, e evidentemente automóveis, devem também se adequar ao progresso técnico e à sensibilidade estética da atualidade. Na verdade, a relação entre modernidade e luxo é de complementaridade. O exemplo de Hermès é interessante.[50] O fundador Thierry Hermès (1801-1878) possuía um estabelecimento de selas e arreios, com a revolução dos transportes ele se especializa em artefatos de couro para os bondes puxados a cavalo, e depois, movidos à gasolina ou eletricidade. O mesmo se passa com Louis Vuitton (1821-1892), sua empresa trabalhava no ramo das grandes embalagens [na fachada da fábrica em Asnières estava escrito: "Louis Vuitton embalador: entreposto para receber as mercadorias para embalar"].[51] Suas malas transformaram-se em objetos cobiçados pelos viajantes de trem e navio. A redução das distâncias encanta o turista (termo inventado na modernidade do XIX) e impulsiona suas aventuras. Entretanto, diante do movimento de inovação a tradição não desaparece, pelo contrário, é reafirmada (claro, não qualquer tradição). Sobretudo no que diz respeito à identidade da marca: "A história acresce ou assenta a notoriedade de uma marca. Efetivamente, a história é um elemento determinante...Vuitton (1854) tem uma história, Hermès (1837) tem uma história, Hediard (1854) tem uma história. Essa

49 Citação in Michel Gutsatz, "Le sage et le créateur: éléments pour une analyse des stratégies des marques de luxe", *Décisions Marketing*, nº 23, Mai-Août, 2001, p.24.

50 Ver Jean-Pierre Blay, "La maison Hermès, du dernier siècle du cheval à l'ère de l'automobile", *Histoire Urbaine*, vol.1, nº 12, 2005.

51 Conta-se que ele recebeu um dia a visita de um representante norte-americano para empacotar e proteger as partes da Estátua da Liberdade a ser transportadas para Nova Iorque.

história tem 100 anos, 150 anos... Às vezes recua-se mais no tempo, como Baccarat (1764); "Hermès cultiva há mais de um século as raízes plantadas pelos seus fundadores, a excelência dos códigos gráficos ligados ao mundo dos cavalos que inspiravam a profissão de seleiro de seu fundador"; "o que é apreciável particularmente no luxo é a história contata por uma peça que foi desenhada há dezenas de anos atrás, que no entanto, resta atual. Esta capacidade do luxo em criar a-temporais é extremamente sedutora, especialmente na sociedade onde tudo é descartável. Sabe-se que quando se compra alguma coisa, ela vai durar, dela não iremos nos cansar porque ela é a-temporal".[52] Na literatura sobre o luxo há uma espécie de obsessão pela a-temporalidade da tradição. Os produtos considerados como clássicos desfrutam justamente da aura conferida pelo tempo: "Um produto clássico é aquele que já possui uma história, em relação ao qual a produção nunca foi interrompida desde o seu lançamento; ela retoma os códigos a-temporais da marca, permitindo que ela seja cobiçada por uma clientela fiel".[53] Tradição significa permanência, as casas de luxo recorrentemente utilizam a narrativa histórica das marcas para se promover, esta é uma estratégia conhecida no mercado. Por isso a metáfora do DNA é uma constante, haveria uma herança biológica a ser transmitida aos descendentes, o passado comprovaria a autenticidade do pedigree inquestionável. Os manuais de marketing insistem

---

52 Citações respectivamente in: Jean-Claude Bronner (entrevista com várias pessoas da esfera do luxo) "Le Luxe Aujourd'hui", Entreprises et Histoire, vol.1, nº 46, 2007, p.181; Patrick Thomas, "Hermès, une machine à créer", *op.cit.* p.26; Eric Briones e Grégory Casper, "Une connexion au luxe bien spécifique", *op.cit.* p.23.

53 Marine Agogé e Guillaume Nainville, "La haute couture aujourd'hui: comment concilier le luxe et la mode", *op.cit.* p.77.

neste aspecto: "Como o DNA, a história de uma marca não pode ser alterada. Igualmente, com o DNA deve-se esforçar para fazer o que se pode fazer. Segundo, o DNA não é aparência, ele revela. O mesmo aplica-se ao meta-luxo das marcas, onde a história não é mera comunicação, mas a "mão invisível" que guia a marca em seu desenvolvimento no tempo. Terceiro, como no DNA, a história não pode ser criada artificialmente, ela define a marca como uma entidade viva em um determinado momento".[54] Cultiva-se desta maneira a ideia de linhagem, as grandes marcas seriam portadoras de uma potência a se realizar no presente; preservariam a inteireza das origens diante da corrosão do tempo.

Daí advém a importância dos pais fundadores, eles são figuras míticas, demiurgos a partir do qual o relato se enuncia. Basta folhearmos um livro como "Louis Vuitton: a arte de atravessar o tempo" para se dar conta da celebração das raízes. Editado em formato de publicação de arte, bilíngue (francês e inglês), exibe um repertório de belas fotografias que de maneira superlativa conta a épica do pai fundador e seus herdeiros. A narrativa encontra-se entrelaçada à modernidade da Paris capital do século XIX, as ruas, a torre Eiffel, os cafés, as exposições universais. Em um dos sub-textos ilustrativos lê-se: "Há mais de um século a reputação de Louis Vuitton ancora-se em uma exigência constante: a escolha dos materiais nobres, a atenção extrema dada à todas as fases da fabricação, e o gosto da criação".[55] O título do livro é sugestivo, Vuitton atravessa incólume a deterioração do tempo, mantém sua integri-

54 Manfredi Ricca e Rebecca Robins, *Meta-Luxury: brands and the culture of excelence, op.cit*, p.116.

55 Louis Vuitton: l'art de traverser le temps". Paris, Éditions Louis Vouitton Malletier, 1996, p.44.

dade a despeito dos avatares encontrados no trajeto. É interessante notar como a substituição dos "criadores" das grandes marcas não se faz ao acaso, uma atenção especial é dada à tradição por elas cultivada. Este é o caso de John Galiano quando é contratado por Dior.[56] Novato, ele se dá o trabalho de estudar os arquivos da casa, o momento New Look em 1947, as linhas estéticas das coleções anteriores (tipo coleção Tulipa), a atração de Dior pelas flores. Enfim, para propor novas ideias foi necessário um aprendizado anterior a partir do qual as novidades e as re-interpretações poderiam ser valorizadas e compreendidas. Os textos sobre o luxo são pontilhados de referência aos pais fundadores. O leitor toma conhecimento da trajetória de Ermenegildo Zegna, que deixa Trivero, uma singela cidade italiana, para construir um invejável império no mundo das vestimentas; Giorgio Armani, que modestamente iniciou sua carreira em uma loja de departamento, La Rinascente; Elsa Schiaparelli e sua amizade com Jean Cocteau e Salvador Dalí; a saga de Cartier, que supera a origem social humilde e conquista os favores da classe burguesa e aristocrática. Cada um desses personagens transmitiria seu carisma para suas criações pessoais. Como diz Bruno Remaury: "A marca Chanel é indissociável da pessoa Chanel, essa relação de consubstancialidade narrativa é reafirmada a todo momento pela própria marca".[57] Existem inúmeras maneiras de manter a presença deste momento "inesquecível": o culto do espírito Chanel pelos artistas da casa (Karl Lagerfeld); a aparição fugidia de sua silhueta nos anúncios publicitários (o corte de cabelo Chanel); a utiliza-

---

56 Ver Sarah C. Byrd, "The New Look: John Galliano's Haute Couture at Dior 1997-2007", *Master of Arts Fashion and Textile Studies*, New York, SUNY, 2013.

57 Bruno Remaury, *Marques et Récits: la marque face à l'imaginaire culturel contemporain*, Paris, Éditions de l'Institut Français de la Mode, 2004, p.65.

ção de uma de suas frases prediletas em uma revista de moda ("a moda sai da moda, o estilo nunca"). Gabrielle é revivida no corpo das modelos que representam e atualizam sua "imortalidade". Um exemplo interessante de citação pode ser encontrado na exposição "Hermès à Tire d'Aile" no Grand Palais, Paris (2017). Aí são exibidos alguns arranjos das vitrines da loja realizados entre 1978-2013 (a artista-artesã chama-se Leila Menchan). O visitante contempla o cenário exposto e identifica a história da marca através de duas referências icônicas: o cavalo e a sela. Reapropriados pela intenção estética, eles asseguram a veracidade da tradição que se quer celebrar. A fantasmagoria do passado concretiza-se assim diante de nossos olhos dando-nos a ilusão de sua perenidade. Mas inclusive os objetos possuem uma história, encerram na sua materialidade a excelência de algo inefável. Por exemplo, a estatueta que repousa sobre o capô de um Rolls-Royce. Ela é única, insubstituível. Seu nome: espírito do êxtase. Foi desenhada em 1911 por um artista plástico (Skykes) quando fez uma espécie de réplica em miniatura de uma de suas esculturas a pedido da fábrica de automóveis. O êxtase é representado por uma mulher inclinada para frente, prestes a alçar vôo. Ou Chanel nº 5: o perfume recebeu o batismo após Coco aprovar a quinta amostra de uma série de essências preparadas pelo mestre perfumista Ernest Beaux. Durante anos foi distribuído de forma seletiva entre os clientes "mais exigentes", eles o conheciam apenas através dos rumores a seu respeito (não havia publicidade); claro, sua imagem cativou uma gama de estrelas de cinema, de Marilyn Monroe (não ia dormir sem uma gota do perfume) à Catherine Deneuve.

Ao definir o conceito de memória coletiva Maurice Halbwachs considera o grupo uma unidade sociológica. Os grupos podem ser ocasionais e instáveis como um pequeno número de amigos que se reúne para relembrar a viagem que fizeram juntos, ou permanentes, no caso das coletividades religiosas. Possuem entretanto uma característica em comum, são uma comunidade de lembranças. O ato mnemônico atualiza os fatos partilhados e vivenciados por todos. Mas a memória coletiva possui um inimigo, o esquecimento, é necessário cultuá-la, vivificar as lembranças. A necessidade das marcas de luxo em se afirmar como tradição nos remete à problemática da preservação da memória, é necessário superar o esquecimento, as falhas do tempo. Entretanto, sua existência não pode ser assimilada aos grupos dos quais nos falava Halbwachs, sua amplitude transcende a diversidade dos que nela encontram-se imersos (não existe uma comunidade global de lembranças). Procurei em outro trabalho caracterizar este fenômeno (distinto da construção da memória nacional) como sendo a emergência de uma memória internacional-popular.[58] O que significaria isso? Existe no mundo contemporâneo um conjunto de referências culturais mundializadas. Os personagens e imagens veiculados pela publicidade, histórias em quadrinho, televisão, cinema, constituem-se em substratos materiais desta memória. Nela se inscrevem as lembranças de "todos". As estrelas de cinema e celebridades habitam este espaço ao lado de marcas de cigarro, automóveis, cantores pop, cenas do passado ou de ciência ficção, lugares familiares (Cristo Redentor, torre Eiffeil, ponte do Brookling, Big Ben). A memória internacional-popular contém os traços da modernidade-mundo, ela é o seu receptáculo. Trata-se de um arquivo de lembranças que permite que cada dado individual seja utilizado em diferentes contextos. Um paralelo pode ser feito com a questão da inter-textualidade trabalhada pelos críticos literários. Eles insistem em dizer que um texto é construído

58 Retomo parte da argumentação desenvolvida em *Mundialização e Cultura*, op.cit.

a partir de outros discursos anteriores. O argumento nos lembra Borges e sua biblioteca de Babel. Nela todos os livros estariam contidos: o evangelho gnóstico, o comentário deste evangelho, o comentário do comentário deste evangelho e assim por diante. A versão de qualquer livro a ser escrito seria a combinação dos elementos prévios existentes. Um aspecto interessante deste debate diz respeito à ideia de citação. O que é uma citação? Uma referência que baliza o leitor na compreensão de determinado texto, sua manifestação garante a autoridade do que está sendo enunciado.[59] O mecanismo da citação é fundamental para o reconhecimento das imagens desterritorializadas da modernidade-mundo, ele garante a inteligibilidade das mensagens. A publicidade é pródiga em exemplos deste tipo. Um anúncio das botas Camel utiliza como enredo "Os Caçadores da Arca Perdida"; uma propaganda de cigarro "cita" Humphrey Bogard com sua capa gabardine, o cigarro nos lábios e o ambiente dos filmes *noir* da década de 1940; o filme "Blade Runner 2049" cita sua referência anterior, "Blade Runner". A memória internacional-popular funciona como um sistema de comunicação, as lembranças fragmentadas permitem reconhecer o que está sendo dito. O universo do luxo opera de maneira similar. É preciso primeiro constituir o arquivo da tradição a ser preservada. Neste sentido a literatura de marketing, o testemunho e entrevistas dos criadores, as biografias encomendadas, têm o papel de legitimar o relato a ser partilhado e difundido entre nós. Os artífices desta memória são intelectuais, dão coerência e sentido aos fragmentos-lembranças estocados ao longo do tempo. Uma vez constituído o solo de recordações elas podem ser escolhidas e citadas em função do contexto no

59 Ve a esse respeito Frederic Jameson, "Pós-modernidade e sociedade de consumo", *Novos Estudos Cebrap*, nº 12, junho 1985.

qual são agenciadas. O corte de cabelo Chanel, a tradição em couro Hermès, as viagens e o monograma das malas Louis Vuitton, de maneira sintética condensam as lembranças que se tornaram senso comum. Não se deve esperar dessas narrativas um compromisso com a veracidade das coisas. A identidade das marcas de luxo não é um dado da natureza. Sabemos que toda identidade é uma construção simbólica que se faz em relação a um referente. A questão relevante não é sua autenticidade ou inautenticidade, importa entender quem são os seus artífices e o que ela significa. A memória construída é interessada (como a memória nacional) ela contém lembranças e esquecimentos, fatos e distorções. Diante disso pode-se perguntar: qual o sentido da valorização da tradição? Uma resposta possível é considerá-la como uma espécie de acumulação de capital cultural. Bourdieu, em diversos de seus escritos, considera que a antiguidade das instituições encerra um capital simbólico importante. É o caso da disputa entre Dior, casa tradicional de alta costura, e Paco Rabane, fundada mais recentemente; ou a concorrência entre estabelecimentos acadêmicos, Collège de France e universidades das províncias francesas. O passado é fonte de autoridade que pode ser entesourado e convertido em moeda de troca no mercado de bens simbólicos. De fato as empresas utilizam a construção da memória como artifício para combater as adversidades que enfrentam. A tradição é um argumento já comprovado, permite distingui-la dos novos competidores deste oligopólio de franja; e o mercado é o referente privilegiado para a construção da identidade empresarial. Entretanto, outra resposta, que não contradiz a anterior, é possível. A tradição construída é convincente porque insere-se num contexto histórico e argumentativo específico. Como nos recorda Roland Barthes, o mito congela a história, dá-nos a impressão da eternidade do presente. A narrativa cria assim uma ficção que protege o universo do luxo do tempo acelerado que o envolve, funciona como um anteparo e abrigo em relação à sua celeridade.

A relação luxo e moda nos leva a um desenlace inesperado. Esclareço meu raciocínio ao retomar o contraste entre útil e inútil a que tinha me referido anteriormente. Consideremos a afirmação de Leroy-Beaulieu, economista francês do século XIX: "o luxo moderno, pelo menos aquele que não é depravado, consiste sobretudo em objetos duráveis, joias, mobílias, objetos de arte, coleções. É o que chamamos de capital de fruição. Ele é bem superior ao luxo que se difunde nos objetos passageiros".[60] Não me interessa discutir a questão moral, se ela era significativa ainda naquela época tornou-se anacrônica posteriormente. O sugestivo é compreender a valorização das qualidades solidez (mobília, joias, quadros) e durabilidade, justamente o contraponto ao passageiro. Temos assim uma inversão do argumento, o universo do luxo, visto como fútil, atualmente definiria-se pelas virtudes do que antes lhe era o oposto, a solidez. Neste sentido, ele se afastaria do supérfluo aproximando-se do ideal esboçado pelos seus críticos. Não se trata, porém, de um retorno à categoria utilidade, ela desaparece das narrativas contemporâneas, no discurso atual o simbólico predomina sobre o material; tampouco a noção de inutilidade é pertinente, vimos que na esfera do consumo isso faria pouco sentido. Mas é como se os sinais da polaridade permanência/efêmero, durabilidade/supérfluo, sofressem um giro de 180°. A positividade e a negatividade dos termos são invertidas. Como entender tal mudança de sentido? A valorização do luxo

60 Paul Leroy-Beulieu, "Le luxe: la fonction de la richesse", *Revue des Deux Mondes*, 1er novembre, 1894, p.87.

útil encontra-se intimamente associada ao utilitarismo burguês.[61] O uso da riqueza dentro dos limites das necessidades consideradas aceitáveis articula-se a uma ética de trabalho condizente com o sistema produtivo fabril. Essa cultura utilitária fundamentava-se em valores específicos, racionalidade e cálculo, constituindo um código moral de conduta. Uma maneira de compreendê-lo é através da oposição entre trabalho e ócio. Essas duas dimensões eram vistas até então como antagônicas, porém, com o declínio da aristocracia e a marcha da revolução industrial isso se altera. Consideremos a questão da diminuição da jornada de trabalho e o seu contraponto, o lazer. As teorias científicas sobre o corpo humano nos séculos XVII e XVIII o consideravam como uma máquina, no entanto, com a termodinâmica de Helmholtz começa-se a aplicar uma nova ciência ao domínio do trabalho. O corpo humano deixa de ser concebido como um sistema de engrenagens para constituir um reservatório de energia conversível em trabalho. Esta mudança paradigmática tem implicações para além do interesse científico, incide sobre a ideia da usura da força humana. Diversos estudos mostram que na Europa do final do XIX a literatura sobre a preguiça começa a esmaecer.[62] Não se pode esquecer que a revolução industrial, no momento de sua inauguração, fundamentava-se na ideia de ascetismo e vontade moral, virtudes opostas aos vícios da indolência, lentidão e preguiça. Os trabalhadores incorporados à instituição total da fábrica eram subme-

61 Retomo nesta parte alguns argumentos que desenvolvi em outro texto: "Do luxo ao consumo" in *Cultura e Modernidade: a França no século XIX*, São Paulo, Brasiliense, 1991.

62 Ver Anson Rabinbach, "The european science of work: the economy of the body and the end of the nineteenth century" in Steven Kaplan e Cinthia Koep (ed.) *Work in France*, Ithaca, Cornell University Press, 1986.

tidos a um processo coercitivo de re-educação que os liberaria do "atavismo" do passado (basta lermos os textos de Engels sobre a situação da classe operária na Inglaterra). Neste sentido a preguiça era considerada um desvirtuamento congênito às classes perigosas. Dentro da perspectiva termodinâmica o cansaço é redefinido, pode ser inclusive medido, como provam as experiências de Angelo Mosso em Turim. O capitalismo clássico baseava-se na hiper-exploração da força humana, as novas concepções científicas realçam a importância do repouso como forma de reposição da energia. Torna-se assim necessário combinar trabalho e repouso para que a racionalidade do sistema funcione de maneira eficiente. A moral ascética, descrita por Weber, é obrigada a integrar uma dimensão do ócio que até então lhe parecia algo incongruente (Lafargue escreve seu libelo do elogio à preguiça). A valorização do lazer, do tempo livre, que corresponde à expansão do consumo de diversos bens e práticas culturais (viagens, hospedagens em hotéis, frequência ao cinema ou aos balneários durante o período de férias) encontra-se assim submetida à lógica da preservação da energia para o trabalho. Esta é a finalidade principal. Lazer e luxo útil são formas de existir no interior de uma esfera que os define como elementos secundários da ordem industrial prevalente. Entretanto, a relação entre utilidade e inutilidade não é apenas de complementaridade, há tensão: o risco da dimensão indesejada e tolerada escapar às malhas da racionalidade almejada. A crítica ao consumo conspícuo de Veblen reage justamente a tal situação de instabilidade. Sendo um pensador conservador ele prezava os valores ameaçados de extinção: utilidade e pragmatismo. Sua teoria das classes ociosas revela o enfraquecimento dos fundamentos morais do mundo industrial, essas seriam as razões que teriam levado os Estados Unidos à situação de crise. As classes superiores teriam se esquecido dos princípios éticos que lhes dava sustentação. Veblen percebe as falhas, o desgaste que tais liberalidades poderiam trazer à moralidade burguesa. Seus escritos têm algo de premonitório, aí reside o sabor de lê-los ainda hoje, porém, não devemos nos iludir, a percepção utilitária que ele lamenta desaparecer predomina durante boa parte do século XX. Bem mais tarde as falhas se converterão em dúvidas, indícios de desmoronamento de um edifício cuidadosamente construído.

Uma maneira de marcar as mudanças ocorridas é através do prefixo "pós" ele pertence à família de significados que descreve um antes e um depois. Sua utilização nas Ciências Sociais é relativamente recente, data do final da década de 50, início dos 60, quando um conjunto de autores busca diagnosticar as transformações que atingem o âmago da sociedade industrial. Ralph Dahrendorf fala de sociedade "pós-capitalista" na qual a importância da propriedade dos meios de produção teria dado lugar a outras formas de autoridade, interesses e conflitos.[63] As contradições do mundo industrial, antes concentradas na fábrica, perderiam em centralidade. A discussão se prolonga no que se convencionou chamar de sociedade "pós-industrial". O conceito foi forjado em contextos intelectuais distintos na França e nos Estados Unidos, respectivamente por Alain Touraine e Daniel Bell.[64] Ele considera o conhecimento científico e a informação o eixo principal em torno do qual se organizariam as novas tecnologias, o crescimento econômico e a organização social. A rigor, todos esses autores estão preocupados com as mudanças ocorridas ao longo do século

63 Ralph Dahrendorf, *Class and Conflicts in Industrial Society*, Stanford, Stanford University Press, 1959 (edição em alemão de 1957).

64 Alain Touraine, *La Société Postindustrielle*, Paris, Denoël, 1969; Daniel Bell, *The Coming of Post-Industrial Society*, New York, Basic Books, 1973.

XX nas sociedades altamente industrializadas, qualitativamente elas divergiam do período clássico anterior. Pode-se dizer que o debate em torno do "pós" encontrava-se restrito a alguns autores e confinado ao campo específico da Sociologia. Entretanto, a partir do final da década de 1970, início dos 1980, algo irá mudar: o prefixo será utilizado para definir uma condição. Esse é o título do conhecido livro de François Lyotard: *La Condition Postmoderne*. Uma condição é algo que se impõe dela não se pode escapar, isso fica claro em dois temas emergentes: pós-modernidade e globalização. Em ambos os casos trata-se de compreender uma situação na qual a realidade da nova condição revogaria a legitimidade e a vigência da anterior. Por isso tornou-se corrente no debate atual a contraposição entre dois momentos históricos distintos, uma maneira de captá-los é através da metáfora que indica a passagem do fordismo para o capitalismo flexível. Enquanto no fordismo a organização do trabalho e o sistema produtivo seria rígido, monolítico, repetitivo, o novo padrão seria flexível, diversificado, descentralizado.[65] As implicações dessas mudanças são muitas, englobam a esfera produtiva e cultural; há uma homologia entre o declínio da centralidade fabril e a debilitação de outras centralidades, como a cultura de massa. A lógica anterior pressupunha a existência de um indivíduo integrado à uma sociedade de massa na qual a padronização dos bens materiais e simbólicos era uma condição. Teríamos agora um acelerado processo de individuação e segmentação do mercado. Dentro deste quadro a noção de efêmero adquire outra conotação, denota uma qualidade intrínseca

65 Vários autores escreveram dentro desta perspectiva. Cito alguns: Scot Lash e John Urry, *The End of Organized Capitalism*, Madison, University of Wisconsin Press, 1987; David Harvey, *The Condition of Postmodernity*, Cambridge, Basil Blackwell, 1990.

à sociedade flexível. Enquanto a fase fordista se definiria por sua solidez, a contemporaneidade seria determinada pela fluidez e des-centramento. Viveríamos o império do efêmero, regido pelo paradigma da moda, da mudança, do instável; ou nos termos de Zygmunt Bauman, a tirania de uma modernidade líquida cujo peso "dissolveu-se no ar" (uso uma imagem de Marx).[66] As sociedades contemporâneas seriam marcadas pela desregularização, liberalização, flexibilização, fluidez crescente do mercado de trabalho e financeiro. As bases sólidas da modernidade industrial teriam "derretido" afetando o fundamento das instituições, da política à família, assim como o comportamento das pessoas (Richard Sennet diria: a corrosão do caráter). Sólido/líquido, durável/efêmero, a polaridade cara aos pensadores do século XIX retorna, mas com o sinal invertido. O efêmero aplica-se à dimensão concreta das coisas (a duração de vida dos utensílios é mínima) mas é também a metáfora que enuncia a fugacidade do mundo. Isso significa que o universo do luxo faria parte da indiferença na qual ele se dissolveu. A autonomia idealizada encontra-se assim comprometida; a valorização da tradição, a ênfase na atemporalidade dos objetos têm a intenção de escapar à tal situação, o luxo não pode mais se contentar com a velha ideia de supérfluo até então intrínseca à sua definição. Por isso a literatura de marketing recupera e resignifica o argumento da eternidade. Ele existia antes mas revestia-se de outra conotação. Quando se analisa a história do luxo reiteradamente encontramos a afirmação: "ele é eterno". Neste sentido, desde o surgimento da humanidade ele se manifestaria nos objetos, símbolos e rituais dos diversos agrupamentos huma-

66 Remeto o leitor à dois livros que tematizam esta questão: Gilles Lipovetsky, *L'Empire de l'Éphemère*, Paris, Gallimard, 1987; Zigmunt Bauman, *A Modernidade Líquida*, Rio de Janeiro, Zahar, 2001.

nos.[67] O aperfeiçoamento desta esfera específica da sociedade se desenvolveria com a concentração da riqueza e a emergência das civilizações: Egito, Mesopotâmia, China. A pompa e o esplendor dos imperadores e reis confirmariam a importância e a necessidade da vida de luxo. Constata-se desta forma sua presença desde a Antiguidade até os dias de hoje; ou como diz Jean Castarède, ele seria uma "necessidade psicológica e biológica" intrínseca ao ser humano (evidentemente o conceito de ser humano é suposto mas nunca demonstrado). A dimensão trans-histórica seria a evidência tangível de sua permanência secular. A questão é inteiramente outra quando se trata de sua existência no seio de um mundo em mudança e ebulição; não é a dimensão histórica que sobressai, mas a sociológica. Viveríamos o culto às marcas, da difusão das cópias, a moda invadiria os programas de televisão, internet, e o comportamento das pessoas. Tudo se flexibiliza. Por isso, diante da generalização do efêmero, o eterno é o refúgio encontrado. Este é o sentido do texto de Gilles Lipovetsky, "O Luxo Eterno", nele celebra-se a solidez de um ideal cuja pretensão é subtrair-se à flexibilidade contemporânea.[68] O autor está fascinado pelos tempos dos faraós do Egito e as belezas da Mesopotâmia, época em que os deuses eram cultuados pelos homens em suas "moradas da eternidade". A Antiguidade surge como o contraponto idealizado ao passageiro, exemplo de permanência pétrea. É preciso que o universo do luxo inspire-se no passado longínquo para combater a fluidez da atualidade, esta seria a única maneira de preservá-lo da voracidade de um Prometeu desacorrentado.

67 Consultar entre outros Kapferer e Bastien, The Luxury Strategy, op.cit.

68 Gilles Lipovetsky e Elyette Roux, *O Luxo Eterno: da idade do sagrado ao tempo das marcas*, São Paulo, Companhia das Letras, 2005.

A singularidade do universo do luxo o separa das contradições existentes fora de seu domínio. Para isso é necessário cultivar uma série de procedimentos que confirmem a percepção de sua inacessibilidade. Como sublinha Marine Antoni, "a marca de luxo deve permanecer inacessível no sentido figurado e próprio do termo. Deve ser simultaneamente distante e superior. A distinção, a raridade e o preço, devem estar presente em todas suas manifestações".[69] Há portanto uma clara linha divisória entre o que é interno e externo à sua expressão. Entretanto, como sugere a estratégia das edições limitadas, o espaço circunscrito no seu interior não é homogêneo, ele é composto por camadas. Os manuais de marketing estabelecem uma diferenciação das marcas e dos produtos. Luxo inacessível: voltado para os clientes sensíveis à "autenticidade" dos produtos; contém um alto valor simbólico e reforçam o status deste tipo de clientela. Luxo intermediário: valoriza a qualidade dos produtos e o prestígio das marcas mas deve adaptar-se a uma certa estratégia da oferta e da demanda. Luxo acessível: dirigido para membros de classe média acostumados a consumir produtos mais simples e fabricados em série. Deixo de lado o aspecto relativo à hierarquia social, assimetria que se nutre da naturalização da desigualdade (o tema será tratado em outro capítulo), minha intenção é compreender o *continuum* diferenciado das manifestações do luxo. Inacessível, intermediário, acessível, implicam a existência de uma gradação descendente. Cada uma dessas camadas pertence ao mesmo universo, brilham, mas de maneira distinta, a intensidade da luz que emitem é quantitativamente (não qualitativamente) diferente. O luxo encontra-se

69 Marine Antoni, *Le Luxe Déchaîné: de l'hernanisation des marques de luxe*, Paris, Le Bord de L'Eau, 2013, p.119.

desta forma submetido a uma variação de grau. O produto perfeito (assim é denominado) conteria em si todas as virtudes que constituiriam o seu mérito: nobreza, harmonia, fruto das ideias originais e criativas, qualidade inquestionável. "Um produto perfeito, preenchendo todas essas condições, responde aos critérios de um alto padrão estético. É um produto precioso, sofisticado, fruto de uma pesquisa estética, daí um certo "esnobismo" dos atributos de distinção social destinados a um espaço social reduzido, distante, exíguo. Esses produtos perfeitos, "suaves", são fora do ordinário....[em contrapartida] um produto de luxo mais acessível é menos perfeito, encerra menos qualidades altamente selecionáveis, sendo, seja um produto bem pensado e bem concebido, mas sem a profusão de materiais nobres, seja a declinação de um produto extremamente raro e de grande luxo".[70] O pólo da perfeição encontra-se ao lado do suntuoso, prestigioso, precioso, original; para nomeá-lo a escolha dos adjetivos deve ser cuidadosa e precisa. Mas sua inteireza se enfraquece ao distanciar-se do foco originário. Esta variação de níveis pode ser apreendida através da ideia de declinação, denominação nativa (diriam os antropólogos) da literatura especializada. Consideremos o dilema de uma executiva da Dior. É necessário desenvolver um novo perfume para atender a demanda mas é também importante não comprometer a aura da tradição. Dior possui J'adore, uma espécie de Chanel nº 5 da casa, produto em torno do qual se constrói a imagem da marca. A solução encontrada foi a seguinte: "J'adore nasceu em 1999. Nós tínhamos pensado em um absoluto de J'Adore que fosse a declinação olfativa de J'Adore, sem ser J'Adore, mas que fosse ao

70 Danielle Allérès, *Luxe...Stratégies. Marketing*, Paris, Economica, 2004, p.107-108.

mesmo tempo um pouco de J'Adore".[71] A declinação tem a virtude de transmitir a magia do modelo original para um novo objeto. Não se trata de cópia, imitação, mas da transferência do valor simbólico que atravessa as diferentes camadas deste universo. Ela nos lembra a noção de mana que tanto encantou Marcel Mauss. Insisto, não estamos em presença da ideia de griffe, cuja marca coincide com o carisma de um indivíduo específico. A declinação do luxo prescinde da noção de individualidade, ela implica uma ação, uma atividade que se realiza numa direção. Mauss dizia que o mana é substância e atividade, sujeito e verbo. Ele é simultaneamente a qualidade que determina um objeto e uma substância que pode ser manipulada, capaz de ser transmitida de um corpo para outro. A força espiritual que o caracteriza pode migrar para outros objetos. Vimos como as empresas desenvolvem ações específicas para comercializar seus produtos em circuitos restrito ou ampliado; a lógica de cada um deles requer um tratamento diferenciado. No caso dos perfumes uma das tarefas decisivas é a pesquisa olfativa, ela envolve perfumistas e químicos, é uma atividade custosa e complexa, e se encontra confinada ao setor nobre da produção. O circuito destinado ao grande público está demasiado perto da demanda, as inovações devem atender uma certa rotatividade, não há tempo suficiente ou investimentos disponíveis para preenchê-la. Entretanto, algumas experiências realizadas na divisão de maior prestígio podem ser "declinadas" em produtos mais acessíveis.[72] O mesmo se passa com a alta costura, seu faturamento é

---

71 Évelyne Redier, "Quelles tendances olfatives pour les services de marketing?" in *La Mode des Tendances, op.cit.*, p.144.

72 Ver Jamel Boutiba, "Quelles filiation entre les tendances de la distribution sélétive et celles de la grande distribution" in *La Mode des Tendances, op.cit.*

mínimo dentro das empresas, mas ela funciona como uma espécie de laboratório de ensaios estético e estilístico, de experimentos em relação ao tipo de material a ser utilizado, espaço das inovações que impulsionam a marca. O resultado desses ensaios pode ser aproveitado e estendido, com menores recursos e exigências, às produções mais banais. Este é um artifício generalizado no universo do luxo, assim, o prestígio da *maison* Giorgio Armani (não confundir com a marca Armani), que concentra a qualidade e a excelência das coisas excepcionais, pode ser declinado para as camadas inferiores nas quais a raridade é uma virtude menos intensa: Emporio Armani, A/J Armani, A/X Armani, Armani Casa. Cada uma dessas denominações seria uma atualização diferenciada do mana originário. Declinação significa, afastar-se de um ponto fixo, diminuir em intensidade, no entanto, ela preserva parte da força do nome que se quer transmitir. Algo se perde no caminho mas algo permanece neste processo. A intensidade da origem, mesmo debilitada, não mais em sua plenitude, pode assim deslocar-se do núcleo deste universo até suas bordas.

Creio que se pode representar graficamente o universo do luxo através de círculos concêntricos (e não uma pirâmide segmentada em função do preço e dos clientes, como fazem as pesquisas de marketing). Retomo uma ideia de Jean Castarède. Ele situa no centro os produtos inacessíveis: iates, aviões particulares, palácios, alta costura. Vem em seguida o segundo círculo: "aí encontram-se os objetos elegantes, aureolados de uma reputação de bom gosto e de chique, mas que são, na verdade, declinações do luxo".[73] Por fim, o traçado exterior, relativo às coisas mais acessíveis, perfumes, vinhos, cosméticos. Esta divisão espacial é inte-

---

73 Jean Casterède, *Le Luxe, op.cit.*, p.61-62.

ressante, permite-nos pensar as fronteiras deste território como sendo algo móvel. Na parte externa ela se retrai e se dilata em função da demanda e das exigências do mercado. A dimensão global das empresas não pode ser negligenciada, expandir é o imperativo categórico; o perigo é banalizar a aura, esgotar sua densidade deixando escapar o traço de excentricidade. O crescimento do mercado dos bens de luxo deve por isso ser submetido a um rígido controle da raridade, o excesso de oferta trabalharia contra sua natureza. O segundo círculo encontra-se em uma situação mais confortável, está próximo do núcleo e relativamente distante do mundo exterior. A coerção externa é filtrada pela camada intermediária que o separa das coisas mais simples. O controle da raridade pode ser feito com certa tranquilidade, sem a necessidade de dar uma resposta imediata aos problemas. Resta o centro. Este é o ponto nevrálgico da irradiação, o que alguns autores denominam de luxo "verdadeiro", "profundo", as vezes, "absoluto".[74] Aí repousaria o seu Ser. As ameaças alienígenas podem desta forma ser dosadas e enfrentadas por um sistema de comportas que abrem ou fecham em função dos interesses e das circunstância. Elas regulam o fluxo do mana, controlam a intensidade da "magia". De qualquer maneira a geografia deste território encontra-se definida, arquitetada, seu fundamento assenta-se em argumentos sólidos: excepcionalidade, raridade, tradição, identidade. Uma metáfora para descrevê-lo pode ser encontrada na esfera olfativa. Os perfumistas dizem que seu trabalho é semelhante ao dos músicos, para compor a melodia de um "absoluto" eles combinam as essências em notas. A composição final é fruto do talento

74 Jean-Noël Kapferer chega a dizer "O luxo como conceito absoluto independe da marca". Citação in "Abundant rarity: the key to luxury growth", *Business Horizons*, vol.55, 2012, p.455.

olfativo musical. Eles nos ensinam ainda que um perfume pode ser decomposto através de uma pirâmide olfativa dividida em três níveis. No topo situam-se as "notas de saída", elas descrevem as matérias-primas leves e voláteis que evaporam rapidamente após a abertura do frasco. Não deixam traço ou recordações. As "notas de coração", intermediárias, são exaladas quando o perfume começa a penetrar na pele; têm um papel tampão, prolongam o efeito das notas superiores (na verdade, inferiores) e anunciam a chegada das que se encontram na base da pirâmide. As "notas de fundo" revelam o âmago do perfume, encerram sua verdadeira essência, sua personalidade, prolongando por horas o efeito de sua sensação. O universo do luxo busca a dimensão profunda, seu aroma ambiciona prolongar o presente.

Distinção e superposição das fronteiras: arte e luxo

O Bund é o cartão postal de Xangai, aí, no centro da cidade, em frente ao rio Huangpu, aglomeram-se as edificações urbanas de prestígio. Um pequeno edifício estilo vitoriano, construído em 1850, época em que a presença britânica se fazia sentir no continente chinês, chama a atenção do passante. Antigo Hotel Central, foi renovado em 1908 transformando-se no Palace Hotel. Sua vida foi atribulada pelos percalços da história, em 1911 foi sede do movimento revolucionário republicano liderado por Sun Yat-sen, durante a Segunda Guerra Mundial ocupado pelo exército japonês, e em 1952 confiscado pelo departamento municipal de construção. Com a World Expo de 2010 a construção foi inteiramente restaurada e retrofitada tornando-se propriedade da Swatch Art Peace Hotel. A fachada em mármore rosa brilha durante a noite, o efeito do contraste entre a pedra e a luz a diferencia das edificações que a rodeiam, o hall é amplo e as paredes são recobertas por um madeiramento nobre. No centro situa-se a loja da Swatch, à sua esquerda a boutique Omega, à direita Blancpain (ambas do mesmo grupo empresarial). A decoração e os serviços são impecáveis, a beleza e o design dos aposentos e das salas de estar, a elegância e o refinamento dos restaurantes que oferecem uma gastronomia de renome incondicional. Na cobertura há uma imensa adega de vinhos e um bar com uma magnífica vista para o rio e o distrito financeiro de Pudong. O lugar foi concebido como uma viagem multi-sensorial na qual o cliente participa de uma experiência de total imersão no mundo do consumo, ao adentrar o espaço arquitetônico ele entra em contato com o "verdadeiro modo de vida Swatch". O lugar cultiva sua vocação para a Arte, funciona como uma fundação que abriga uma residência para jovens artistas, harmonicamente eles convivem com os hóspedes. Oriundos de todas as partes do mundo recebem o incentivo de uma bolsa de estudo e durante três à seis meses dedicam-se livremente a seus caprichos. Os jovens desfrutam uma oportunidade única, são introduzidos à vida cultural da cidade e têm como obrigação apenas deixar um "traço" de sua estadia materializado em uma obra específica (há um museu virtual). O Swatch Art Peace Hotel é simultaneamente loja comercial, hotel, ateliê, museu, galeria de obras artísticas, todas essas dimensões se mesclam à sua proposta interativa.

Qual a relação entre o universo do luxo e o mundo da arte, seria ela puramente instrumental ou haveria outros elementos que os aproximaria? Tal como está formulada a pergunta não faria sentido no momento em que a Arte (com maiúscula) se autonomiza. Certamente há algum tipo de relação entre os termos, afinal o artista do século XIX interessa-se pelas coisas do mundo, o luxo é um tema, entre tantos, da existência humana. Baudelaire é um bom exemplo. No ensaio "O pintor da vida moderna" sua curiosidade intelectual volta-se para as vestimentas e a moda, sua intenção é pintá-las como uma espécie de "croqui dos costumes" reveladores da condição de modernidade. Daí a referência à Comédia Humana de Balzac, afresco de tipos e situações que descrevem as paixões e a alma da nova sociedade industrial em formação. O pintor-poeta-escritor transforma-se assim em observador atento às mudanças em curso, flâneur disposto a sair de sua carapaça e captar o movimento efervescente à sua volta. Em uma de suas poesias Baudelaire retoma à questão que nos interessa: "Convite à Viagem". Imagina um país ideal no qual "tudo é ordem e beleza, luxo, calma, volúpia"; um lugar no qual mistura-se o aroma das flores raras e os móveis reluzentes e polidos, os quartos de teto alto, os espelhos e o esplendor oriental. A referência ao luxo é explícita, entretanto, em hipótese alguma ele poderia ser confundido com a natureza da arte, trata-se apenas de uma imagem empregada pelo artista para construir sua metáfora da vida. Na verdade, a autonomização da esfera da arte faz-se contra o mundo burguês, ele é o adversário a ser combatido, o alter ego negativo que o artista busca eludir. Como pondera Sartre, esta é a neurose que o habita (lembro, a neurose é um distúrbio no qual o sujeito tem consciência de seu sofrimento), a contradição entre afirmar-se enquanto sujeito livre e as malhas da racionalidade capitalista que o aprisiona. O artista é um ser condenado à insatisfação permanente. "A Arte define o artista: ninguém pode aceder a este lugar se não está, antes de mais nada, descontente com tudo; por pouco que seja, se ele se acomodasse à sociedade real, não mais teria a ideia dela se afastar e nela tentaria encontrar um lugar, aí objetivando-se em algum trabalho produtivo".[1] Uma das maneiras de se apreender a particularidade desta modernidade emergente é considerar a quantidade de palavras inventadas

1 Jean-Paul Sartre, *L'Idiot de la Famille: Gustave Flaubert de 1821 à 1857*, Paris, Gallimard, 1972, p.137.

ou re-significadas na época: indústria, industrial, fábrica, classe média, socialismo, estrada de ferro, científico, proletariado, utilitário, estatística, greve. A lista poderia ser alongada, sem esquecer moderno, cuja conotação, associada à querela dos antigos e dos modernos, distancia-se de sua acepção anterior. O mesmo ocorre com arte, o termo referia-se a um certo tipo de habilidade técnica, da medicina à carpintaria, tratava-se de um arte-sanato (*articraft*). Ao longo do século XVII o vínculo com a dimensão técnica começa a se romper, como observa Collingwood, o sentido estético manifesta-se na expressão belas artes (*fine arts*; *beaux-arts*; *belle arti, shöne kunst*).[2] Entretanto, é somente no XIX que o singular, escrito com maiúscula, substitui o plural artes. Este é o momento em que se inventa a categoria Artista. Consideremos o caso da literatura, retomo a interpretação proposta por Roland Barthes.[3] Ele considera que durante o século XVI ela confundia-se com a questão da língua, ou seja, a emergência do francês. Neste sentido, "ignorava a escrita", conformava-se à sua condição de texto meramente cifrado no idioma de um determinado país, a França; ela era ainda uma prática social de classe, resumia-se ao mundo dos letrados dependentes da aristocracia. Por volta de 1850 há uma conjunção de três fatores: mudanças demográficas na sociedade francesa, consolidação do capitalismo moderno, revolução de 1848. Existem portanto três classes inimigas em disputa: aristocracia, burguesia, proletariado. Para quem deveria o escritor se dirigir? O "universal lhe escaparia", diz Barthes, ao escolher qualquer dos grupos em conflito. O dilema se resolve quando a

---

2 R.G.Collingwood, *The Principle of Art, Oxford*, Oxford University Press, 1958.

3 Roland Barthes, "Le triomphe et la rupture de l'écriture bourgeoise" in *Le Degré Zéro de l'Écriture*, Paris, Ghontier, 1964.

literatura torna-se uma instituição autônoma e a escrita adquire vida própria. O artista, neste caso, o escritor, tem como única referência as fronteiras do mundo do qual partilha a existência com outros artistas. Para isso é necessário afastar-se das ideologias e do mercado; Flaubert têm ojeriza a tudo que poderia contaminar a pureza da Arte-Absoluta (seu desprezo pela literatura folhetinesca é conhecido). O artista identifica-se assim à camada dos sem--classe, quero dizer, os que não podem ser classificados enquanto classe social: a boemia. Desta forma escaparia às imposições de sua origem, a idealização da vida boêmia permite-lhe alimentar a ilusão de desenraizamento e rebeldia. Diz Bourdieu, "o campo literário e artístico constitui-se na e pela oposição ao mundo burguês",[4] este é o contraponto escolhido para se construir os fundamentos da liberdade artística. Neste sentido, o luxo, enquanto sinal de ostentação e distinção social, teria pouca afinidade com sua materialidade. A ideia de insatisfação lhe é estranha, descabida, a satisfação é o cerne de sua natureza.

Há no entanto uma atividade que o aproxima da criação artística: a alta costura. O traço de união entre eles refere-se justamente à noção de autonomia. Lipovetsky tem razão ao dizer que a alta costura constitui no século XIX um "poder especializado" capaz de exercer uma autoridade legítima.[5] Inspirado em uma perspectiva weberiana ele a considera como parte de um movimento mais amplo de especialização dos saberes e de burocratização da gestão. Dito de outra maneira, como outras esferas da vida social, a ciência e a arte, ela conquista sua autonomia. Trata-se evidente-

---

4 Pierre Bourdieu, *As Regras da Arte*, São Paulo, Companhia das Letras, 1996, p.75.

5 Ver Gilles Lipovetsky, *L'Empire de L'Éphémère, op.cit.*

mente de um tipo particular de "burocracia" na qual se conjuga a racionalização da gestão (é necessário vender o que é produzido) e a personalização do costureiro como demiurgo da criação da moda. Esta é a grande invenção de Charles-Frederic Worth (1857), sua originalidade reside no fato de, pela primeira vez, os modelos inéditos se anteciparem à demanda; eles são concebidos dentro de uma determinada concepção estética, sendo, depois, publicamente apresentados pelas manequins nos salões luxuosos. A alta costura caracteriza-se pelo monopólio estético do costureiro, assim como o monopólio da definição da arte ou da ciência localizam-se respectivamente no campo artístico e científico (a noção de monopólio é de Weber). Ela escapa assim ao destino das outras formas de costura, a tradicional, realizada pelos alfaiates e as costureiras, e a moderna, que desenvolve-se com a revolução da confecção e o advento das lojas de departamento. A tradição a amarrava à imposição do gosto do cliente, sujeitando-a a seus caprichos e veleidades; havia pouco espaço para as inovações estéticas. Já a confecção industrial encontrava-se em sintonia com a expansão do mercado de massa; as roupas deveriam ser padronizadas repetindo um formato testado de antemão e adequado aos cálculos comerciais. A alta costura distingue-se do que é realizado fora de sua alçada. Lipovetsky percebe com clareza que este novo espaço institucional é um parente próximo das belas artes, aí se elaboram os protótipos originais das vestimentas, as referências do gosto e da elegância. O costureiro enquanto criador é marcado pelo gênio do artista, suas elaborações são percebidas, por ele e pelos que o cercam, como "verdadeiras obras artísticas". Há desta forma uma identificação quase imediata entre a *griffe* e a esfera da arte, ou como observa Bourdieu, entre a alta costura e a alta cultura. Worth cultivava a aparência de artista, sua casa era uma coleção de móveis, objetos e quadros (diziam os críticos, de um gosto eclético); na fotografia que o imortaliza, feita por Nadar em 1892, ele é retratado como um grande pintor holandês, um pouco ao estilo de Rembrandt. Seus seguidores trilham o mesmo caminho. Jacques Doucet (1853-1929), fotografado por Man Ray (dadaísta e surrealista) em 1925, era também um grande colecionador de arte, admirava os pintores do século XVIII (Fragonard, Watteau) e os modernos (Braque, Matisse, Picasso). Doucet chegou a contratar André Breton para se ocupar de sua imensa coleção de obras de arte. Paul Poiret (1879-1944) tinha uma íntima relação com os personagens da arte moderna, sua coleção englobava nomes diversos, Picabia, Iribe, Modigliani, Picasso. Para ilustrar o "Anuário do Luxo de Paris" Poiret trabalha em conjunto com os desenhistas e os pintores de seu tempo. Em relação à sua ocupação costumava dizer: "Eu nada tenho de comercial. As senhoras vem até a mim por causa de um vestido da mesma maneira que vêem um pintor conhecido para lhes fazer um retrato, colocando-as na tela. Eu sou um artista, não um costureiro".[6] Os exemplos poderiam ser multiplicados. A literatura sobre o luxo elenca inúmeros deles: Elsa Schiaparelli pede à Cocteau que ilustre seus vestidos, à Dali para desenhar uma lagosta numa de suas criações; Balenciaga inspira-se nos quadros de Goya; Yves Saint Laurent realiza um conjunto de vestidos ilustrados pelos quadriculados de Mondrian.

Entretanto, esta relação privilegiada entre arte e alta costura irá se alterar. Há primeiro a expansão do carisma do costureiro para domínios que em princípio seriam estranhos à sua autoridade. Uma vez conquistada a legitimidade na esfera que lhe é específica, ele busca auferir um lucro simbólico e material fora do círculo de

6 Citação in Nancy J.Troy, *Couture Cultures: a study in modern art and fashion*, Cambridge, The MIT Press, 2003, p.47.

sua competência. A relação com a perfumaria é exemplar. O perfume tem origem na atividade artesanal dos perfumistas, porém, com a industrialização e a expansão do mercado transforma-se em um produto de grande consumo; sua fabricação adapta-se às exigências da indústria. Por outro lado, ele encerrava uma dimensão funcional: a higiene. Sua imagem de artigo de luxo é assim marcada pela ambiguidade, ele deve compartilhar esta dimensão incômoda com outros produtos do dia a dia, ser útil à saúde do corpo. Como outras modalidades de consumo desta modernidade do século XIX (as praias, as estações termais, o chocolate) a relação entre corpo e saúde era um imperativo a ser considerado. Ou seja, a noção de higiene impedia que o perfume se emancipasse como objeto inteiramente de luxo, ele padecia de uma falta de autoridade que o confinava, em parte, ao cuidado do corpo. Uma inovação importante diz respeito aos progressos realizados na indústria química: a invenção dos sintéticos.[7] Produzidos artificialmente eles substituem ou podem ser combinados com a matéria prima orgânica; em 1900 são descobertos oito componentes da rosa. O perfumista tem agora a sua disposição um elenco maior de escolhas olfativas. Até o início do século XX a tradição da perfumaria encontrava-se inteiramente separada da alta costura, trilhavam caminhos distintos. Isso se transforma com o surgimento dos costureiros-perfumistas: em 1911 Paul Poiret cria Rosine um perfume de grande êxito; em 1921 Chanel lança nº 5. Como sublinham os historiadores: "O perfumista-costureiro é um fenômeno do século XX. Antes deste período os produtos perfumados ou aromáticos eram vendidos pelos merceeiros, depois pelos boticários (Idade Média e Renascimento),

7 Ver Jean-Claude Elena, "Un métier de l'art de vivre: le parfumeur", Annales des Mines- Réalités Industrielles, vol.4, novembre 2013.

os luvistas-perfumistas (séculos XVII e XVIII) e por fim pelos perfumistas (séculos XIX e XX), mas nunca pelos comerciantes ou os mercadores de moda".[8] Reforça-se desta maneira sua imagem de luxo abrindo-se o caminho para que outros costureiros e joalheiros de renome (Must de Cartier) invistam o capital artístico em produtos fora de sua área de conhecimento. Há portanto uma rotinização e uma expansão da grife. O problema é que a ambição carismática não se contenta com isso, ela irá envolver uma disparidade de artigos, isqueiros, canetas, bolsas, até transformar-se, como vimos, em marca. Estamos distantes da autonomia conquistada por Worth. Outro aspecto refere-se ao lugar que a alta costura ocupa no mercado do luxo. Sua autonomia declina aceleradamente ao longo do século XX, o exemplo mais expressivo é a diminuição do número de *maisons* diante da concorrência do *prêt-à-porter*. A maioria delas era deficitária e não conseguiu sobreviver à concorrência; dificilmente o prestígio dos costureiros restaria incólume a tal movimento de descenso contínuo. Na verdade, mesmo as casas tradicionais que permanecem, Dior, Vuitton, ou as mais recentes, que passam a investir no ramo, como Hermès, tornam-se apêndices dos conglomerados de luxo. A "grande costura" é simplesmente um dos itens deste mercado, e o menos importante do ponto de vista do faturamento da firma[9] Todas essas mudanças têm uma implicação impor-

8 Anne-Sophie Trébuchet-Breitwiller, "Parfum et mode, l'histoire d'un paradoxe", Mode de Recherches Centre de Recherche Institut Français de la Mode), nº 1, janvier 2009, p.20.

9 Para se ter uma ideia, entre julho de 2015 e março de 2016, a alta costura representava apenas 4,8% das vendas de todo o grupo Dior. http://inpublic.globenewswire.com/2016/04/12/Christian+Dior+Chiffre+d+affaires+des+neuf+premiers+mois+de+l+exercice+2015+2016+HUG2002979.html

tante, como observam os estudiosos: "antes a alta costura dominava e pilotava o luxo, hoje, porém, é o luxo que domina e assigna uma função determinada à costura".[10] A autonomia anterior torna-se assim inócua, o universo do luxo a anula e a integra em um espaço no interior do qual a alta costura alinha-se à manifestação de outros produtos semelhantes.

Posso agora retornar à pergunta feita anteriormente: a relação entre arte e universo do luxo seria meramente instrumental? Um artifício para se colocar os produtos no mercado? Em parte, sim. Basta folhearmos os manuais de marketing, cito um deles: "Arte & Companhia: a arte é indispensável à empresa!".[11] Predomina nos textos a dimensão utilitária, a arte é um instrumento de promoção da mercadoria, por isso deve ser incentivada e valorizada. Ou como diz um desses teóricos, sua utilização pelas marcas de luxo "permite chamar a atenção da imprensa e do público, revigora a criatividade da marca, trazendo-lhe uma nova pertinência, pois associa-se às celebridades do mundo da arte, o que lhe confere uma prova de sensibilidade estética".[12] Ela seria neste sentido um mecanismo para se incrementar a publicidade e a legitimação dos artefatos de luxo. Esta não é a única dimensão a ser explorada, os homens de marketing estão interessados no gosto e na sensibilidade estética das pessoas, para administrar suas metas com êxito precisam estar em sintonia com o presente: "Na indústria do luxo é precisos estar sempre em sintonia com as

10 Christian Barrère e Walter Santagata, *La Mode: une économie de créativité et du patrimoine à l'heure du marché*, Paris, La Documentation Française (Ministère de la Culture et de la Communication), 2005, p.248.

11 José Frèches (ed.) *Art & Cie: l'art est indispensable à l'entreprise!*, Paris, Dunod, 2005.

12 Kapferer e Bastien, *Luxury Strategy*, op.cit. p.87.

tendências artísticas e estéticas da sociedade. Quando as pessoas estavam interessadas na volta à natureza, ou seja em uma sociedade pouco sofisticada, elas apreciavam Per Spook, um estilista sueco, célebre na época, que fabricava roupas grossas com lãs tricotadas, com pontos enormes, e saias de algodão bege. Quando as pessoas desejam uma atmosfera mais sexy, escolhem Versace. Quando uma época torna-se mais tradicional, conservadora, dando um maior poder às mulheres clássicas, Chanel lhes propõem uma escolha mais apropriada".[13] Outra estratégia recorrente das firmas é a divulgação de seus produtos através de grandes livros de fotos, a edição é elaborada, limitada, cara, o papel de excelente qualidade, em tudo predomina a aparência de uma preocupação estilísticas, do material empregado às ilustrações. Consideremos o álbum "Van Cleef & Arpels: reflexos da eternidade".[14] O título é interessante, nos remete à ideia de durabilidade, de um tempo que não se extingue diante da efemeridade do presente. As fotos representam os arranjos das jóias e dos brilhantes da casa, não se trata de simples artigos de consumo, elas revelam a identidade do que se encontra retratado: "bracelete Folie des Prés, em ouro branco-diamante, safiras malvas e rosas, Coleção Sonho de Uma Noite de Verão, 2004"; "Clip Bouquê Hawai, em ouro branco-diamante, água-marinha 2003"; "bracelete Snowflake, em platina e diamante, 2001"; "Colar Fita de Renda, cravejado de rubi e em ouro branco e vermelho, Coleção Costura, 2005"; "Bracelete Voluta em diamante e platina", circa 1955". O mimetismo em relação às exposições de obras de arte é explícito, à cada foto corresponde um único objeto, ele é nomeado e datado, em caso de dúvida utili-

13 Chevalier e Mazzavolo, *Mangement et Marketing de Luxe*, p.40.

14 *Van Cleef & Arpels: reflets de l'éternité*, Paris, Éditions Cercles d'Art, 2005.

za-se o indefinido *circa* (imagina-se ser tudo resultado de uma curadoria impecável). Outro livro, "Nº 5 Cultura Chanel", é fruto de uma exposição sobre o frasco de perfume e sua criadora. Ao folhear as páginas o leitor se depara com fotos de Coco com Pablo Picasso, uma carta de Salvador Dalí, outra carta de Gabrielle à Jean Cocteau, e claro, Nº 5 o ícone da exposição. Na introdução lê-se: "Foi dentro de um contexto dinâmico e criativo que o Nº 5 nasceu. Desde a revolução cubista anunciada pelas Meninas de Avignon de Picasso, em 1907, o advento do futurismo na Itália em 1908, e o nascimento do movimento Dadá em 1916, as vanguardas não cessaram de inventar os códigos da modernidade que triunfam no alvorecer dos anos 20. Mais do que em qualquer outra época a abstração atravessa todos os domínios de criação, inspiram as artes plásticas, a poesia, a literatura, a música... Até os eflúvios deste perfume audacioso que retira da moda todas as outras fragrâncias em voga: Nº 5 evoca uma flor misteriosa, ou talvez evoque antes, uma mulher".[15] A aproximação entre a criadora, o produto, e o mundo da arte é evidente, expressiva, fala por si mesma. Um último exemplo: "Impressões Dior: Dior e o Impressionismo".[16] Trata-se de uma fabricação, uma ilusão de ótica. O leitor vê numa página um quadro impressionista, na outra, que a coteja, uma criação de Dior. Vestido de baile e piquê de algodão branco, ornado com heras, para usar com um cinto de veludo bordô, por volta de 1950/ Conversa em um Jardim de Rosas: Auguste Renoir 1876; Vestido sino, lírio do vale em organdi, de algodão branco, 1957/ Primavera, Ameixeira em Flor: Camille Pissaro 1877; Vestido de

15 *Nº 5 Culture Chanel*, Paris, Éditions la Martinière, 2013, p.20 (introdução de Jean-Louis Froment)

16 *Impressions Dior: Dior et l'Impressionisme*, New York, Rizzoli, 2003.

noite em organza, musseline degradê pontilhada 2012/O Jardim do Artista em Giverny: Claude Monet 1900. O espectador é levado a imaginar, Dior já se encontrava nas telas dos grandes pintores, era parte dela, bastava alguém revelar tal segredo.

Entretanto, a relação entre arte e universo do luxo não se reduz à instrumentalização, seu significado ultrapassa a dimensão utilitária e mercantil. Uma maneira de se perceber isso é através da diferenciação entre a ideia de produto e objeto. Os termos são geralmente intercambiáveis na literatura especializada, não há uma diferenciação explícita entre eles, entretanto, uma leitura mais cuidadosa dos textos permite estabelecer algumas nuanças. Vejamos alguns exemplos: "Sem dúvida alguma é a dimensão artística que diferencia o mercado do luxo de qualquer outra atividade. Um artigo de luxo é sempre submetido a um processo de pesquisa estética refinado e aprofundado. A maneira mais fácil de se acender um cigarro é utilizar um fósforo ou um isqueiro descartável. O isqueiro de prata S.T. Dupont pesa mais no bolso sendo pouco prático quando se quer recarregá-lo. Mas é um "objeto", e não um simples produto, diferente de todos os outros: um objeto que possui provavelmente um conteúdo emocional (talvez o tenhamos recebido de presente, ou comprado para a ocasião de um acontecimento importante). O acabamento em prata é perfeito e a forma um prazer visual. O isqueiro é pesado e sólido, e produz um som característico quando é utilizado. É quase uma obra de arte"; "Tecnologicamente falando os Lamborghinis são objetos de arte, sua beleza é de tirar o fôlego e a elegância do design é feita para recortar o ar. Por isso eles não são simples produtos mecânicos, mas objetos".[17] Nos dois casos

---

17 Citações respectivamente in Chevalier e Mazzavolo, *Mangement et Marketing de Luxe*, *op.cit.*, p.9; Kapferer e Bastien, *Luxury Strategy*, op. cit. p.58.

a ênfase recai sobre a noção de objeto, o isqueiro de prata e o automóvel são entidades singulares. A dimensão utilitária é secundária, ascender um cigarro ou dirigir um carro são funções importantes, mas diluídas no esplendor da beleza e da forma do que está sendo apresentado. Instaura-se assim uma espécie de dicotomia na literatura de marketing: quando se trata de analisar o mercado, a ideia de produto prevalece, porém, ao tomá-lo individualmente, a tendência é afastar-se do pólo mercado e aproximar-se do artístico. Como diz um desses textos "o objeto é a culminação do luxo".[18] Há desta forma uma transmutação simbólica do produto em objeto, ele deixa de ser um artefato pensado dentro de critérios exclusivamente mercadológicos para constituir-se enquanto singularidade. Esta é a qualidade que lhe permite ser exposto e admirado. Um produto é algo para se consumir, um objeto para se contemplar. "Perfumes: prestígio de alta costura" é uma exposição de fotos de diferentes perfumes, cada um deles encerra uma idiossincrasia, uma personalidade:[19] Le Dix (Balenciaga 1947), Ivoir (Balman 1979), Clin d'Oeil (Bourjois 1984), Anaïs-Anaïs (Cacharel 1978), Nocturnes (Caron 1981), Privat Collection (Estée Lauder 1972), Armani (Giorgio Armani 1982), Fidji (Guy Laroche 1965), L'Air du Temps (Nina Ricci 1948), Shocking (Schiaparelli 1937), Septième Sens (Sonia Rykiel 1979). A identificação do autor, a nomeação e a fixação da data de nascimento não constituem um artifício fortuito, o anonimato relegaria as identidades à indiferenciação. A obsessão pelo nome, o batismo, deriva da condição de ser uma entidade singular. Os objetos de luxo não se conformam em ser apenas expostos nas lojas, onde a virtude

18 Sthéphainie Le Bail, *Le Luxe Entre Business et Culture*, Paris, France-Empire, 2011, p.64.

19 Jean Yves Gaborit, *Parfums: prestige et haute couture*, Paris, Office du Livre Éditions Vilo, 1985.

comercial predomina, é necessário conquistar outros espaços para serem admirados. Neste sentido, o museu é o lugar privilegiado. Como dizem os especialistas: "Quando uma marca registra o seu ponto de fixação no tempo e é exposta em um museu ao lado de Vermeer ou Watteau, é a consagração absoluta. O museu é um reconhecimento total, uma espécie de eternidade".[20]

Todo museu é um lugar de memória nele as lembranças do passado se atualizam, ele nos faz reviver algo que a vida apagou. Historicamente os museus encontram-se associados à construção nacional, à necessidade de se edificar uma memória coletiva partilhada por todos. Os objetos colecionados e exibidos em seu interior nos remetem ao esforço mnemônico e seletivo do combate ao esquecimento. Por isso os museus encerram uma dimensão política, contribuem para reforçar o vínculo orgânico de um povo. Renan dizia em "O Que é uma Nação" que os eventos dolorosos da história nacional deveriam ser esquecidos, sua crueza debilitaria os laços de solidariedade entre as pessoas, impedindo-as de se identificarem à sua totalidade imaginada. Há vários tipos de museus, além dos que celebram as glórias da pátria: etnológico, revive os tempos dos povos indígenas; de cultura popular; de minorias étnicas; ou os museus de cera ao imortalizar celebridades como Napoleão Bonaparte e Jack o Estripador. Em todos eles a dimensão de preservação predomina, é preciso rememorar o passado, fixar as recordações libertando-as do fluxo do tempo. No mundo da arte a instituição museu não se limita a ser um simples lugar de memória, ele o é também, mas sua natureza reveste-se de um outro papel, a consagração da arte legítima. O museu classifi-

20 Gilles Lipovetsky e Cécile Fonrouge, "Les entrepreneurs du luxe: une analyse historique-sociale", Management International, vol.17, nº 3, 2013, p.32.

ca, nomeia, organiza e interpreta a obra do artista, escolhe alguns, descarta outros, promove a exposição de seus trabalhos. Tem-se desta forma uma hierarquização das obras de arte, dos estilos e das inclinações estéticas (por isso Bourdieu estudou a frequência aos museus em "Amor Pela Arte"). O prestígio do artista e da própria arte é construído dentro deste espaço institucional; o museu é um agente dinâmico do campo artístico, uma instituição capaz de conferir sentido e valor ao que é exibido. Ele congrega ainda um tipo de especialista da história da arte, os conservadores e os curadores, profissionais do reconhecimento da qualidade artística de uma obra. Não se trata simplesmente da avaliação da autenticidade de um determinado quadro ou gravura, o que certamente incide sobre o preço do que está sendo avaliado. Como observam Raymonde Moulin e Alain Quemin, "a avaliação das obras contemporâneas considera, não tanto a autenticidade da obra em relação a seu verdadeiro autor, mas sobretudo a autenticidade de sua existência enquanto arte, a qual encontra-se associada ao reconhecimento do autor enquanto artista. O especialista em arte contemporânea assegura sua garantia, primeiro, em relação a identidade de um bem enquanto arte, depois, do valor da obra".[21] O julgamento faz-se portanto em relação ao estatuto da própria arte, sobre sua definição. Neste sentido, tomando-se como referência a passagem anterior, figurar "ao lado de Veermer e Watteau" é uma consagração, não mera forma de escapar ao esquecimento.

Mas como as empresas de luxo relacionam-se com os museus? É possível dizer que há uma graduação que caminha do pólo do mercado para o pólo da arte. Um primeiro tipo de instituição

---

21 Raymonde Moulin e Alain Quemin, "La certification de la valeur de l'art", Annales: Économie, Sociétés, Civilisations, vol.48, nº 6, 1993, p.1334.

tem o intuito de exaltar a história da marca e da firma. É o caso do Museu Christian Dior em Granville (Normandia) situado na casa de infância de Dior; do Museu Louis Vuitton em Asnières (região parisiense) numa casa estilo art-nouveau na qual o pai fundador tinha estabelecido o centro de seus negócios; do Museu Armani em Milão, um antigo silo de cereais da década de 50 inteiramente renovado; do Museu Salvatore Ferragamo em Florença; do Museu Rolls-Royce em Dornbirn (Áustria); do Museu Jaguar em Coventry (Reino Unido): do Museu Fragonard de Perfume em Paris. Eu diria que nos situamos neste caso próximos ao grau zero da dimensão artística. Trata-se de celebrar a memória da empresa ou da marca, assim como os museus Coca Cola (Atlanta), Fiat (Turim) ou Nestlé (Toluca, México) têm a intenção de fazer. A companhia e os produtos são o centro da atenção, operam com exclusividade em relação a si mesmo, falam narcisisticamente de um tema único, sua própria imagem. Um passo é dado com as exposições em entidades institucionalizadas. Por exemplo, a exibição permanente da "Coleção Neustadt dos Cristais da Tiffany" no museu do Queens em Nova Iorque. Ou uma exposição do tipo "Anatomia de uma Coleção" no Museu da Moda em Paris (Gallieri); o público tem acesso à história da vestimenta, toma contato com os trajes e a moda dos séculos XVII e XVIII, além de visualizar os trabalhos de um conjunto de costureiros renomados: Doucet, Paul Poiret, Balenciaga, Chanel, Dior, Givenchy. Já não nos encontramos no grau zero a que me referia, entretanto, algumas incertezas podem ser levantadas. O museu do Queens possui pouco capital simbólico para indubitavelmente consagrar os objetos de vidro da Tiffany como obras de arte. No Palais Gallieri as assinaturas dos costureiros famosos diferenciam suas criações das do Antigo Regime (são anônimas), porém, ao serem exibidas em um espaço de roupas do passado fazem parte da história das vestimentas. A afirmação individual do carisma é diluída na tradição. Essa é uma ambivalência intrínseca aos museus dedicados à moda: Museu do Vestuáriio e da Renda (Bruxelas), Museu da Moda (Bath, Reino Unido), Museu Nacional do Traje (Lisboa). Neles, a dimensão artística encontra-se comprometida pela história, a cultura de se vestir predomina sobre a intenção estética. Um degrau a mais é galgado com as exposições das marcas e do trabalho dos criadores em espaços culturais e museus consagrados nacional e internacionalmente. Neste caso, a hierarquia existente entre eles é importante, pois o capital simbólico que encerram é distinto (Kunst Kompass possui um ranking internacional das instituições de arte). Exposição "Chloé Atitudes" no Palácio de Tóquio (Paris); "Beleza Selvagem", retrata o trabalho de Alexander McQueen no Museu Metropolitano de Arte (Nova Iorque); Yves Saint Laurent também no Museu Metropolitano; Takashi Murakami no Museu de Arte Contemporânea de Los Angeles. Nesses casos as ambiguidades anteriores se dissipam, os objetos de luxo e seus criadores (os designers) são reverenciados em lugares nos quais a própria definição de arte se enuncia. Na Bienal de Veneza (2017) foi construído um pavilhão especial, "Luxus", no qual encontravam-se expostos os objetos de luxo do passado e do presente. Mas é possível ascender um nível a mais nesse continuum que procurei descrever: a participação de empresários, individualmente ou através da criação de fundações, no mundo das artes. Enquanto mecenas eles atuam em benefício de diversas atividades: Salvatore Ferragamo financia a restauração da obra de Da Vinci, "Madona e a criança com Santa Ana", para ser exposta no Louvre; Rolex atua junto aos espetáculos de dança da Ópera de Paris; Dior na restauração do palácio de Versalhes; Ralph Loren na restauração do anfiteatro da escola de Belas Artes de Paris.

Enquanto colecionadores eles têm ainda uma presença ativa no domínio artístico. Um exemplo: François Pinault, conhecido como um dos maiores colecionadores do mundo, executivo da Kering, proprietário de Christie's, uma das mais importantes firmas de leilão de obras de arte. Por fim as entidades tipo Fundação Prada, Fundação Cartier, Fundação Louis Vuitton. Elas dedicam-se a ser museus que abrigam as criações de inúmeros artistas; geralmente são edificações colossais, verdadeiros monumentos urbanos, projetados por arquitetos famosos. Cartier incentiva novos talentos no âmbito internacional; Louis Vuitton, expõe a coleção de Sergei Chtchoukine (1854-1936), considerado um dos maiores acervos de arte moderna, reunindo as obras dispersas entre dois grandes museus: Pouchkine (Moscou) e Hermitage (São Petersburgo); Prada participa ativamente das Bienais de Veneza. Se antes tínhamos as peças de luxo exibidas em museus, tem-se agora uma inversão, as fundações tornam-se museus nos quais as obras de arte são apresentadas. Passa-se assim do objeto à instituição. Os sociólogos nos ensinam que o mundo da arte não se restringe à sua definição ideal, ou como diz Howard Becker, é preciso compreender as diversas categorias de atores que cooperam entre si para chegar-se à compreensão do que se entende por arte. O campo da arte é formado por diferentes indivíduos e instituições, da interação entre eles resulta o dinamismo deste universo específico: artistas, marchands, colecionadores, museus, Estado, galerias, empresas de leilão, críticos de arteo.[22] Pode-se dizer que várias atividades realizadas no âmbito do universo do luxo formam parte do campo artístico; colecionadores, fundações, cria-

22 Ver Howard Becker, *Art Worlds*, Berkeley, University of California Press, 1982; Raymonde Moullin, *L'Artiste, L'Institution et Le Marché*, Paris, Flammarion, 1992.

dores, atuam como agentes interessados neste espaço no qual a legitimidade da própria ideia de arte se realiza e se confirma. Há neste sentido uma superposição espacial (ela não é integral) entre domínios distintos.

Existe um conjunto de afinidades entre o universo do luxo e a esfera da arte, a começar pela dificuldade em se definir os dois conceitos, ambos são noções em aberto, a indefinição alimenta recorrentemente as controvérsias dos especialistas e leigos. Mas há outros pontos em comum. Como o mercado de bens de luxo, o mercado de artes é restrito e global. A dimensão mundial decorre das mudanças relativas ao processo mais amplo de globalização, o espaço artístico nacional encontra-se imbricado a um conjunto de articulações que o transcende, isso significa que a circulação das obras deixa se ser determinada pelos fatores internos à história de cada lugar.[23] Duas instâncias de consagração artística consolidam-se neste contexto: as feiras internacionais e as casas de leilão. A visibilidade e prestígio do artista agora depende de sua circulação em espaços como, Bienal de Veneza, Exposição Internacional de Arte Moderna (Nova Iorque), Feira de Arte Frieze (Londres), Arte Basel (Basel), Arte Basel Miami Beach (Miami). O prestígio individual pode inclusive ser mensurado por um sistema internacional de classificação tipo Kunst Compass ou Power 100 (os cem maiores) organizado pela revista ArtReview.[24] As casas de leilão, parti-

23 Ver Raymonde Moulin, *Le Marché de L'art: mondialisation et nouvelles technologies*, Paris, Flammarion, 2000; Diana Crane, "Reflections on the global art market: implications for the sociology of culture", Sociedade e Estado, vol.24, nº2, 2008.

24 Remeto o leitor a dois textos sugestivos a esse respeito: Diana Crane, "La géographie du marché de l'art mondial en pleine évolution" e Alaim

cularmente Sotheby's e Christie's tornaram-se atualmente os principais articuladores do mercado de artes, em 2014 elas captaram 70% das vendas das Top 10 empresas atuando no ramo. Trata-se, como na esfera do luxo, de um oligopólio de franja, no qual duas corporações controlam o mercado mundial. Isso evidentemente implica a necessidade de expansão geográfica dessas firmas para as regiões potencialmente promissoras, particularmente a China, onde possuem escritórios e representantes. Também, como no mercado de bens de luxo, o mercado de arte concentra-se em determinados países e poucas cidades. 65% das vendas de arte contemporânea (não estão incluídas a arte clássica e moderna) em 2016 foram realizadas na China, Estados Unidos e Reino Unido; Artprice elenca as Top 10 capitais da arte: Nova Iorque, Londres, Hong Kong, Pequim, Paris, Cantão, Xangai, Hangzou, Taipei, Viena (o número de cidades asiáticas é expressivo).[25] Entretanto, este globalismo deve ser temperado pela seletividade, o mercado é restrito, dele participa um grupo ínfimo de pessoas; trata-se de um clube com poucos associados, os mais abastados, há uma clara correlação entre a expansão mundial do mercado de artes e o crescimento dos bilionários nas últimas décadas. Outra dimensão em comum: o efeito Veblen. Os economistas debatem-se em torno da questão do valor comercial das obras de arte. Qual a relação entre a qualidade artística e o valor econômico?[26] Consideremos

Quemin, "Qui detient le pouvoir en art contemporain?", Sociologie et Sociétés, vol.XLVII, nº 2, 2015.

25 "Le rapport annuel sur le marché de l'art contemporain 2016", artprice.com

26 Consultar Nathalie Moureau e Dominique Sagot-Duvauroux, *Le Marchè de l'Art Contemporain*, Paris, La Découverte, 2016.

o maior valor pago por algumas obras de arte contemporâneas:[27] 2013 Jeff Koons, 58,4 milhões (dólares); 2016 Basquiat 57,3 milhões (dólares). Evidentemente essas somas astronômicas não podem ser compreendidas a partir da relação entre oferta e procura. A formação do preço deriva da interação de uma multiplicidade de agentes do campo artístico; é um processo no qual interagem artistas, marchands, colecionadores, conservadores de museus, críticos de arte, e os agentes da esfera econômica, casas de leilão e compradores. Exprimir o valor de uma obra em um preço específico é uma operação complexa na qual os elementos simbólicos interferem diretamente na avaliação. Isso implica uma certa "irracionalidade" do mercado, ou seja, a instabilidade dos preços. Na verdade, não há uma superposição plena entre as regras de legitimidade e as regras de mercado, um hiato abre-se entre elas. Por exemplo, entre os 10 artistas vivos que tinham realizado as melhores perfomance de preços em 2015, apenas 3 eram classificados como importantes na lista dos Top 100 da Kunst Compass. Uma obra de Basquiat atinge um preço exorbitante, entretanto, como Kunst Kompass classifica apenas os artistas vivos, ele encontra-se excluído. Os preços também oscilam em função da exposição na mídia internacional, o que significa uma imagem deformada das coisas. Tudo depende do investimento midiático envolvendo o artista nos meios de comunicação e revistas especializadas. Há ainda o papel especulativo dos colecionadores que inflacionam o mercado em função da fortuna que dispõe. Em 2016 o bilionário japonês Yusaku Maezawa arrematou na Christie's duas obras no valor de 97,8 milhões de dólares. A competição entre os compradores potenciais desempenha um papel importante, disputam o

27 "Le rapport annuel sur le marché de l'art contemporain 2016", *op.cit.*

mesmo troféu. Como diz Raymonde Moulin: "em última instância, o preço depende da competição final entre duas pessoas, de seu desejo de possuir a obra e ter os meios para comprá-la. Neste sentido, ele é bastante imprevisível".[28] A formação do preço deve portanto levar em consideração as instâncias legítimas do mundo da arte, a exposição na grande mídia e a avidez dos colecionadores. Mesmo assim, uma vez atribuído um valor a determinada obra, persiste uma indefinição em relação à pergunta: a qualidade artística pode ser a ele reduzida? A operação comercial apenas contorna o problema, quantifica o que lhe escapa enquanto qualidade. Esta indeterminação deriva do forte valor simbólico que a arte e o luxo encerram, suas dimensões dificilmente se ajustam às regras da mercadoria (no sentido de Marx do termo).

A relação entre arte e luxo não pode ser compreendida sem a inserirmos no contexto da contemporaneidade. Não apenas o universo do luxo se modifica, como vimos anteriormente, as mudanças atingem também a esfera da arte. Já não mais vivemos uma época na qual ela representava a dimensão de negatividade que encantava aos frankfurtianos. Antes, diante de um mundo padronizado e de massa, ela constituía um contraste em relação ao que se encontrava à sua volta (ou seja, a indústria cultural). Neste sentido, as vanguardas, com seu espírito contestatório, representavam o ideal de insatisfação que Sartre percebia em sua análise de Flaubert. No entanto, basta ler um livro como *O fim da História da Arte* de Hans Belting para termos noção da amplitude das transformações ocorridas. Entre elas: a pretensão à universalidade dominante no discurso do mundo ocidental e a pulverização

28 Raymonde Moulin, *Le Marché de L'art: mondialisation et nouvelles technologies*, *op.cit.* p.15.

das vanguardas. Não é minha intenção aprofundar as controvérsias que animam filósofos e críticos em torno do estatuto da arte; a partir dos anos 60, com o advento da pop art, há toda uma discussão sobre o seu "fim".[29] Meu interesse é outro, entretanto, uma questão se impõe: o mercado. O que acima denominei "o contexto da contemporaneidade" diz sobretudo respeito a esse aspecto. Arte e mercado sempre conviveram de maneira tensa, como nos deparássemos com duas entidades antagônicas. O caso da fotografia é sugestivo. Há na França do século XIX toda uma controvérsia em torno de seu estatuto artístico. A invenção da máquina fotográfica (primeiro daguerreotipia, depois a foto em papel) introduz um elemento técnico até então desconhecido na representação do mundo. Para os fotógrafos isso significa uma fidelidade em relação à realidade reproduzida, para os artistas este seria o seu ponto débil, sinal de uma enfermidade crônica, a precisão. Ao retratar os objetos na sua inteireza ela ofuscaria a visão, impediria o vôo da imaginação. Como dizia um crítico: "a fotografia expõe ao olho e ao pensamento uma só página, jamais um livro completo".[30] Outra dimensão negativa a envolve, a capacidade de ser manipulada técnica e industrialmente, a reprodutibilidade a torna presa fácil da comercialização, fragiliza sua aura. O testemunho de um fotógrafo da época é eloquente: "Francamente, como artista, não gosto muito desse gênero de retrato; como homem de negócios penso que é uma boa coisa. O público fica encantado: o brilho de verniz e o aspecto ajeitado lembra-lhes essas bonitas imagens que vemos

29 Remeto o leitor a um livro célebre: Arthur Danto, *Após o Fim da Arte: a arte contemporânea e os limites da história*, São Paulo, Edusp, 2006.

30 André Bonnardot, "La photographie et l'art", Revue Universelle des Arts, vol.2, octobre 1855 – mars 1856, p.42.

nas caixas de bombons; esta analogia adula sua vaidade. Quanto a mim, desde que eu me satisfaça, tudo bem, não sou um homem que contraria o gosto de seus clientes".[31] Um contradição se instaura assim entre o ideal artístico e sua realização. O mesmo dilema manifesta-se nos debates sobre a cultura de massa. A noção surge no século XX e decorre das transformações do capitalismo nas sociedades industriais. Já não nos encontramos no momento anterior quando o relevante era distinguir entre o moderno e o tradicional, o mundo fabril e o agrário. Importa qualificar as mudanças internas às sociedades que tinham se modernizado. Não é casual que as primeiras discussões em torno do assunto se façam nos Estados Unidos, contrariamente à Europa, debate-se com a herança de duas grandes guerras e a ascensão do fascismo, a sociedade norte-americana vive um momento de prosperidade, um *boom* econômico que se espraia para a esfera cultural: publicidade, histórias em quadrinho, rádio, televisão, filmes de Hoolywood, etc. Uma nova configuração cultural se estabelece, a presença de bens simbólicos que penetram o gosto das diferentes classes e camadas sociais. Cultura de massa nomeia esta dimensão na qual o processo de produção e difusão cultural transformou-se radicalmente. Daí o debate intenso entre *hig culture* e *popular culture.* Neste sentido, a novas formas de produções culturais seriam a antípoda das virtudes da grande arte. Horkheimer dizia existir uma homologia entre a autonomia da arte e o mundo privado, por isso considerava a privacidade burguesa um espaço de resistência às forças mercantis da industrialização.[32] A proposta romântica,

---

31 Citação in Jean Sagne, *L'Atelier du Photographe: 1840-1940*, Paris, Presses de la Renaissance, 1984, p.98.

32 Max Horkheimer, "Art and Mass Culture", Studies in Philosophy and Social Sciences, 1941.

cujo impacto na vida artística é sensível, ancora-se sobretudo na valorização do indivíduo e da subjetividade. Este traço aproxima o artista da esfera privada, no âmago de seu aconchego o talento e a criatividade floresceriam. Benjamin dizia que o homem privado habitava um lugar ímpar, o camarote, aí, impassível, ele usurfruía a visão do "teatro do mundo". Em uma passagem sobre o colecionador e o interior das casas na época de Luís Felipe ele diz: "O interior é o lugar de refúgio da arte. O colecionador é o verdadeiro ocupante deste interior. Ele transfigura os objetos para torná-los em coisas suas. Sua tarefa é como a de Sísifo: possuindo as coisas ele deve depurá-las de seu caráter de mercadorias".[33] Ao distanciar-se do que se encontrava "lá fora" sua residência estaria ao abrigo das intempéries. Dito de outra maneira, diante das imposições do mercado a arte encontraria recolhimento na sua solidão.

Os exemplos da fotografia e da cultura de massa ilustram a tensão existente entre esferas distintas, entretanto, isso é figura do passado, os diagnósticos de diversos intérpretes sobre o mundo contemporâneo apontam para uma transformação radical, a integração dos valores estéticos à própria mercadoria. Neste contexto, o domínio da arte teria sido inteiramente absorvido pela racionalidade capitalista. Tal seria o traço distintivo da contemporaneidade. Um autor como Olivier Assouly considera que no início dos anos 80 as grandes empresas, confrontadas aos desafios dos mercados que se globalizam, injetam recursos enormes e artifícios estéticos para estimular o consumo.[34] Elas deslocam desta forma a tradicional postura de privilegiar a esfera racional da gestão para

---

33 Walter Benjamin, "Paris Capitale du XIX Siècle" in *Parigi Capitale del XIX Secolo*, Torino, Einauldi, 1986. p.31.

34 Olivier Assouly, *Le Capitalisme Esthétique: l'industrialisation du goût*, Paris, Cerf, 2008.

a implementação e desenvolvimento de um conjunto de técnicas voltadas para o estímulo do desejo e do afeto. Teríamos uma valorização do consumo supérfluo no qual a dimensão da sensibilidade e da emoção se sobrepõe à razão, o prazer à utilidade. Por isso o autor fala no surgimento de um capitalismo cuja base seria a "motivação estética". Gilles Lipovetsky e Jean Serroy têm um diagnóstico semelhante. Eles consideram que as mudanças atuais inauguram uma nova fase que denominam de capitalismo-artista. Nele, a autonomia do mundo da arte dissolveria-se na lógica de mercantilização dos produtos. Haveria portanto uma estetização do mundo, uma expansão dos fenômenos estéticos para além das fronteiras previamente estabelecidas. Esta dimensão artística não seria um traço contingente da nova configuração social, ela é estrutural ao sistema de produção, regido pelos interesses financeiros e de marketing. Dizem os autores: "O capitalismo artista é o sistema em que são desestabilizadas as antigas hierarquias artísticas e culturais, ao mesmo tempo que as esferas econômicas e financeiras se interpenetram. Onde funcionava universos heterogêneos se desenvolvem processos de hibridação que misturam de maneira inédita a estética e a indústria, arte e marketing, magia e negócio, design e cool, arte e moda, arte pura e divertimento."[35] O imperativo de a tudo estender a dimensão artística constituiria assim uma espécie de "inflação estética", incidiria e modelaria os mais diversos domínios, os objetos, as lojas, os espetáculos de entretenimento, as ruas, o cuidado do corpo. Estaríamos diante de um hedonismo generalizado do *homo aestheticus*. Uma expressão desta situação inflacionária é o design, ele funcionaria como um

35 Gilles Lipovetsky e Jean Serroy, *A estetização do mundo: viver na era do capitalismo artista*, São Paulo, Cia das Letras, 2014, p.48.

arsenal de recursos capaz de conferir às coisas um valor adicional de mercado. Sublinho, para esta perspectiva de análise a noção de estetização é fundamental, atribui-se a um valor artístico, antes restrito a um determinado espaço, a função de dar consistência simbólica e material às produções mercantis. As manifestações culturais se conformariam a ser simples produtos, do turismo à moda, do cinema aos museus, a intenção estetizante marcaria o espírito ineludível de uma época.

Seria difícil e inútil negar a existência do fenômeno de estetização no universo do luxo. Um exemplo: a decoração das lojas. Há toda uma teatralização envolvendo os produtos. Como pondera um desses executivos do ramo: "Por definição um produto de luxo é sereno, e mesmo quando provoca, ele não agride. A serenidade acompanha a beleza e a elegância ao acolher todo mundo. E no luxo a arquitetura é o reflexo disso... A arquitetura é o vórtice que transforma o imóvel em lugar de passeio, colocando o objeto de luxo em um pedestal, em uma tela que capta o olhar e suscita admiração, e o ciúmes dos concorrentes".[36] As técnicas de marketing estão intimamente associadas à exibição dos produtos. Mas isso não é suficiente. Uma *flagship* não é mero espaço vazio preenchido por objetos.[37] Elas devem seduzir e cativar o cliente. Para isso duas qualidade são importantes: visibilidade e visualidade. Os historiadores e críticos de arte estão habituados a reconhecer a diferença entre os dois termos. A visão nos remete à uma operação física na qual a retina identifica o volume, a forma e as cores dos objetos. A visualidade é um "fato social", isto é, o

36 Christian Blanckaert *Les 100 Mots du Luxe*, *op.cit.* p.14.

37 Consultar Louise Crewe, "Placing fashion: art, place, display and the building of luxury fashion market throught retail design", Progress in Human Geography, vol.40, nº 4, 2016.

resultado de um dado empírico da visão e sua determinação histórica. Trata-se de uma construção cultural na qual inserem-se os códigos estéticos de uma determinada sociedade. Entretanto, para os homens de marketing a atmosfera de uma loja não se reduz ao visível tudo se organiza de maneira a captar a atitude do cliente. O *visual marketing display* é a técnica que racionalmente se ocupa em desenvolver as estratégias arquitetônicas da sedução. Ele não se aplica apenas aos objetos, fundamenta-se numa perspectiva holística na qual a disposição dos produtos, as vitrines, o mobiliário, as cores das paredes, a vestimenta dos vendedores, isto é, as partes desta "atmosfera" integram a mesma totalidade. Neste sentido, visibilidade significa a exibição pura e simples das coisas, enquanto visualidade implica uma imagem mental do que está sendo exibido, trata-se de uma dimensão que se aninha na individualidade do consumidor. O design é a forma de mediação entre o visível e o visual, entre o imperativo comercial e o gosto, ele captura no nível sensorial a própria experiência do ver. A realização artística incide na forma e no volume, assim como no lugar no qual ela é teatralizada, cores, texturas, profundidade, devem ser submetidas a um processo que transforme o consumo em um deleite, uma fantasia. O Swatch Art Peace Hotel preenche os requisitos desta amálgama entre arte e mercadoria, o esmero na sua restauração e apresentação icônica tem um intuito claro, a imersão do cliente no universo do consumo. Por isso há uma colaboração estreita entre as grandes casas de luxo e os arquitetos de renome, eles assinam com suas griffes as obras que edificam. Trata-se de um arquitetura reconhecível, desterritorializada, presente em diversos lugares do planeta, ícones representativos das virtudes globais e seletivas de um mundo excepcional. Há toda uma estratégia que orienta esta amálgama entre arquitetura e luxo: Renzo Piano projeta a butique Hermès em Tóquio; Prada confia à Jacques Herzog e Pierre de Meuron sua loja, também em Tóquio; Jean Nouvel assina o projeto da Fundação Cartier; Frank Gehry desenha o espaço da Fundação Louis Vuitton; Peter Marino a loja conceitual de Chanel em Los Angeles. Como observa uma agente deste mundo privilegiado: "Essa exibição de talentos de arquitetura visa aureolar o mundo do luxo, dá vida aos espaços de venda teatralizados e concebidos como verdadeiros tempos dedicados à glória da marca".[38] Não estamos distantes da imagem de Zola, quando em seu belo livro, "O Paraíso das Damas", descreve as lojas de departamentos como catedrais do consumo.

Entretanto, a tese da estetização do mundo nos encerra em um impasse. Sua presença sendo generalizada nada escapa à sua manifestação, ela seria uma espécie de "equivalente universal simbólico" subjacente a toda mercadoria. Como diferenciar o universo do luxo desta inflação estética? Gostaria de retomar a problemática em questão sob um outro ângulo, para isso recorro ao conceito de artificação. Em princípio ele se aplica a uma situação semelhante a anterior, trata-se de compreender a proliferação das manifestações artísticas nas sociedades contemporâneas. Há um crescimento exponencial dessas atividades envolvendo, desde a prática de amadores, até experiências como o hip hop, o teatro de rua, o graffiti, a música popular na periferia das grandes metrópoles; os artistas se multiplicam e povoam a vida cultural. Fala-se inclusive de uma nova economia da cultura constituída pelos mais diversos setores: arte visual, cinema, televisão, internet, turismo, gastronomia, moda, publicidade, arquitetura. O traço comum dessas "indústrias criativas" é a dimensão estética, elemento capaz

38 Citação in Stéphanie Le Bail, *Le Luxe: entre business et culture*, op.cit. p.93-94.

de conferir às coisas um valor simbólico que as diferenciam de outras atividades produtivas. Mas o que entender por artificação? Consideremos as definições propostas por Ossi Naukkarinen e Roberta Shapiro: "O neologismo artificação refere-se a uma situação e um processo no qual algo que não é considerado como arte, no sentido tradicional do termo, transforma-se em algo como arte ou algo que é influenciado por uma maneira artística de pensar e de agir. Refere-se a um processo no qual a arte encontra-se mesclada com outra coisa, adotando os traços da arte"; "A artificação designa um processo de transformação da não- arte em arte, sendo resultado de um trabalho complexo que engendra uma mudança da definição e do status das pessoas, objetos e atividades.... a artificação repousa em fundamentos concretos: modificação do conteúdo e da forma da atividade, transformação das qualidades físicas das pessoas, reconstrução das coisas, importação de objetos novos, rearranjo de dispositivos organizacionais, criação de instituições. O conjunto desses processo acarreta o deslocamento durável da fronteira entre arte e não-arte".[39] A noção pressupõe uma separação entre arte e não-arte embora não se detenha em definir qual seria sua natureza. Assume-se a ideia de que existe uma esfera específica da vida social na qual inserem-se os agentes culturais independentemente do debate filosófico ou estético sobre o fim da arte ou o declínio das vanguardas. Para se falar de artificação é necessário ter alguma concepção do que é arte, seja ela

39 Citações respectivamente in Ossi Naukkarinem, "Variations in artification", Contemporary Aesthetics, Special Volume, Issue 4, 2012, Permalink: http://hdl.handle.net/2027/spo.7523862.spec.402; Roberta Shapiro, "Avant Propos" in Nathalie Heinich e Roberta Shapiro (ed.) *De l'Artification: enquêtes sur le passages à l'art*, Paris, Éditons de l'École des Hautes Études en Sciences Sociales, 2012, p.10.

sinônimo de criatividade, de beleza, de extraordinário, ou outra acepção qualquer. Em todas essas variações (o título do ensaio de Naukkarinen é justamente "variações da artificação") algo é classificado como arte em contraposição à sua ausência. O segundo aspecto da definição diz respeito às fronteiras, elas não desaparecem, deslocam-se, movem-se para domínios que não eram antes por elas contemplados. Não há necessariamente uma incompatibilidade entre artificação e estetização, mas os conceitos recortam a realidade de maneira distinta. Como lembra Adam Andrzejewski: "Assignar propriedades estéticas à certos objetos não significa que eles sejam qualificados como obras de arte... Embora artificação e estetização muitas vezes caminhem juntos, elas são sintomas de processos diferentes. Estetização significa simplesmente o enriquecimeto de determinados objetos através de propriedades estéticas; embora a artificação encontre-se associada à estetização ela vai além disso. Artificação significa a adoção de práticas que são típicas da produção de objetos de arte que na maioria das vezes não encerram um caráter estético. Para os objetos artificados isso significa, antes de tudo, estarem conectados a algum tipo de obra de arte".[40] O interessante na noção de artificação é a permanência das fronteiras, a introdução da diferença onde existiria apenas indiferenciação. Manifestações distintas como os grafittis nos muros das cidades ou o hip hop podem desta forma serem assimiladas à práticas artísticas; ao se aproximarem do polo da Arte diferenciam-se da banalidade rotineira na qual encontravam-se inseridas. Entretanto, para o tema que nos interessa, uma dúvida permanece. Na sua definição do conceito Roberta Shapiro subli-

40 Adam Andrzejewski, "Artification and the ontology of art", Proceedings of European Society for Aesthetics, vol.5, 2013, p.60.

nha que a expansão da esfera da arte não significa "uma elevação na escala hierárquica interna aos diferentes domínios artísticos". Há, evidentemente, uma legitimação das atividades consideradas "menores" através deste artifício, elas adquirem um prestígio e respeito que não possuíam anteriormente (por exemplo, as histórias em quadrinho tipo mangá). Mas dificilmente seria possível estabelecer uma hierarquia entre os diversos tipos de atividades praticadas por uma miríade de artistas com interesses diversos e conflitantes. A artificação é uma rua de mão única o movimento se faz da instituição estabelecida Arte para o seu exterior. Há um centro irradiador da aura, ele se expande mas de alguma forma preserva sua integridade. Para os que trabalham e refletem sobre a questão estética isso não constitui necessariamente um problema, é suficiente demarcar o território do universo artístico através de sua expansão controlada em outras direções. Isso é porém problemático para o tema que estamos considerando, marcar a especificidade do universo do luxo significa diferenciá-lo das outras práticas artificadas. Seria insensato (do ponto de vista dos que nele se situam) confundi-lo com manifestações "estranhas". Torna-se portanto necessário inverter o sentido do fluxo anterior, o luxo não se contenta em ser uma simples atividade criativa, ele deve elevar-se à uma condição superior.

A singularidade do universo do luxo a separa da diversidade de outras esferas da vida social, a destaca de outras maneiras de ser, entretanto, as duas entidades, arte e luxo, para se aproximarem, devem coincidir em suas intenções. Para se superpor particularidades isoladas é preciso reconhecer que pelo menos em parte as estruturas desses espaços distintos são homólogas, partilham um conjunto de virtudes afins. Uma delas: a raridade. Raymonde Moulin considera que o status socio-cultural e econômico da obra de arte é indissociável da noção de raridade. Ela é única, singular, insubstituível. Não se deve tomar a afirmação no sentido literal, existe de fato uma raridade relativa que varia em função, sobretudo, das técnicas de reprodução, por exemplo as gravuras, entretanto, o ideal da raridade absoluta traduz a aspiração da existência da obra de arte "única" realizada pela genialidade "única" do artista. Este é o alicerce no qual repousa a afirmação anterior, a inteireza do sujeito refletida na unicidade de sua realização. Por isso desenvolve-se no mundo da arte um conjunto de estratégias para constituir a legitimidade do que é raro, ou como diz a autora: "de uma parte é preciso designar como artística um certo tipo de raridade, de outra, criar artificialmente a raridade do que é designado como sendo artístico".[41] Definir e estimular a raridade das obras é essencial para o funcionamento do campo artístico, somente desta forma ele se distancia das coisas ordinárias. Tal qualidade não se restringe à dimensão exclusiva da obra ela estende-se à posse, o proprietário e o comprador de um quadro único detém o monopólio de algo insubstituível. Neste sentido os leilões podem ser visto como uma disputa pelo monopólio da escassez. As ponderações de Moulin aplicam-se perfeitamente ao universo do luxo, a principal questão que ele enfrenta é "designar como luxo um tipo de raridade e artificialmente criar a raridade daquilo que se define como luxo". As empresas detém o exercício de um duplo monopólio. Primeiro em relação ao mercado, concentram em seu poder o comércio das coisas raras; segundo, a capacidade de definir e controlar a raridade dessas coisas. Trata-se portanto de um monopólio material e simbólico. Daí a ênfase na ideia de unicidade: "O artista encarna a ideia de único e de raro o que é, na verdade,

41 Raymonde Moulin, "La génèse de la rareté artistique", Ethnologie Française, vol.8, nº 273, 1978, p.241.

o fundamento do luxo"; "A imagem do luxo deve representar a exceção, a raridade, a beleza, o refinamento. Ele deve igualmente refletir certos paradoxos do luxo, sublimando o compromisso entre tradição e modernidade, sobriedade e brilho. Qualidades que encontramos apenas na arte. Por isso muitos consideram luxo e arte como partes indissociáveis".[42] O único associa-se à ideia de seletividade, quanto mais restrito maior o seu valor. Vimos como as fronteiras do luxo encolhem e dilatam em função da distância em relação ao centro deste universo. O raro e o único habitam o círculo central, há portanto um paralelo entre o crescimento da aura luxuosa dos objetos e sua expressão artística. Sinônimo de escassez ela se concentra nos lugares onde a restrição é máxima.

Uma das maneiras de sublinhar a dimensão de unicidade é através da noção de artesanato. Como dizem os manuais de marketing: "Para nós um produto de luxo deve satisfazer três critérios distintos: deve possuir um forte conteúdo artístico, ser fruto de um saber artesanal e ser internacional".[43] Arte e artesanato aparecem como termos correspondentes, vizinhos, recobrem o mesmo domínio de sentido. O que os unifica é a metáfora do "feito à mão". Um exemplo: o saleiro de Cellini. Peça de ourivesaria feita em ouro maciço apoiada numa base de ébano, na parte superior está esculpida a figura de uma mulher (a Terra) e Netuno, deus do mar. Trata-se de um objeto de luxo, orna as mesas dos ricos no Renascimento italiano, um artesanato e uma obra de arte conhecida como a "Mona Lisa dos escultores" (está exposta no

42 Citações respectivamente in Olga Louisa Kastner. *When Luxury Meets Art: forms of collaboration between luxury brands and the arts*, Berlin, Springer Gabler, 2014, p.1;René-Maurice Déreaumaux, "Le luxe et l'image de marque", Market Management, vol.7, nº 1, 2007, p.75.

43 Chevalier e Mazzavolo, *Management et Marketing de Luxe*, op.cit. p.9.

Museu de História da Arte de Viena). O trabalho artesanal nos remete à noção de singularidade, de idiossincrasia, a mão é o instrumento que modela a matéria, dá forma a uma identidade reconhecível. Consideremos um livro como "Artesãos do Luxo Francês", ele segue o padrão dessas publicações de fotos, mas neste caso o objetivo é exaltar o trabalho manual do artesão. O texto é dividido por marcas: os cristais Baccarat; os passos da elegância Joh Lobb (sapatos); a fina pérola do bordado (Lesange); a seda do *carré* (Hermès). As fotografias focalizam mãos, agulhas, couros e panos. Os objetos predominam sobre aqueles que os manipulam, a intenção é apresentar a habilidade do artesão, ele insufla vida à matéria inerte. Na apresentação do livro, organizado por uma diretora artística, um fotógrafo e um escritor, lemos: "Na obra que todos assinam, eles desvendam, sem ênfase, os pedaços escolhidos de uma obra secreta de mais de doze dos mais excepcionais artesãos do luxo francês. Mãos sábias e anônimas, rituais de iniciados, gestos sagrados, materiais preciosos compõem o núcleo dessas páginas apuradas e sensíveis. As imagens, com toda nuança, mas sem efeitos artificiais, concentram em forma de extrato as confidências e a graça de um mundo à parte, fora do alcance, onde a obra da Beleza é exercida no quotidiano. Modestamente e em silêncio, como querem as imagens e as palavras que a narram".[44] A beleza instaura-se assim no quotidiano, retira os objetos de sua banalidade, ela é fruto de uma habilidade que habita um "mundo à parte". A metáfora da mão é uma constante no universo do luxo. Por exemplo, Louis Vuitton faz toda uma campanha publicitária para exaltar a tradição e a excelência de seus obje-

44 "Artisans du Luxe Français", Paris, La Martinière, 2014, p.7.

tos. Para isso utiliza fotos inspiradas em Vermeer.[45] As imagens, trabalhadas como se fossem reproduções do pintor holandês (são imitações), têm a intenção de recriar o ambiente de exatidão e de luz de seus quadros. Nelas vemos: "a moça e as pequenas dobras"; "a costureira do fio de linho e da cera de abelha"; "o artesão e o pincel". Os quadros-fotografia focalizam as mãos, são elas o centro da atenção. Não se deve imaginar que exista uma incompatibilidade radical entre artesanato e tecnologia. Os recursos técnicos e a alta tecnologia são recorrentemente utilizados no universo do luxo, principalmente em relação aos relógios, jóias, automóveis, iates. A contradição não se encontra na oposição dos dois termos mas na forma como os objetos são elaborados, da concepção à sua realização. Neste caso a metáfora da mão retorna, como observa Salvatore Ferragamo, a respeito da utilização das máquinas no processo de fabricação desses artefatos: "A maior parte das etapas de fabricação é feita por máquinas, mas a máquina é sempre guiada pela mão experimentada do homem".[46]

Wright Mils costumava dizer que o artesão é um homem livre capaz de controlar sua própria ação de trabalho, não haveria assim nenhum motivo velado entre sua intenção e a realização daquilo que projeta. À individualidade do artefato corresponderia a individualidade do artesão (Marx diria, seu trabalho não é alienado). Há portanto uma ruptura em relação aos motivos externos à sua individualidade, o mercado e a massificação são seus adversários. Consideremos o caso de um perfumista que trabalha para Hermès, seu testemunho é sugestivo: "A criação de perfu-

45 Ver imagens "Les nouvelles campagnes de pub de Louis Vuitton" louisvuittonaddict.centerblog.net/3-les-nouvelles-campagnes-de-publicite

46 Citação in Manfredi Ricca e Rebecca Robins, *Meta-Luxury: brands and the culture of excelence*, op.cit. p.48.

mes chamados de vitrine, ou seja, para serem distribuídos em larga escala, é angustiante, pois o mercado impõe o seu tempo, o tempo da renovação, da mudança, do movimento. O movimento favorece a novidade. A novidade cria a demanda... Para distanciar-me do mercado, não crio em função da demanda, o mercado não é minha referência. Para se criar algo duradouro, aberto, deve-se escolher o tempo e não se submeter a ele. Para ser atento ao tempo, perder-me em meus ensaios e pensamento, decidi afastar-me de Paris. Artesão e artista vejo o perfume como uma expressão do estilo abraçado pelo mundo de Hermès".[47] Não devemos tomar a citação ao pé da letra, ela é a representação de um ideal no qual a criatividade se expressa de maneira irrestrita, isenta de contradições. A condição de trabalho postulada é evidentemente inexistente, pois ele é parte da cadeia de intenções da racionalidade empresarial à qual sua materialidade se ajusta. Os criadores da indústria do luxo, sejam eles designers, costureiros ou perfumistas, não desfrutam de uma liberdade ilimitada. Não existe objeto de luxo sem a contrapartida comercial, daí a tensão permanente entre criação e comercialização. Não obstante, a passagem é significativa porque construída a partir de um conjunto de significados que a aproxima ao mundo da arte. A oposição entre efêmero e durável, moda e solidez, mercado e criatividade, reforça o contraste entre raridade e banalização; o artesanato é o contraponto idealizado à repetição em série dos produtos industrializados. Neste sentido, o trabalho artesanal não se conforma inteiramente às condições objetivas que o determinam, ele implica uma criatividade capaz de explorar as "pistas olfativas" de novas criações. A ausência desta dimensão inovadora implicaria

47 Jean-Claude Ellena, *Le Parfum*, Paris, PUF; 2007, p. 81.

o predomínio da repetição e da monotonia das coisas conhecidas. Como reitera nosso perfumista: "Trabalho como um músico de jazz que a sua maneira interpreta os padrões a-temporais. Eu parto de uma estrutura, uma arquitetura do perfume com 5-6 notas, depois começo a vesti-la. O tema aqui era florido-amadeirado, eu o temperei com anis, alcaçuz, baunilha, láudano e patchouli".[48] Mesmo operando com um conjunto de elementos pré-fixados, as notas disponíveis para a elaboração do perfume, a criatividade se expressaria na combinação dos elementos à sua disposição, ou seja, na improvisação melódica dos aromas. Idealmente, a subjetividade do artesão estaria preservada, pelo menos parcialmente, das pressões mundanas. Não é pois surpreendente encontrarmos no universo de luxo críticas semelhantes a que os artistas do século XIX faziam à indústria e ao mercado. Um fotógrafo da Dior, falando retrospectivamente de seu ofício nos diz: "Efetivamente, eles pagam um monte de dinheiro. Mas no final percebi que não queria isso. Não queria trabalhar o tempo todo com moda. Não queria ajudar as pessoas a vender os bens de luxo. E eu acreditava na moda. Sentia que ela tinha um papel a preencher. E me sentia importante. Sou agora um pouco mais cético. ...Há dez anos atrás a cultura da moda não tinha o mesmo sentido e propósito de agora. Era puro negócio, e não estava interessado nisso... Não estou interessado em fazer um trabalho meramente para vender coisas, eu me interessava por algo que era importante".[49] As dúvidas e he-

48 Entrevista com Jean-Claude Elena (Hermès) in "Dans les Secrets des Parfumeurs", *http://www.elle.fr/Beaute/Dossiers-beaute/Parfums/Dans-le-secret-des-parfumeurs-2261550*

49 Depoimento in Cristina Bechtler (ed.) *Art and Architecture in Discussion: art, fashion and work for hire*, New York, Springer, 2008, respectivamente p.13-15-20.

sitações o inserem em um debate muito mais amplo, a relação entre a criação e o comércio. O sujeito artístico, diante das demandas alheias às sua vocação, deveria ser fiel ao seu destino, à sua "autenticidade". Como nos lembra Flaubert: "Quando não nos dirigimos à multidão, é justo que a multidão não nos pague. É economia política. Ora, sustento que uma obra de arte digna desse nome e feita com consciência é inapreciável, não tem valor comercial, não pode ser paga. Conclusão: se o artista não tem renda, deve morrer de fome! ...Quanto mais se põe consciência em seu trabalho, menos se tira lucro dele. Sustento este axioma com a cabeça sob a guilhotina. Nós somos operários do luxo; ora, ninguém é bastante rico para pagar-nos. Quando se quer fazer dinheiro com sua pena, é preciso fazer jornalismo, folhetim ou teatro".[50]

A noção de unicidade realiza-se plenamente no ícone do artista, ele encarna o sujeito livre cuja imaginação e talento habita um mundo à parte. O universo do luxo cultiva ao extremo a imagem de excepcionalidade criativa. Em um primeiro momento os costureiros representavam o ideal do talento, entretanto, com a consolidação e a integração deste universo, qualquer objeto, desde que tratado pela sua lógica interna, é passível de um toque artístico. Da alta costura aos lenços e canetas é preciso desenvolver modelos estéticos adequados ao mercado. Ou como diz Ralph Lauren a respeito de sua coleção de carros raros e luxuosos (Bentley Blower 1929; Mercedes Benz SSK Comte Trossi 1930, etc.): "Creio que os automóveis, particularmente aqueles que são objeto de uma produção limitada, podem ser considerados como obras de

50 Citação in Pierre Bourdieu, *As Regras da Arte*, *op.cit.*, p.101.

arte".[51] É neste sentido que o termo "criador" começa a ser cada vez mais empregado, trata-se de uma espécie de "diretor artístico" que tem sob sua responsabilidade a criação e a supervisão da dimensão estética de uma determinada marca. Ele coordena um trabalho coletivo submetido à seu talento individual. Esta não é uma característica específica ao mundo do luxo ela encontra-se também presente na esfera da arte. Muito da produção artística contemporânea depende do financiamento e do envolvimento de assistentes, as vezes até mesmo firmas distintas, coordenadas por um mesmo "diretor artístico".[52] Um personagem como Jeff Koons emprega uma multidão de pessoas na elaboração de suas obras; por exemplo: "Puppy", a escultura gigante que instalou no Rockfeller Center (2010). A instalação de Damien Hirst, "Escola: arqueologia dos desejos perdidos, compreendendo o infinito e a busca do conhecimento", no Lever House de Nova Iorque (2007) é resultado de várias semanas de trabalho envolvendo, técnicos, projetistas, engenheiros, assistentes. Existe desta forma uma divisão entre os trabalhadores artísticos e o criador; porém, nos dois casos, luxo e arte, o crédito é atribuído à genialidade do indivíduo que projeta em um objeto ou evento, o desenho de sua imaginação. A necessidade de se manter íntegra a individualidade do autor é fundamental, ajusta sua imagem à tradição na qual ancora-se sua autoridade. Percebe-se isso claramente no modo como as empresas descrevem o papel desses "gênios".

---

51 *L'Art de l'Automobile: chefs d'oeuvres de la collection Ralph Lauren*, Paris, Les Arts Décoratifs, 2011, p.3.

52 Ver Diane Crane, "Reflections on the global art market: implications for the sociology of culture", *op.cit.*

> Marc Jacobs (Louis Vuitton) desenhou sua primeira coleção quando ainda estava na Parsons School of Design. Robert Duffy notou seu talento e isso foi o início de uma série de colaborações... Em 1997 Marc Jacobs' chegou à Maison Louis Vuitton como diretor artístico, dando nova pertinência e energia ao vinculo que unia Louis Vuitton ao mundo da arte. O criador, ele me mesmo um conhecedor e colecionador, amigo da vários artistas contemporâneos, convidou os mais importantes talentos de todo o mundo para colaborar com ele nas coleções.
>
> John Galliano (Dior) é um excêntrico que conquistou Paris, na verdade o mundo, como se fosse uma tempestade. Galiano não apenas ocupou uma posição de destaque na moda, redefiniu sua apresentação. Ele não apenas quebrou as regras mas as reescreveu. Galiano será lembrado, no tapete vermelho e na passarela, como o designer mais excitante, inovador e romântico do século XX, com seu look icônico, e o da marca, e sua liderança na costura do New Look, New Energy e New Vision de Dior.[53]

Os termos empregados são sugestivos: criadores, colecionadores de arte, amigos de artistas renomados, excentricidade, ruptura da ordem. Há toda uma relação de intimidade que associa esses indivíduos extravagantes à esfera da arte. Neste sentido, as atividades de Kenzo, Issey Miyake, Yamamoto, Rei Kawakubo, podem ser descritas como "revolucionárias", obras de "vanguarda". Recupera-se assim significados e situações específicas à história da arte para descrevê-las. O elogio e a exaltação recaí na noção

53 Citações in Delphine Dion e Eric Arnould, "Retail luxury strategy: assembling charisma through art and magic", *Journal of Retailing*, vol.87, nº 4, 2011. Respectivamente p.11 e p.13.

de ruptura, da mesma maneira como fizeram as vanguardas artísticas, os criadores rompem com a tradição estabelecida da alta costura.[54] O novo seria fruto do espírito de ousadia e não conformismo em relação às normas vigentes. A individualidade de cada um desses personagens não mais se confina à costura, gira em torno de um universo do qual retiram energia e prestígio. Diz Karl Lagerfeld (Chanel): "Faço questão de desenhar eu mesmo meus modelos. Adora isso, mesmo sabendo que o processo de criação é bastante caótico. Mesmo sendo difícil, nunca me canso... Não tenho nenhum sentido da realidade; e nunca me preocupa as despesas envolvidas nessas coisas".[55] Neste caso, a criatividade não encontraria, inclusive, barreiras financeiras para se realizar, participante ativo de um mundo excepcional, repleto de recursos, o artista burlaria os constrangimentos de ordem material (essa é a ideologia). A íntima associação entre luxo e arte permite que tais celebridades, uma vez consagradas, possam atuar em campos culturais afins. Tom Ford (Gucci e Yves Saint Laurent) é escritor e diretor de cinema; Karl Lagarfeld (Chanel) é fotógrafo e figurinista da Ópera de Paris; Jean Paul Gaultier (iniciou a carreira com Pierre Cardin, desenha roupas para Armani e Hermès) figurinista de filmes de Luc Besson (O Quinto Elemento) e de Pedro Almodóvar (Kika); Giorgio Armani, figurinista de "Gigolô Americano" e "O Lobo de Wall Street". Pertencer ao universo do luxo, ganhar legitimidade no comércio das "belas artes", lhes permite circular em territórios paralelos, o capital simbólico acumulado em suas tra-

54 Consultar Yuniya Kawamura, "The Legitimation of Fashion: Japanese designers in the French fashion system", Dissertation, New York, Columbia University, 2001.

55 Citação in Delphine Dion e Eric Arnould, "Retail luxury strategy: assembling charisma through art and magic", *Journal of Retailing*, *op.cit.*, p.16.

jetórias pessoais funciona como moeda de troca em outras esferas "artificadas". Isso seria impossível se arte e luxo constituíssem espaços irreconciliáveis. Uma vez estabelecida a conjunção entre eles, a instituição arte funciona como elemento aglutinador de suas carreiras pessoais. O inverso é também verdadeiro. Como há uma superposição espacial das intenções, os "verdadeiros" artistas circulam com desenvoltura no universo do luxo, "sentem-se em casa". Jeff Koons e Damien Hirst "revisitam" as formas icônicas das bolsas Fendi; Sol LeWitt colabora com Nina Ricci na elaboração das novas embalagens para seus produtos; Olafur Eliasson desenha o elevador da loja Louis Vuitton no Champs Elysées e cria uma vitrine de natal em Nova Iorque; Frank Gehry projeta bolsas para Vuitton. Os exemplos poderiam ser multiplicados, eles indicam que as fronteiras entre luxo e arte podem ser transpostas como numa rua de mão dupla. Os habitantes de cada um desses compartimentos circulam com desembaraço desde que tenham em mãos o passaporte e o salvo-conduto adequado: ser artista.

Entretanto, a noção de arte e de artesanato não são coincidentes, entre elas insere-se um hiato e uma tensão. Isso tem implicações para nossa discussão. Entre o artista e o artesão há proximidade mas também distância. Creio que é possível estabelecer o contraste entre essas duas posições retomando-se algumas questões relativas ao romantismo, elas nos permitem esclarecer certas ambiguidades que se manifestam no universo do luxo. O movimento romântico pode ser compreendido como uma reação ao iluminismo, exalta-se a sensibilidade e a emoção diante do domínio da razão.[56] Por exemplo, a pintura deixa de ser um *affaire*

---

56 A literatura sobre o romantismo é imensa, remeto o leitor a apenas dois livros: Kenneth Clark, *The Romantic Rebellion: romantic versus*

de pensée na qual o sentimento era modelado pela inteligência e depurado de sua espontaneidade primeira. Os românticos preocupam-se mais com as qualidades interiores do artista do que com as regras estabelecidas, com a integridade das emoções do que a retidão dos juízos. Mesmo na reprodução das paisagens, antes vista como exercício da habilidade técnica do pintor, a exacerbação dos sentimentos se impõe; os românticos desprezam as pinturas cópias, a reprodução fiel dos detalhes, querem desvendar os mistérios que os cercam, não apreendê-los por meio de uma perspectiva analítica. Como no quadro de Caspar David Friedrich "Caminhante sobre um mar de névoa" (1818). O personagem, de costas para quem vê o quadro, contempla dos Alpes o abismo abaixo de seus pés, as nuvens e os picos das montanhas evocam uma sensação de vertigem e solidão. A imagem sugere a impressão de incongruência, inadequação provocada pela implausibilidade do observador suspenso no topo de um rochedo. A paisagem romântica tem um quê de irracional, não se presta à decomposição racional dos elementos que a constituem. Algo semelhante passa na literatura. O cânone da escrita clássica tinha como objetivo conhecer o homem, analisá-lo, decompô-lo em suas múltiplas dimensões. Era uma literatura de vocação universalista (isto é, concebida como universalidade do espírito ocidental), racional, que se propunha muito mais em guiar a mente do que surpreender a imaginação. Os românticos inserem seus personagens em situações concretas, dão corpo e alma ao homem abstrato que não conhecia as agruras da vida real, por isso o sentimento da paixão é cultivado e reverenciado. Quando Goethe escreve "As Afinidades

classical arts, New York, Harper and Row, 1976; Paul van Tieghen, *Le Romantisme dans la Littérature*, Paris, Albin Michel, 1969.

Eletivas", ele encerra os personagens da trama em uma casa fora da cidade, isolados do mundo eles experimentam uma situação inusitada, na qual a razão é suplantada pela força incontrolável da paixão. Eles se perdem, dilaceram-se, desviam de seus planos originais, os subentendidos afloram e os impelem para uma direção desconhecida. Afinidade eletiva era um termo da química pré-moderna que descrevia a atração de partículas de substâncias diversas e contraditórias. Malgrado suas disparidades convergiam para um mesmo sentido. Goethe aproxima personagens, em princípio, divergentes, suas subjetividades são arrastadas pela torrente dos fatos, à revelia de suas convicções. O contraponto ao Iluminismo valoriza ainda o historicismo, o particular, a diferença, enfim o contexto no qual o drama humano se desenrola. A universalidade do Iluminismo privilegiava uma visão evolutiva da humanidade, as luzes paulatinamente arrancando os homens do estado selvagem (Turgot e Condorcet traduzem o caminhar da humanidade em termos de progresso). Em contrapartida, um filósofo como Herder insurge-se contra a pretensa continuidade dos acontecimentos; ele considera que cada povo é uma civilização-organismo, uma entidade idiossincrática, encerrando em si o seu próprio destino.[57] Contrariamente aos iluministas ele introduz uma ruptura entre o mundo clássico e o moderno, as nações e os povos seriam pontos descontínuos de um processo descrito anteriormente por um vetor unilinear. Sensibilidade, emoção, espontaneidade, historicismo, diferença, são termos privilegiados pelo dicionário romântico, partes constitutivas de seu léxico.

Porém, no seio desses traços comuns, uma diferença importante se manifesta. O artista romântico é fruto da autonomização

57 Ver J.G.Herder, *Une Autre Philosophie de l'Histoire*, Paris, Aubier, 1964.

da arte, ele concebe-se como um sujeito em liberdade, a força do Eu é inesgotável. Dentro desta perspectiva os princípios estéticos deixam de ser decorrentes de códigos consensuais estabelecidos pelas instituições legítimas como as academias de belas artes ou de literatura. É a sensibilidade individual que orienta a escolha artística, ela ancora-se no gênio de um sujeito isento de contradições sociais, seus dilemas e angústias são subjetivos (Benjamim considerava o tédio uma característica da modernidade). O pintor acadêmico operava no interior de uma lógica estética bem definida, existiam recomendações a serem seguidas e tabus a serem evitados. A figura humana era a forma mais elevada da expressão da beleza, havia, inclusive um código sobre as posições e os gestos nobres a serem imageticamente explorados (ou seja, outros gestos eram excluídos). A pintura e a escultura clássica tinham a intenção de reproduzir as mais perfeitas formas da natureza, isso contribuiria para a harmonia da representação do mundo. São contra essas normas e restrições que o artista romântico se insurge. Mas o romantismo adquire outro significado ao associar-se à problemática do nacional. Valoriza-se o diferente, a tradição, são esses os elementos nodais da unidade de um povo. É a integração, o vínculo solidário entre os membros de uma sociedade que importa; a nação é uma totalidade que transcende o egoísmo individual. Contrariamente à cultura de elite ou às virtudes imanentes à esfera da arte, que se encontram separadas do resto da sociedade, a cultura nacional possui outros dotes: ela aproxima o que a realidade distancia (classes sociais, grupos étnicos). Dentro desta perspectiva a noção de povo sobrepõe-se a de indivíduo. Esta tensão entre o coletivo e o individual, desdobra-se no contraste autoria/anonimato, marca particularmente os autores que escrevem sobre cultura popular. É o caso de Herder ao diferenciar "poesia de natureza" de "poesia de cultura".[58] A primeira pertenceria ao domínio da intuição, configuraria um tipo de sabedoria que não se adquire com o conhecimento formal; vamos encontrá-la nos cantos de Ossian e nos épicos de Homero. A segunda seria fruto do individualismo desenfreado dos homens, deriva da intelecção e afasta-se da espontaneidade e leveza encontrada na natureza. A mesma diferenciação caracteriza os escritos dos irmãos Grimm quando falam dos "contos de natureza" e "contos de arte". A ideia de natureza nos remete a de coletividade, de arte à visão individualista do artista. A sensibilidade romântica é deslocada do indivíduo para o pólo do popular, ou seja, do anonimato. As histórias populares (que tanto fascinam os irmãos Grimm) testemunham o vestígio de um passado longínquo, pertencem à tradição oral, não à escrita, e seriam superiores às tramas urdidas pela imaginação. Os intelectuais românticos seriam apenas mediadores de um saber tradicional, ao coletar os dados disponíveis desta sabedoria imensa, conseguiriam transmitir, através do texto, o que a oralidade popular havia conservado por séculos. Valoriza-se o anonimato diante da idiossincrasia do sujeito.

A diferença entre arte e artesanato nos remete justamente à tensão inerente ao movimento romântico, de um lado, o indivíduo, de outro, o coletivo. Para universo do luxo isso é um dilema. A referência ao coletivo lhe é inteiramente estranha, a afirmação de singularidade tem o propósito de afastá-lo da impertinência dos outros. Um manual de marketing nos ensina: "Como a arte, a marca de luxo promove o gosto. Como vimos antes ele man-

58 Consultar R.T.Clark, *Herder: his life and thought*, Oakland, University of California Press, 1955; Christa Kamenetsky, "The German folclore revival in eighteenth century: Herder's theory of naturpoesie", *Journal of Popular Culture*, nº 4, Spring 1973.

têm vínculos estreitos com a arte. Ele é criativo, ousado. Por isso é melhor para o luxo permanecer ao lado das artes não populares, principalmente aquelas que são emergentes e têm pouco apelo para a maioria das pessoas. Louis Vuitton, ao invés de favorecer grandes autores como Mozart e Chopin, tem uma longa tradição em patrocinar concertos de música contemporânea, por exemplo, trazer o pianista Maurizio Pollini à Abadia de Royaumont para executar a música de um compositor pouco conhecido como Luigi Nono. Da mesma maneira, o trabalho pioneiro da Fundação Cartier estimula a arte contemporânea entre as empresas de luxo. Neste sentido, eles estão confeccionando um padrão, uma tendência emergente, na qual há uma simbiose entre os objetos de luxo e a arte contemporânea".[59] A ideia de artesanato encerra uma certa ambiguidade, não pode ser associada ao popular, seria sua "ruína". A noção pressupõe a existência de uma tradição, de um conhecimento transmitido de geração em geração cuja forma de aprendizado é específica. Entretanto, tal característica não é particular à esfera do luxo, pelo contrário, vamos encontrá-la nas tradições populares, diziam os românticos, nas criações do povo. Por isso, quando se valoriza a tradição (tema do capítulo anterior), o termo se aplica a um domínio circunscrito: o *savoir faire* das casas de luxo. O argumento utilizado pelas empresas é que o trabalho artesanal confere uma excelência ao objeto de luxo, ele a distingue dos produtos industriais por sua qualidade superior. Para atingir a perfeição exigida *(the best in the world)* é preciso, porém, respeitar as regras vigentes neste universo. Em momento algum a tradição pode ser confundida com qualquer tradição, habilidade e prática existentes fora do círculo de suas fronteiras. O universo do

59 Chevalier e Mazzavolo, *Mangement et Marketing de Luxe*, *op.cit.*, p.255

luxo constrói a tradicionalidade que lhe é própria, algo que ritualiza-se na celebração dos pais fundadores e a história das marcas. Este é o espaço de atuação. Uma vez estabelecido seus contornos e sua autoridade, é até mesmo possível sair deste circuito restrito e visitar o pólo do "popular", com outros olhos, e claro, outras intenções. Vejamos um exemplo: "Já em 1913, em suas viagens pelo mundo, Mario Prada andava em busca de materiais refinados, tecidos e couros, assim como de artesãos sofisticados para dar vida a suas criações. Do couro da Alsácia à Áustria, objetos preciosos e acessórios em casco de tartaruga ou marfim, bastãos feitos de madeiras raras, cristais da Boêmia, o trabalho dos prateadores ingleses, sua curiosidade de cavalheiro sofisticado o fazia reconhecer os materiais e as habilidades únicas para realizar os produtos com perfeição. Fiel a esse espírito, Prada identificou em vários países do mundo, nichos de excelência com os quais passou a colaborar para criar os segmentos únicos de sua coleção. Esses segmentos estão profundamente enraizados neste legado local de artesanato e materiais finos, sendo combinados com a inovação e a modernidade da identidade da marca. Isso nos levou a buscar a excelência para além das fronteiras meramente geográficas, em uma viagem visionária que absorvia e sublimava o que se encontrava antes fora de suas barreiras".[60] A descoberta da riqueza local, hoje associada ao valor da diversidade, faz-se através do olhar de um viajante privilegiado, é ele quem ordena e distorce o que se vê com a lente dos códigos estéticos com os quais opera (como no livro de Mary Pratt, *Olhos do Império*). A ilusão de ótica torna-se convincente quando os fragmentos da realidade são domesticados

---

60 Citação in Manfredi Ricca e Rebecca Robins, *Meta-Luxury: brands and the culture of excelence*, op.cit., p.104.

por sua visão de mundo. Um especialista em moda pode assim dizer: "Fiquei realmente impressionado com o desfile de Givenchy Haute Couture, primavera/verão de 2012 (do que consegui assistir, eu pobre membro da plebe, não é verdade?). Adorei os piercing e os brincos enormes nas orelhas, o que me lembrou os povos primitivos da África, Índia e América do Sul, como os descrevia Claude Lévy-Strauss em Os Tristes Trópicos. Achei magnífico, fascinante, estranho, trazer a memória desses hábitos antigos e esquecidos, mas modernizando-os".[61] A descrição etnocêntrica, enunciada de maneira *blasé*, não deixa margem a dúvidas. O popular e o distante emergem quando resignificados por algo que os apreende do exterior. Os desfiles de alta-costura são um bom exemplo deste tipo de estratégia. No espetáculo de *son et lumière* no qual são apresentadas as novas coleções elementos da *street fashio*n ou da *pop music* podem ser recuperados, entretanto, sua presença não deve nos iludir, trata-se da apropriação do popular, reinterpretada por outro código estético. Novalis costumava dizer que tudo pode ser considerado romântico desde que transportado para longe. O romantismo confere aos objetos distantes a dignidade do desconhecido. Daí a predileção pelas viagens pitorescas, exóticas, conhecer as terras longínquas (a África e o Oriente dos colonizadores) ou a vida dos camponeses com seus hábitos estranhos em relação ao homem moderno (estudados pelos folcloristas). Porém, no universo do luxo, este processo de apreensão do

61 "Ethnique haute couture" www.matoushi.com/2012/02/ethnique-haute-couture.html

Outro deve ser controlado para não cairmos na indiferenciação da cultura popular da qual se quer afastar.[62]

Outro aspecto tensiona a relação entre arte e artesanato, a questão do anonimato. O peso da tradição compromete a afirmação do Eu. Um exemplo interessante diz respeito à gastronomia. Talvez de todos os setores da esfera do luxo este é o ramo que mais se aproxima da tradição, preparar uma refeição é algo corriqueiro, faz parte dos costumes vigentes. Todo esforço da alta gastronomia é de distanciar-se desta condição incômoda, transformar a alimentação em prazer gustativo e estético.[63] O processo de diferenciação faz-se através de uma figura atual, o chef, ele representa a individualização diante da tradicionalidade de um conhecimento banal. É o caso de Ferran Adrià, considerado um dos melhores cozinheiros do mundo; ele é celebrado quando faz um ovo de codorna com crosta de caramelo ou uma polenta com parmesão.

Não são as receitas tradicionais que orientam sua prática culinária, mas o rompimento com o padrão anônimo utilizado por todos. Ele "inventa" sabores, texturas, odores, por isso pode ser convidado a participar na Documenta de Kassel ao lado de artistas consagrados. Entretanto, esta estratégia de enaltecimento encobre uma verdade desagradável, o artesão da esfera do luxo realiza um "trabalho de sombra", sua visibilidade é mínima, sendo encoberta

62 No campo da moda há todo um debate sobre a oposição entre moda "universal" e moda "étnica". Os rótulos indicam a clara hierarquização dos costureiros e criadores, além das formas de apropriação do étnico pelas casas de alta costura. Ver Pascale Berloquin-Chassany, "Créateurs africain de mode et labellisation ethnique", *Autrepart*, vol.2, nº 38, 2006.

63 Ver Christian Barrère, "Luxury gastronomy as an attractive for luxury tourism", OMI Research Center, University of Reims, Oenometrie XVI, Namur, 2009.

pelo brilho dos criadores famosos. Christian Blanckaert o caracteriza de maneira sugestiva: "Eles são os anônimos do luxo. Esses homens de todos os horizontes têm a paixão do trabalho bem feito, exercem a profissão com um orgulho legítimo. O luxo? Palavra que ignoram, é a beleza, a perfeição, o bem acabado, a bela feição, que os motiva".[64] Esta é uma condição que deriva da própria organização do trabalho artesanal. Se por um lado ele é idealizado na sua dimensão artística, por outro deve adaptar-se às exigências da produção. Um relógio Vacheron Constantin é elaborado numa cadeia de operações (não apenas montagem, como na produção fordista) realizadas por artesãos diversos, cada um ocupa-se de uma tarefa que contribui para a manifestação do todo. A fabricação dos objetos de luxo assenta-se na divisão do trabalho, no qual a individualidade do autor encontra-se diluída. Um manual escrito para os que querem entrar no mercado profissional nos ensina: "Um ateliê de costura é um lugar bastante hierarquizado. O responsável do ateliê gere toda a equipe que fabrica os modelos a partir do croqui do estilista da casa. Com ajuda de uma tela e de um busto, a modelista coloca o desenho em volume. Uma tarefa que exige paciência pois é preciso repeti-la várias vezes até se obter exatamente o que tinha sido imaginado pelo estilista. Uma vez aprovada, essa tela transforma-se em um padrão produzido pelo padronizador. Depois o cortador faz os recortes das peças diferentes, e enfim, um "mecânico", geralmente chamado de "pequena mão", junta as peças".[65] Outro exemplo, a montagem de um Rolls-Royce, um artigo de jornal faz a seguinte descrição da fábrica em Goodwood, ao sul de Londres: "Separados pelas paredes

64 Christian Blanckaert, *Les 100 Mots du Luxe*, *op.cit.*, p.18.

65 Anne-Laure Robert, *Les Métiers du Luxe*, Paris, L'Etudiant, 2016, p.86.

envidraçadas, apenas 15 exemplares saem por dia das duas linhas de produção. Aqui o tempo é valorizado: é preciso 450 horas para se fazer um Phantom e 250 horas para um Ghost. Seis camadas de pinturas são aplicadas. A usina não fabrica as carrocerias: elas são feitas na Alemanha por um serviço terceirizado por BMW. O lugar praticamente não tem robôs. Para se fazer dos modelos uma peça única, o essencial do trabalho é feito à mão por 650 operários. Nos ateliês de marcenaria, os operários, com os braços tatuados, elaboram as peças de madeira, recobertas de laque para ornar o interior dos carros. No andar de cima, um exército de costureiras trabalha os assentos de couro com instrumentos de osso de choco para não machucar as peles. O final da cadeia parece uma garagem dos sonhos: uma dezena de berlinas reluzentes esperam para serem testadas (durante horas)".[66] A intenção do texto é exaltar a dimensão artesanal da fabricação, de fato, não é possível compará-la à serialização e padronização do fordismo ou do toyotismo, trata-se de uma produção diferenciada. A obsessão das fábricas de automóveis é reduzir o tempo de montagem para aumentar a margem de lucro, este é um critério impróprio à fabricação dos carros de luxo. Entretanto, malgrado tal diferença, uma ambiguidade insere-se nas entrelinhas da descrição apresentada, a divisão do trabalho e o anonimato. A imagem idealizada anteriormente, a subjetividade do artesão em harmonia com o objeto construído, é relativizada, sendo envolta pelas brumas de sua própria atividade. O universo do luxo recupera a ideia romântica do artista mas desconfia da vertente que o identifica à criação anô-

66 Cyrille Pluyette, "Rolls-Royce a su faire revivre la légende", *Le Figaro*, 9/4/2012, www.lefigaro.fr › Economie › Entreprises

nima, é preciso estar atento às fronteiras, perceber onde elas se entrelaçam, onde se distanciam.

O mundo dos ricos

Roger Bastide[1] costumava dizer em suas aulas, repetia a frase com ironia, "até os deuses têm necessidade da matéria". Seu exemplo predileto era os cultos afro-brasileiros, particularmente o candomblé. Para existir, como em todo culto de possessão, a entidade divina, o orixá, obrigatoriamente deve incorporar no corpo do neófito, ele é o "cavalo" que lhe dá sustentação. Os gestos da dança e o movimento corporal atestam que ele "baixou" de sua moradia sagrada, encontra-se ali, diante de nossos olhos, para manifestar sua grandeza e compreensão pelas aflições humanas. Mas os orixás necessitam ainda serem alimentados, o sacrifício de animais e as oferendas preenchem justamente esta função, aproximá-los do lado profano. A intenção religiosa depende da materialidade dos ritos e das celebrações, sem esta face terrena ela

1 Fui seu aluno quando realizava o doutorado na École Pratique des Hautes Études (Paris).

se esfumaria. Creio que é possível dizer de maneira genérica que os universos simbólicos materializam-se em espaços concretos, necessitam da matéria para se fazer "carne", isto é, quotidianos, convincentes, eficazes (Althusser, que assimilava o simbólico à noção de ideologia, dizia que toda ideologia tem uma existência material). Ao se tornarem práticas eles se transformam em vida. Neste sentido posso afirmar: o universo do luxo realiza-se no mundo dos ricos, sem este último elo seu valor simbólico permaneceria incompleto. Ele não se resume portanto aos objetos raros, como os espíritos do candomblé, deve encarnar-se em práticas quotidianas, repetitivas e frequentes: viagens de iate, compras nas *flagships*, participação em leilões de arte, estadia em palácios, deslocamento em jatos privados, degustação da alta gastronomia, repouso em paraísos turísticos, participação em corridas de cavalos de raça, visitas à Bond Street, Avenue Montaigne, Ginza. Cada uma dessas ações, encontram-se interligadas, reforçam sua coerência material e simbólica. De maneira alegórica, utilizando uma imagem de Hegel, eu diria que o conceito, para se tornar história, aliena-se no círculo das classes dominantes. Isso nos remete ao tema que estou denominando de, o mundo dos ricos; em que medida podemos apreendê-lo e, o mais importante, relacioná-lo à problemática que nos ocupa.

Apesar de relativamente rarefeita e recente há toda uma literatura acadêmica sobre "os ricos", ela traz elementos importantes para discussão que nos concerne.[2] Particularmente os geógra-

---

2 De fato o interesse das Ciências Sociais pelo universo das elites abastadas tem sido bastante restrito. Apesar dos clássicos da sociologia italiana como Gaetano Mosca e Vilfredo Pareto, que se debruçaram sobre o tema, aos poucos ele foi sendo deixado em segundo plano pela literatura sociológica. Atualmente há uma forte retomada da problemática das eli-

fos ocuparam-se em desenhar uma espécie de mapa dessa "elite" mundial, basicamente procuraram responder à pergunta: "quem é ela", "onde se encontra"?[3] Enfim, como se distribui a assimetria da riqueza em termos globais. Para isso os dados estatísticos são sugestivos, mas é preciso ter em mente que as estatísticas disponíveis, como as referentes ao luxo, são muitas vezes incompletas e falhas. Geralmente são produzidas por consultorias e escritórios privados interessados em captar e desenvolver um tipo de informação relevante para os clientes potenciais. De uma certa maneira essas agências atuam como intelectuais orgânicos de um estrato privilegiado, interpretam o mundo para os que se encontram na situação de abundância. Não há propriamente uma definição consensual de rico, super-rico (termo utilizado sobretudo na literatura anglo-saxônica), ou ultra-rico. Para demarcar a existência desse grupo específico realça-se sua idiossincrasia através do uso de superlativos indicando as características excepcionais que o constituiriam (*super-class, over-class, uber-class, ultra-class*). No fundo o dilema das instituições é encontrar um patamar mínimo a partir do qual a riqueza possa ser contabilizada, esse é o terreno de demonstração e de controvérsia dos dados acumulados e trabalhados. Cito duas agências especializadas nesse tipo de tare-

tes associando-a à expansão global dos super-ricos. Ver Mike Savage e Karen Williams (ed.) *Remembering Elites*, Oxford, Blackwell, 2008.

3 Ver Jonathan Beaverstock alli "Getting away with it? Exposing the geography of the super-rich", Geoforum, vol.5, 2004; Iain Hay e Samantha Muller, "That tiny, stratospheric apex that owns most of the world: exploring geograpy of the super-rich", Geography Research, vol.50, nº 1, 2012; Iain Hay, "Establishing geographies of the super-rich: axis for analysis of abundance" in Ian Hay (ed.) *Geographies of the Super-Rich*, Cheltenham (Reino Unido), Edward Elgar Publishing, 2013.

fa, elas têm, inclusive, uma definição distinta do que seria o piso mínimo para o tratamento dos dados quantitativos. Capgemini & Merril Lynch: considera o que denomina de "High Net Wealth Individuals" (HNWI) aqueles que, fora outros tipos de riqueza, possuem 1 milhão de dólares investidos em bancos, empresas, grandes corporações ou bolsa de valores. Crédit Suisse: contabiliza as aplicações financeiras (também a partir de 1 milhão de dólares) mais o patrimônio, principalmente imóveis. Para efeito de exposição utilizarei os dados de Capgemini & Merril Lynch, atuam a mais tempo no mercado, o que nos permite ter uma visão de sua exposição ao longo do tempo. Segue abaixo os dados relativos à população mundial de High Net Worth Individuals, sua distribuição geográfica e a distribuição regional da riqueza.[4]

4 Gráfico 1: dados de Capgemini & Merril Lynch, World Wealth Report 2016, para completar os dados até o ano de 1996 utilizei o texto de Jonathan Beaverstock e James R. Fauconbridge, "Wealth segmentation and the mobilities of the super-rich" in T.Birtchnell e J.Caletrio, *Elite Mobilities*, Routledge, London, 2014. Graficos 2 e 3: dados de Capgemini & Merril Lynch, World Report of Wealth, 2004, 2005, 2010, 2011, 2015, 2016.

Gráfico 1: População de High Net Wealth Individuais (milhões)

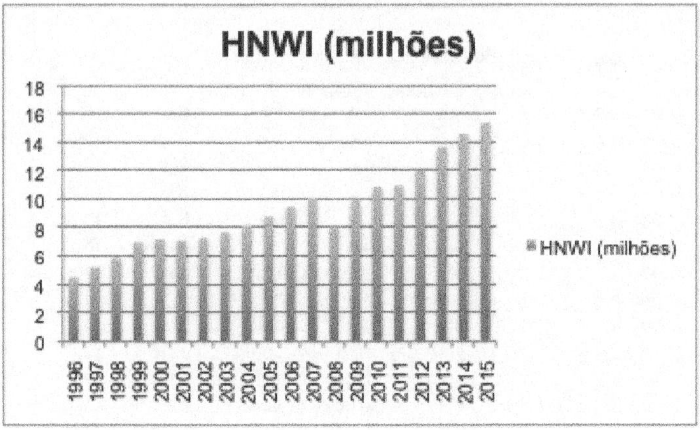

Tabela 1: Distribuição Regional High Net Wealt Individuals (milhões)

	África	Oriente Médio	América Latina	Ásia-Pacífico	América Norte	Europa	Mundo
2001	0,1	0,2	0,3	1,9	2,2	2,4	7,1
2002	0,1	0,2	0,3	1,9	2,2	2,5	7,2
2003	0,1	0,2	0,3	2	2,5	2,6	7,7
2004	0,1	0,3	0,3	2,3	2,7	2,6	8,3
2005	0,1	0,3	0,3	2,3	2,7	2,6	8,3
2006	0,1	0,3	0,4	2,6	3	3,2	9,6
2007	0,1	0,4	0,4	2,8	3,1	3,3	10,1
2008	0,1	0,4	0,4	2,4	2,6	2,7	8,6
2009	0,1	0,4	0,5	3	3	3,1	10,1
2010	0,1	0,4	0,5	3,1	3,3	3,4	10,8
2011	0,1	0,5	0,4	3	3,1	3	10,1
2012	0,1	0,5	0,5	3,2	3,4	3,4	11,1
2013	0,1	0,5	0,6	3,8	4,3	4,3	13,6
2014	0,2	0,5	0,6	4	4,7	4,7	14,7
2015	0,2	0,5	0,6	5,1	4,8	4,2	15,4

Tabela 2: Distribuição Regional Riqueza High Net Wealth Individuals (trilhões de dólares)

	África	Oriente Médio	América Latina	Ásia-Pacífico	América Norte	Europa	Mundo
2001	0,6	0,8	3,5	7,3	7,6	8,2	28
2002	0,6	0,8	3,6	6,9	7,4	8,4	27,7
2003	0,6	0,8	3,7	6,6	8,5	8,7	28,9
2004	0,7	1	3,7	7,2	9,3	8,9	30,8
2005	0,7	1	3,7	7,2	9,3	8,9	30,8
2006	0,9	1,4	5,1	9,4	10,1	11,3	38,2
2007	1	1,7	6,2	9,5	10,7	11,7	40,8
2008	0,8	1,4	5,8	7,4	8,3	9,1	32,8
2009	1	1,5	6,7	9,7	9,5	10,7	39,1
2010	1,2	1,7	7,3	10,2	10,8	11,6	42,8
2011	1	1,7	7,1	10,1	10,7	11,4	42
2012	1,3	1,8	7,5	10,9	12	12,7	46,2
2013	1,3	2,1	7,7	12,4	14,2	14,9	52,6
2014	1,4	2,3	7,7	13	15,8	16,2	56,4
2015	1,4	2,3	7,4	17,4	16,6	13,6	58,7

Uma primeira constatação se impõe: o crescimento da população de milionários (usarei esse termo para caracterizá-los) mais do que dobra entre 2001-2015 (passa de 7,1 para 15,4 milhões) e é paralelo ao aumento do consumo de bens de luxo. Ou seja, existe um grupo suficientemente amplo de "indivíduos de riqueza" capaz de sustentar a expansão e a consolidação desse mercado. Sartre costumava dizer que "o luxo não designa uma qualidade do objeto possuído, mas uma qualidade da possessão";[5] em *O Ser e o Nada* ele procura diferenciar as noções de fazer e ter, neste sentido o luxo não seria uma essência, sua virtude nada teria de ontológica, encontra-se intrinsecamente vinculada à posse. Luxo e riqueza, embora distintos, não podem ser separados. A distribuição geográfica por países e a distribuição regional da

5 Jean Paul Sartre, *L'Être et le Néant*, Paris, Gallimard, 1943, p.623.

riqueza mostram ainda a importância de determinadas regiões: Ásia, América do Norte, Europa, as mesmas nas quais se concentra o mercado dos bens de luxo. Observa-se que o número de milionários na Ásia em 2015 ultrapassa o de outras regiões do mundo, e nisso o papel da China é decisivo. Os números sobre a distribuição da riqueza mostra que ela tem crescido ao longo dos anos (exceto durante o período da crise de 2008); passou de 28 trilhões de dólares em 2001 para 58,7 trilhões em 2015; e concentra-se atualmente nos países asiáticos. Por outro lado, se África, Oriente Médio e América Latina são regiões pouco expressivas em relação ao número total de milionários, no que diz respeito à América Latina, a concentração da riqueza não é nada negligenciável: 7,4 trilhões de dólares contra 13,6 da Europa e 2,3 do Oriente Médio. Uma segunda observação pode ser feita em relação a esses números. Lembro que a distribuição regional dos bens pessoais de luxo (capítulo I) é a seguinte: 2007: Europa: 38%, Américas: 34 %, Ásia 11%; 2016: Europa 33%, Américas 33%, Ásia 20%. Há portanto um movimento homólogo à evolução do número dos milionários. Na verdade, o crescimento não é resultado de um acréscimo significativo do consumo no interior da Europa ou dos Estados Unidos, ele se faz com a inclusão dos segmentos das classe superiores de outros países. A esfera do luxo e o mundo dos ricos partilham um terreno comum, seus membros pertencem a uma camada social privilegiada, a elas pode ser aplicada a máxima: "o luxo não se democratiza, globaliza-se" (François Pinault). A expansão realiza-se através da restrição, não da generalização do acesso. O World Report of Wealth 2016 nos permite ainda ter um quadro da distribuição dos High Net Wealth Individuals por países:[6] Estados Unidos 4.458 milhões; Japão 2.720 milhões;

6 Capgemini & Merril Lynch, *World Wealth Report*, 2016.

Alemanha 1.199 milhões; China 1.034 milhões; Reino Unido 553 mil; França 523 mil; Suiça 358 mil; Canadá 321 mil, Austrália 234 mil; Itália 229 mil; Holanda 204 mil; Índia 200 mil; Coréia do Sul 193 mil; Espanha 192 mil; Arábia Saudita 167 mil; Rússia 152 mil; Brasil 149 mil. Quatro países, Estados Unidos, Japão, Alemanha e China concentram 61,2% de milionários. Diversos estudos mostram que essa riqueza conhece ainda uma diversificação interna, existem milionários, multi-milionários e bilionários. Capgemini & Merril Lynch quantifica essa divisão em função dos investimentos de cada estrato: High Net Wealth Individuals: acima de 1 milhão de dólares; Intermediários (multi-milionários): de 5 à 30 milhões de dólares; Ultra High Net Wealth Individuals: acima de 30 milhões. Algumas agências produzem relatórios especificamente voltados para os bilionários (figuram na lista da Forbes: acima de 30 milhões). Pode-se neste caso observar, como no universo do luxo, a existência de uma concentração em poucas cidades:[7] Londres, Nova Iorque, Moscou, Hong Kong, Mumbai, Tóquio, Paris, Cidade do México, São Paulo, etc. Há portanto uma diferenciação dos recursos no interior de um mesmo segmento de "riqueza individual". Os dados para 2015 são os seguintes: milionários 90% do total; intermediários 9,0%; ultra-milionários 1,0%.[8] A metáfora e a imagem da pirâmide social é recorrente nesses textos produzidos pelas agências de classificação de riqueza e as empresas de luxo. No entanto elas são ao mesmo tempo reveladoras e elusivas. Reveladoras no sentido em que é possível diferenciar segmentos de mercados no interior de um mesmo grupo,

---

7 Ver Martin Prosperity Institute, "The Geography of the Global Super-Rich", Toronto, University of Toronto, 2016.

8 Capgemini & Merril Lynch, *World Wealth Report,* 2016.

por exemplo, os iates, devido a seu preço elevado, não são objetos de consumo dos milionários; os que se encontram no setor intermediário de riqueza tendem a alugar jatos privados embora não sejam proprietário desses aviões luxuosos; os milionários contentam-se com as linhas de artigos Hermès e Dior. Entretanto há algo de elusivo na imagem que os homens do mercado insistem em construir. Consideremos um desses relatórios referente aos ultra-ricos, ele nos apresenta a seguinte distribuição piramidal:[9] na base encontram-se os que possuem de 30 à 50 milhões de dólares; em seguida, caminhando-se em direção ao topo, temos uma sub-divisão por estratos: de 50 à 100 milhões, de 100 à 250 milhões, de 250 à 500 milhões, de 500 à 1 bilhão, por fim, no vértice, aqueles que acumulariam mais de 1 bilhão de dólares. Aparentemente a descrição é convincente mas basta fazermos um raciocínio do tipo prova por absurdo para darmos conta de sua fragilidade. Imaginemos que seja possível sub-dividir a pirâmide, recortar o seu interior em estratos ainda mais restritos. Esta operação seria multiplicada até que restasse no topo um único indivíduo, aí residiria o ideal da unicidade (reencontramos o tema visto anteriormente). Como diz uma dessas publicações de marketing: "Por definição, os bilionários são pessoas fora do ordinário e igualmente sua unicidade reflete-se em suas personalidades".[10] Revistas como *Forbes* exploram essa ilusão coletiva buscam incessantemente a essência do homem ou da mulher mais ricos do mundo. Michel Pinçon e Monique Pinçon-Charlot fazem uma observação inte-

9 World Ultra-Wealth Report 2017, *Applied Wealth Intelligence*, New York, Wealth-X PTE. Ltd, 2017.

10 Alessandro Quintavalle, "Über Luxury: for billionaires only" in Jonas Hoffmann e Ivan Coste-Manière, *The Global Luxury Trends*, London, Palgrave Macmillan, 2013, p. 55.

ressante a esse respeito.[11] Eles dizem que estatísticos e sociólogos, em seus estudos sobre a pobreza, procuraram definir um limite quantitativo a partir do qual ela seria apreendida; o problema é que para o mundo dos ricos a noção de mínimo e de máximo têm pouco sentido. Para entendê-lo importa delimitar um grupo de indivíduos, um coletivo no interior no qual a riqueza se exprime e se realiza. As fronteiras externas, no caso os milionários, como no universo do luxo, encolhem-se e dilatam-se, mas a integridade de seu interior permanece intacta.

Os estudos em questão nos mostram ainda uma exorbitante concentração da riqueza em escala global.[12] Indicam o aprofundamento da desigualdade e a disparidade existente entre os mais abastados e os outros estratos sociais. Oxfam considera que em 2015 apenas 62 indivíduos acumulavam uma riqueza equivalente à 3,6 bilhões de pessoas; entre 2010 e 2015 a riqueza desse grupo tinha crescido 45% enquanto que a dos mais pobres tinha diminuído de 38%; entre 1988-2011 do total do crescimento, 46% concentrava-se entre os 10% da população mundial.[13] A desigualdade distributiva em escala global repete-se em cada país. O "Relatório sobre as Desigualdades Mundiais 2018" confirma esse quadro as-

---

11 Michel Pinçon e Monique Pinçon-Charlot, *La Sociologie de la Bourgeoisie*, Paris, La Découverte, 2004.

12 Remeto o leitor a um texto que faz uma espécie de balanço da literatura especializada: S.Y. Koh, B.Wissink, R.Forrest, "Reconsidering the Super-Rich: variations, structural conditions and urban consequences" in Ian Hay e Jonathan Beaverstock, *Handbook on Wealth and the Super-Rich*, Cheltenham, Edward Elgar, 2016.

13 Dados in "An Economy for the 1%", Oxfam Briefing Paper, 18 January 2016.

sustador.[14] A parte dos 10% mais ricos em alguns países e regiões é a seguinte: Europa, 37%; China, 41%; Rússia, 46%; Estados Unidos, 47%; África Sub-Sahariana, 54%; Brasil, 55%; Índia, 55%; Oriente Médio, 61%. No que se refere ao aumento da riqueza, os 1% dos indivíduos mais ricos captaram 2 vezes mais o crescimento do que os 50% mais pobres, e 4 vezes mais do que as classes médias mundiais (particularmente dos países ocidentais). Há uma correlação nefasta entre concentração de riqueza e aumento da desigualdade. O Relatório 2018 traz um dado interessante, os países e regiões nos quais as desigualdades são acentuadas a concentração de riqueza é mais expressiva (Brasil, Índia, Oriente Médio). Nesses segmentos se concentra o consumo de bens de luxo, por exemplo, no Brasil 0,1% da população pode ser definida como milionária, segundo os critérios de Capgemini & Merril's Lynch.[15] Quadro que implica uma concentração do consumo. Os dados para os Estados Unidos são reveladores:[16] os 5% mais ricos representam 37% dos gastos em consumo, enquanto os 80% do restante da população apenas 39,5%. Tal concentração significa a capacidade de se criar mais riqueza conferindo a um pequeno grupo um poder desproporcional no panorama mundial. Daí um certo uso, a meu ver excessivo, do termo plutocracia, viveríamos uma "nova era dourada" (diz-se em inglês, *new guilded age*) na qual a concentração da riqueza seria incomparável com o final do século XIX, ou seja, momento em

14 Ver *Rapport sur les Innegalités Mondiales*, 2018.

15 Dados in *Revista Exame*, 20 de outubro 2015.

16 Dados in Ian Hay, "On plutonomy: economy, power and the wealthy few in the second Gilded Age", Ian Hay e Jonathan Beaverstock, *Handbook on Wealth and the Super-Rich*, op.cit.

que os Estados Unidos conheceram sua revolução industrial.[17] O capitalismo financeiro teria tomado uma dimensão única na qual a desigualdade predominaria e uma casta plutocrática (utiliza-se a metáfora dos 1% aplicada aos bilionários) teria tomado as rédeas do mundo. A imagem é impressionista, parcialmente válida, parcialmente falsa. De fato a disparidade de riqueza e poder é inegável, a expansão de corporações como Google, Microsoft, Amazon, Toyota, o atestam. Utilizando uma imagem usual, pode-se dizer que a globalização "desacorrentou" o capitalismo de suas amarras nacionais, as grandes corporações têm o mundo como cenário de atuação e o poder que acumulam torna-se cada vez maior.[18] No entanto, basta consultarmos os textos de Thomas Piketty para nos darmos conta que o aumento da desigualdade e a concentração da riqueza é um movimento contínuo ao longo do século XX, dificilmente ele poderia ser compreendido como uma espécie de "nova era" (estilo pós-moderna) superando a anterior.[19] A evolução da desigualdade de renda entre 1910-2010 conhece oscilações, acréscimos e diminuições, que escapam a esta perspectiva dicotômica de se apreender a história. Mesmo sua tese sobre

17 Trata-se de uma literatura escrita sobretudo em inglês, daí a insistência em se considerar a história dos Estados Unidos como marco para o entendimento da contemporaneidade; o impressionismo subjetivo e objetivo (os números) aparecem assim como sinônimo da realidade. Ver Chrystia Freeland, *Plutocrats: the rise of the new global rich and the fall of everyone else*, New York, The Penguin Press, 2012. Ou ainda um desses relatórios do Citigroup, "Plutonomy: buing luxury, explaining global imbalance", Citigroup, October 16, 2005.

18 Ver Stephen Haseler, *The Super-Rich: the unjust new world of global capitalism*, London, Palgrave MacMillan, 2000.

19 Thomas Piketty, *Le Capital au XXIe Siècle*, Paris, Seuil, 2013.

as forças divergentes em relação ao crescimento econômico não poderia ser inteiramente analisada dentro deste quadro, seu estudo demonstra que a taxa de rendimento do capital é maior do que a taxa de crescimento econômico, pelo menos desde o século XIX. O que significa que a riqueza de poucos pode ser re-investida num ciclo de crescimento que torna sua distribuição cada vez mais desigual.[20] Esta literatura nos ensina também que a fortuna possui formas distintas, há uma certa tendência em considerar as ações (stock market) como uma espécie de núcleo central do novo tipo de acumulação, o que estaria em compasso com a consolidação de um capitalismo financeiro. Basta ler os relatórios da Capgemini & Merrill Lynch para se dar conta da importância da dimensão financeira, os investimentos feitos em diversos tipos de "aplicações". Entretanto, há outras formas de riqueza, desde a herança, a transmissão do patrimônio de geração em geração, até à renda, como os altos salários dos executivos das grandes corporações.[21]

Um tema aproxima o universo do luxo ao mundo dos ricos, o dinheiro. Esta é uma dimensão hiperbólica do imaginário popular, revistas, programas de televisão, livros, vídeos no Youtube, são dedicados aos seres especiais que o possuem em excesso (empresários, celebridades, jogadores de futebol, reis, príncipes e princesas). Muitas publicações exploram a diferença entre "eles" e "nós", como se o universo fosse dividido em apenas duas classes sociais

20 Piketty expressa essa defasagem através de uma fórmula: $r > g$; na qual r representa a taxa de crescimento do capital e g a taxa de crescimento econômico.

21 Ver Marcelo Medeiros e Pedro HF Ferreira de Souza, "The rich, the affluents and the top incomes", *Current Sociology Review*, Vol.63, nº 6, 2015. Consultar, Philippe Steiner, *Les Rémunérations Obscènes*, Paris, Éditions La Découverte, 2011.

excludentes. As qualidades de cada uma dessas categorias seriam distintas e antagônicas:[22] "a classe média pensa que ser rico é um privilégio"/"os ricos pensam que é um direito"; "para a classe média dinheiro é complicado"/"para os ricos dinheiro é simples"; "a classe média pensa que dinheiro é negativo"/ "os ricos pensam que é positivo". Todas essas frases simples e diretas fazem parte de um arsenal de auto-ajuda cuja ilusão é ensinar ao grande público a arte de enriquecer (platitudes como: "os ricos não trabalham por dinheiro, o dinheiro trabalha para eles"). Para isso bastaria mudar nossos hábitos e ingressar no caminho da abundância almejada. Há inclusive um gênero literário, best-sellers traduzidos em diversos idiomas, especializado nessa camada de eleitos (*Asiáticos Loucos e Ricos*, *A Moça Rica da China*, *Problemas das Pessoas Ricas*, de Kevin Kwan). Mas como entender a questão do dinheiro? Inicio minha reflexão com um diálogo fictício entre dois grandes escritores. Em um de seus contos Fitzgerald coloca na boca de um personagem a seguinte frase, "os ricos são diferentes de eu e você", ao que Hemingway responde, "sim, eles têm mais dinheiro".[23] Seria a diferença uma decorrência exclusiva da posse desse ente mágico ou guardaria ela alguma especificidade? Os trabalhos de Pinçon e Pinçon-Charlot nos mostram que ser rico não se limita apenas ao dinheiro, os membros desse grupo privilegiado possuem um capital social específico (no sentido de Bourdieu); além do patrimônio material acumulam um "patrimônio simbólico", ou seja, uma rede de relações sociais privilegiadas que lhes

22 Ver Steve Sebold, *How Rich People Think*, London, London House, 2010.

23 O diálogo, geralmente citado nas discussões entre os críticos literários, é na verdade inexistente. As frases contrapostas têm origens distintas: de Fitzgerald, um conto de 1926, "Menino Rico"; de Hemingway, uma passagem de *As neves do Kilimanjaro*, de 1936.

permite exercer e aumentar a riqueza. Conexões que facilitam os negócios e lhes propicia oportunidades indisponíveis para outros grupos ou classes sociais. Há portanto um universo da riqueza, modo de vida que lhes confere uma posição dominante na sociedade. Um caso sugestivo, trabalhado pelos autores, refere-se àqueles que ganharam na loteria, da noite para o dia transformam-se em milionários.[24] Porém, entre a riqueza subitamente adquirida e o quotidiano que se abre, uma tensão se insinua: eles têm receio, sentem-se inseguros diante das situações de como utilizar o dinheiro, há disputas familiares, acham demasiados caros os objetos de luxo, parte de um mundo que lhes é inteiramente estranho. Por isso existe um serviço de ajuda a esses infelizes golpeados pela sorte, ensina-lhes como administrar o dinheiro, o banqueiro funciona como pedagogo, e enfrentar o stress psicológico inerente à nova condição. A mesma tensão vamos encontrar em relação ao universo do luxo. Vimos como muitas vezes os manuais de marketing querem nos convencer que o preço de um produto não determinaria o fato dele ser de luxo, o contrário seria verdadeiro. Há desta forma uma denegação da dimensão material da riqueza (em Paris, as caixas e os terminais de cartões são cuidadosamente dissimulados pela decoração da loja). Parece existir um certo mal estar em relação à sua ostentação, a denegação torna-se assim o mecanismo de ocultamento do abismo existente entre as classes sociais, o artifício semântico compensatório que o anularia.[25] O

24 Michel Pinçon e Monique Pinçon-Charlot, *Les Millionnaires de la Chance: rêve et réalité*, Paris, Payot, 2010.

25 Em Roma, o grupo Richmond inaugura uma nova boutique de jóias, Monica Belucci é a convidada especial. No quarto do hotel a atriz termina de se vestir diante das câmeras e exibe o maravilhoso colar a ser apresentado durante o evento. Um repórter pergunta-lhe então pelo preço,

universo do luxo definiria-se exclusivamente por suas qualidades intrínsecas, raridade, excepcionalidade, autenticidade, não por seu valor econômico.[26] Uma dessas autoras da esfera de business não hesita em dizer: "O luxo é a aceitação ou mesmo a reivindicação de um não-poder sobre o mundo: os materiais são raros ou delicados, jamais se controla completamente o tempo provável que se emprega para produzir uma obra ou um objeto... Em outras palavras o luxo supõe a recusa de que tudo seja controlável, calculável: o luxo é, portanto, uma recusa do "tudo é econômico"... Essa estética define-se como uma abordagem do universo sensível, isto é, dos sentidos, implicando uma visão de mundo e da relação de si com o mundo, capaz de comunicar uma emoção".[27] Ele se identificaria assim ao prazer e às manifestações artísticas. A dimensão "desinteressada" em relação aos objetos reforça a proximidade com o mundo da arte; a postura anti-econômica, a recusa do comercial, funciona como estratégia de acumulação de capital simbólico na qual a distância em relação às leis do mercado marca a idiossincrasia de todo um universo.[28]

incomodada, com um sorriso acanhado, ela diz preferir falar de outra coisa, a beleza da obra de arte. Ver "L'industrie de luxe ne connait pas de crise", Youtube.

26 Ver Michel Nicolau e Juliana Miraldi, "O turismo de luxo e a denegação social", texto inédito.

27 Elyette Roux, "Marca de luxo: legitimidade e identidade" in G.Lipovetsky e E. Roux, *O luxo eterno: da idade do sagrado ao tempo das marcas*, *op. cit.*, p.144-145.

28 Ver Pierre Bourdieu, "La production de la croyance: contribution à une économie des biens symboliques", *Actes de la Recherche en Sciences Sociales*, vol.13, nº 1, 1977.

Na verdade, luxo e preço são variáveis interligadas, embora não coincidentes. Como diz Danielle Allérès: "É uma inverdade dizer que algumas vezes um produto caro é um produto de luxo, mas é sempre verdadeiro dizer que um produto de luxo é um produto caro".[29] Neste sentido, o preço é uma dimensão de seu estatuto. O luxo é o oposto ao barato, tal aproximação seria indevida, um contra-senso em relação à sua raridade (diz-se no jargão empresarial: "o luxo não se compra a prazo"). Retomo o caso das bolsas Kelly. O modelo mais difundido, em couro preto, custa 3.400 euros; em couro de crocodilo 9.900 euros, mas uma peça única, feita em couro de crocodilo e ornada de diamantes, atinge o valor de 76.000 euros. São vários os exemplos: Prada: bolsa Bandoliera Noir: 920 euros; bolsa Galleria Safiano Noir: 1.850 euros; bolsa Bibliothèque Noir: 2.500 euros. Smartphones: Vertu, fabricado pela empresa européia Vertu, leva a assinatura da coleção Bentley, feito em titânio: 22.550 euros; Savelli Champagne Diamond: desenhado por Alessandro Savelli, tela à prova d'água fabricada em safira: 57.000 dólares; Princess Plus, obra do austríaco Peter Aloisson, ouro 18 quilates e 318 diamantes: 176.400 dólares. Relógios: Bulgari Diagono Chronograph, 16.900 dólares; Rolex GMT Master II, 33.250 dólares; Cartier Rotonde de Cartier Astrotourbillion, 116.195 dólares. Automóveis: Audi A4 Geração V: 60.260 euros; Mercedes McLaren SLR: 775.000 euros; Lamborghini Aventor: 7,5 milhões de dólares. A escala e variação de preços exprime a hierarquia no interior de um segmento de consumo: produtos inacessíveis, intermediários, acessíveis. Ou seja, revela a distância entre o "luxo verdadeiro" e suas declinações. O preço surge assim como um demarcador de fronteira. Por

29 Danielle Allérès *Stratégies.Marketing, op.cit.*, p.106-107.

isso na literatura especializada há uma profunda desconfiança em relação às liquidações. Como observam Kapferer e Bastien, elas existem, sobretudo no setor de moda e cosméticos, porém: "Os saldos estão em total oposição ao luxo, eles significam uma substantiva redução dos preços para o público e têm a intenção de vender o que não foi vendido e de vender os produtos mal acabados. O preço e o valor dos produtos de luxo deve aumentar ao longo do tempo, e não abruptamente cair".[30] Louis Vuitton prefere destruir suas bolsas de moda no final da estação do que vendê-las com desconto; a ação, aparentemente anti-econômica, visa justamente preservar a imagem da marca. Por outro lado, vimos como o mercado funciona segundo a lógica do efeito Veblen: "Em geral, uma marca de luxo deve continuamente aumentar seu preço médio: sua dinâmica não é a de aumentar o número de clientes através da redução do preço, o que desvalorizaria a marca, mas de aumentar o número de clientes que desejam pagar o acesso à marca".[31] O argumento está em consonância com a realidade do público-alvo que se quer atingir. Retomando o diálogo hipotético entre Fitzgerald e Hemingway talvez pudéssemos dizer, o dinheiro é a porta de entrada para um mundo diferente, mas a diferença encerra algo que lhe escapa. Invertendo a reflexão inicial deste capítulo eu diria, a materialidade a que me referia necessita dos espíritos para se legitimar.

O mundo dos ricos e o universo do luxo são simultaneamente transnacionais e restritos, transcendem as fronteiras locais e nacionais para se realizarem em lugares exíguos. Isso significa que eles entretém uma relação particular com o espaço. A trans-

30 Kapferer e Bastien, *Luxury Strategy*, *op.cit.*, p.189.

31 Idem p.180.

nacionalidade lhes dá a dimensão de expansão, mas a exigência de limites, a separação em relação aos outros, os aglutina em uma localidade específica. É como se ele se constituísse de pontos geograficamente descontínuos articulados à um mesmo conjunto, é preciso entender a lógica do conjunto para apreendê-los. Isso nos leva às ideias de singularidade e de insularidade consideradas anteriormente, ou seja, os pontos desta localidade. O mundo dos ricos é insular, tudo conspira para a manutenção das fronteiras, o espaço urbano no qual ele se insere é certamente uma das manifestações explícitas da necessidade de segregação.[32] Os condomínios fechados, com câmeras de televisão, muros altos e eletrificados, seguranças privados, são a expressão bem acabada do ideal de proteção e isolamento. Um estudo comparativo entre Paris, São Paulo e Deli é esclarecedor a esse respeito. Cada uma dessas cidades têm uma história, desafios e configurações sociais distintas. Em Paris há uma mescla maior dos diferentes estratos sociais na distribuição cartográfica urbana, os problemas de segurança existem, mas são de menor envergadura. São Paulo combina a existência de bairros abastados (Higienópolis, Jardins) e condomínios fechados (Alphaville); em Deli, devido à extensão da pobreza existente na Índia, a separação se faz através da existência de condomínios fechados ou de enclaves urbanos inspirados na morfologia da velha cidade colonial (onde britânicos e indianos viviam separados). Nessas duas últimas aglomerações a questão da segurança pública é delicada, com assaltos e violência frequentes. Viver em Deli não é o mesmo do que viver em Paris. Por isso a experiência desses grupos de fortuna é diferenciada, a visão que possuem de

32 Em São Paulo, o shopping Cidade Jardim, onde se concentram as lojas de luxo, foi projetado sem entrada para pedestres. Para ter acesso ao edifício o passante deve obrigatoriamente utilizar um carro ou um taxi.

si mesmo e dos outros é modelada pelo espaço que os circunda. Em São Paulo, para justificar a pobreza, utiliza-se com frequência o argumento da meritocracia; as políticas sociais seriam um desperdício, promoveriam apenas os que não merecem ascender. Em Deli a doutrina kármica faz parte da explicação: a miséria é a manifestação das aflições das vidas passadas. Entretanto, como sublinham os autores da pesquisa, apesar das diferenças, há um traço em comum: "Seja em Deli, São Paulo ou Paris, os ricos não dissimulam que habitar um bairro privilegiado é, antes de tudo, uma segurança de estarem rodeados por pessoas que são seus semelhantes, com as quais é possível partilhar as mesmas concepções de sociabilidade e urbanidade, os mesmos princípios educativos, as mesmas aspirações e interesses".[33] O mundo dos ricos não é um simples aglomerado de indivíduos, uma certa consciência de grupo os aproxima. Esta dimensão partilhada das aspirações, de uma moral, diria Durkheim, incrusta-se no território urbano, entrelaçando-o ao universo do luxo. Como dizem Pinçon e Pinçon-Charlot: "O luxo contribui para a afirmação e a internacionalização das classes dominantes. As vizinhanças chiques, lojas e hotéis de luxo, oferecem um sistema de suporte de vida que deixa pouco espaço às surpresas, construindo, como nos clubes das grandes cidades, um abrigo contra as vicissitudes da vida ordinária".[34] A familiaridade com a vizinhança traz um sentimento de bem estar e segurança, nela insere-se a experiência individual de cada um. Há pois um paralelismo entre a seletividade urbana dos espaços de luxo e a geografia das fortunas. Como sugerem os

33 S.Paugam, B.Cousin, C.Giorgetti, J.Naudet, *Ce Que Les Riches Pensent des Pauvres*, Paris, Seuil, 2017, p.219.

34 Michel Pinçon e Monique Pinçon-Charlot, *Grand Fortunes: dynasties of wealth in France*, New York, Algora, 1998, p.80.

dados estatísticos, ambos concentram-se em poucas cidades do planeta, e no interior delas, em bairros determinados. Entretanto, convergência não significa coincidência espacial, a distribuição urbana das lojas de luxo em Paris ou em Londres não se sobrepõe necessariamente ao mapa das moradias abastadas. Os ricos não vivem obrigatoriamente na Avenue Montaigne, Bond Street, nos quarteirões valorizados da 5ª Avenida em Manhattan ou na Rua Oscar Freire em São Paulo. Há um descompasso entre o lugar de moradia e os territórios de luxo, ou seja, uma descontinuidade, como tinha assinalado.

Esclareço meu argumento com um exemplo. Há diversos estudos estatísticos sobre a distribuição desigual das moradias e da renda. No caso do Reino Unido eles mostram um nítido desequilíbrio nacional no qual poucas regiões surgem como núcleos abastados, Londres é o vórtice de concentração da riqueza. No seu interior é possível recortar os segmentos de maior abundância, eles ocupam determinados bairros que se destacam dos lugares menos afortunados (Belgravia, Chelsea, Hampstead, Kensington).[35] Aí, em "Pikettyville", assim o denominam os autores, residem aqueles que desfrutam as vantagens do capital. Os estudos estatísticos são interessantes, entretanto, fornecem um quadro estático do se quer observar, os pontos são iluminados mas não a relação entre eles. Basta olhar o mapa de Londres para perceber que a concentração da riqueza é uma cartografia de pontos descontínuos; "Pikettyville" é o lugar imaginário que os aglutina. Neste caso, importa entender como as pessoas se locomo-

35 Niall Cunningham e Mike Savage, "The Secret Garden? Elite metropolitan geography in the contemporary UK", *The Sociological Review*, vol.63, 2015; R.Burrows, R.Webber, R.Atkinson, "Welcome to Pikettyville? Mapping London Alpha territory", *The Sociological Review*, vol.65, nº 6, 2017.

vem no seu interior. Rowland Atkinson observa que os ricos estão imersos em um espaço público no qual interagem com os outros, para isso é preciso uma negociação, isto é, uma acomodação ao território no qual obrigatoriamente encontram-se localizados todos os habitantes de Londres.[36] A co-habitação com outras camadas da população é uma condição, este é o constrangimento a ser superado. Cria-se desta forma circuitos específicos nos quais as virtudes de um universo à parte possam se realizar: restaurantes, museus, espetáculos de dança, lugares de consumo. A marca da diferença faz-se através dos deslocamentos no seio deste espaço no qual as insularidades estão inscritas, separadas e articuladas. São os circuitos que aproximam o universo do luxo ao mundo dos ricos, ligam o que se encontra geograficamente distante. A proximidade decorre da rede de relações resultante da superposição de fragmentos espaciais. Um contra-exemplo é esclarecedor: Ciudad del Este. Situada na tríplice fronteira entre Brasil, Argentina e Paraguai, trata-se de uma das maiores zonas franca de comércio do mundo (após Miami e Hong Kong), os baixos preços dos produtos atraem uma multidão de compradores e revendedores dos países vizinhos. Ciudad del Este representa o que Gustavo Lins Ribeiro denomina de globalização popular, um sistema de trocas globalizado incluindo não as grandes corporações mas o pequeno comércio das classes populares. Aí encontramos as mercadorias baratas e ultra-baratas produzidas geralmente em Guangdong, consolidando a rota comercial entre China-Paraguai-Brasil.[37] Ao

36 Ver Rowland Atkinson, "Limited Exposure: social concealment, mobility and engagement with public space by super-rich in London", *Environment and Planning A*, vol.48, nº 7, 2016.

37 Gustavo Lins Ribeiro, "A globalização popular e o sistema mundial não hegemônico", Revista Brasileira de Ciências Sociais", vol.25, nº 74, 2010.

visitar a cidade, vindo do lado brasileiro (Foz de Iguaçu), tem-se a impressão de um lugar caótico. Tudo se inicia na ponte sobre o rio Paraná, o tráfico intenso alonga a fila de carros, vans, ônibus, somente as moto-taxi furam o bloqueio de veículos estacionados. A cidade é um aglomerado no qual se superpõe intenções distintas, há uma multidão de pessoas reunidas em torno da meta comum: o comércio. Populares, motociclistas, turistas, sacoleiros, todos deslocam-se incessantemente nesse emaranhado urbano. Nas ruas estão as barracas, aí são expostas as imitações, o ultra-barato; feitas de lona, estão dispostas entre o vão da calçada e parte da rua, deixando pouco espaço para o tráfego dos veículos. Entre a entrada das lojas e o fundo das barracas forma-se um corredor estreito ao abrigo dos raios solares. Sombrio. As lojas são de diversas categorias: eletrônicos, sapatos, cosméticos, perfumes. É dentro deste contexto que alguns shopping-center dedicam-se à venda de mercadorias de luxo: Hermès, Lalique, Cristofle, Armani, Hugo Boss, Prada. Curioso, a oferta imensa de artigos representa justamente a denegação de sua aura, eles estão isolados, distantes do glamour original, compõem uma atmosfera estranha. Ciudad del Este não faz parte do circuito dos ricos, os frequentadores mais abastados integram uma classe média em busca de signos acessíveis de distinção social (o preço). O lugar é inóspito para as veleidades da vida de luxo, a contiguidade espacial impede a diferenciação de classe, é um entrave ao propósito de segregação. Isso significa que o universo do luxo não é propriamente um lugar de consumo. A noção de consumo implica a existência de um indivíduo que escolhe determinados objetos segundo suas inclinações,

---

Ver também Rosana Pinheiro-Machado, "China-Paraguai-Brasil: uma rota para pensar a economia informal", *Revista Brasileira de Ciências Sociais*, vol.23, nº 67, 2008.

seu mínimo Eu é o ponto de partida e de chegada. Entre a miríade de artigos disponíveis o consumidor é capaz de separar alguns e descartar outros. O que se desconhece é que os objetos, distantes de seus circuitos de legitimação, têm apenas um valor compensatório. Hermès, Lalique, Cristofle, Armani, Hugo Boss, Prada, são traços insignificantes quando separados de suas raízes.

Outro registro para se captar a ideia de insularidade é através das noções de segredo e de visibilidade. Este é um tema recorrente da imensa literatura popular existente. Vídeos: "Como ficar rico? O segredo dos ricos"; "O segredo dos ricos revelados"; "Os segredos da riqueza"; "Segredos que os ricos não querem que você saiba". Livros: "Os ultra-ricos e o segredo do patrimônio familiar;" "Dinheiro: qual o segredo das pessoas ricas"; "O segredo comum a todos os ricos"; "Dez locações secretas dos super-ricos"; "Segredo e medo dos super-ricos"; "O que os ricos sabem & e desesperadamente querem manter em segredo". O que esses textos e imagens revelam? Primeiro os objetos: carros, iates, casas espetaculares, obras de arte, mobílias, vestidos, relógios, cristais, jóias. Nos vídeos eles surgem em primeiro plano, dominam a cena com a sua presença, comprovam a veracidade do que se quer demonstrar.[38] Riqueza e luxo materializam-se em artigos expostos à visão, adquirem uma forma indubitavelmente concreta, o espectador os toca com os olhos. Segundo, um modo de vida: viagens à ilhas paradisíacas, compras em Monaco, passeios de automóvel, etc. Casas, barcos, jóias relógios, carros, estão em movimento, fazem parte de uma interação social intensa. Vê-se assim a rotina de mulheres frequentando lojas maravilhosas, a aquisição de um brinco de

38 Ver no Youtube programas como "Vidas de Luxo", Rede Globo de Televisão.

esmeralda ou de turmalina; uma viagem em primeira classe para Dubai, na qual um "chef aéreo" prepara os pratos para o cliente, nas cabines individuais, durante o vôo, o passageiro confortavelmente reclina sua poltrona-cama e tem acesso ao computador e à televisão alta definição. Os antropólogos sabem que a ideia de segredo requer a co-presença de dois mundos separados; os rituais de iniciação propiciam a passagem de um lado para o outro, do profano, que é público, explícito, ordinário, ao sagrado, que é recatado, implícito, voltado para si mesmo; operação que exige um intermediário capaz de estabelecer a comunicação entre compartimentos distintos. Objetos e modo de vida encontram-se ocultos é necessário um mediador para descobrir sua verdade; apenas ele é competente para transitar entre dois mundos e transmitir algo desconhecido, opaco ao discernimento dos que se encontram fora desse círculo. Livros e vídeos cumprem esse papel, trazem aos leigos o vestígio do que se encontra encoberto. Não é fortuito que a literatura acadêmica considere que um dos maiores obstáculos para se estudar as classes superiores seja justamente a existência de barreiras.[39] O pesquisador habituado a trabalhar com as classes populares sabe que sua entrada na esfera do popular é simples, na verdade, ele ocupa, inclusive, uma posição superior em relação aos entrevistados. O capital intelectual que desfruta lhe garante tal superioridade. As coisas são diferentes em relação ao mundo dos ricos no qual o pesquisador é um estranho e um incômodo, por isso deve ser controlado, passar por um processo de acolhimento

---

39 Há vários textos sobre as dificuldades de pesquisar o universo dos ricos. Remeto o leitor à tese de doutorado de Carolina Pulici, "O Charme (in) discreto do gosto burguês paulista: estudo sociológico da distinção social em São Paulo", São Paulo, Universidade de São Paulo, Departamento de Sociologia, 2010.

antes de adentrar seu interior. Van Gennep, ao cunhar o conceito de rito de passagem, sublinha a importância da ideia de porta, ela é a abertura que possibilita a comunicação entre blocos estanques. Porém, por serem estreitas, têm a função de vigiar a vazão entre os compartimentos; devem ser manipuladas com precaução e cuidado para não perturbar a ordem do ritual. O mundo dos ricos opera da maneira similar, suas portas são pequenas e retraídas, abrem-se ou fecham-se ao ritmo do que se quer ou não aceitar. Neste sentido ele é invisível, de uma certa maneira exprime a máxima de Coco Chanel: "o luxo é tudo aquilo que não se vê". Não se deve interpretar o aforismo de maneira literal, há sempre uma parcela descoberta desta opacidade. Como observa um especialista da área: "O luxo não é um prazer solitário. Para gozá-lo é preciso do outro. O valor de um objeto que possuímos se revela no olhar do outro. A beleza se exibe. Da mesma maneira que a arte, o luxo precisa ser visto. Isso mostra que o proprietário de um objeto de beleza faz parte de um clube fechado daqueles que também o possuem".[40] Mostra-se ao mesmo tempo em que se esconde, estamos diante de uma visibilidade seletiva.

Erving Goffman dedica um dos capítulos de "A Representação do Eu na Vida Cotidiana" à questão do segredo, nele a temática da invisibilidade é considerada. O que lhe interessa são as "não pessoas", isto é, aqueles deixados à margem da interação social; para não perturbar a ordem da interação, devem ser ignorados, tornar-se invisíveis. A literatura sobre pobreza evidencia este fato. Os pobres e mendigos que circulam nas grandes metrópoles são "não pessoas", sua presença real é sublimada no ideal da opacidade. Invisibilidade corresponde a

---

40 Jean-Noël Kapferer, entrevista ao jornal *Le Monde*, 5 octobre 2016, p.11.

um atributo negativo. No mundo dos ricos o sinal encontra-se trocado ela é o valor que exprime o afastamento em relação ao ordinário, restrição e segredo são cultivados como estratégia de separação. Esta é uma máxima levada a sério sobretudo em relação aos bens materiais e as operações financeiras, há uma série de mecanismos, legais e ilegais, de ocultamento da riqueza. Os paraísos fiscais são face visível da invisibilidade que se quer obter. A questão da visibilidade é um tema que se encontra vinculado geralmente à problemática das celebridades. Para se impor enquanto ícone de nossos tempos foi preciso um conjunto de transformações envolvendo as noções de indivíduo e espaço público, além do desenvolvimento dos meios de comunicação, dimensões que sociologicamente caracterizam a modernidade.[41] As celebridades condensam em si os traços de uma individualidade própria esta é a marca pela qual são reconhecidas. O estamento, a classe social, o pertencimento a um grupo, tornam-se secundários (mas não apagados) diante da presença da idiossincrasia pessoal. O reconhecimento por sua vez pressupõe a existência de pessoas que possam identificá-las como "íntimos estranhos",[42] próximos e distantes. O advento do indivíduo moderno, livre do peso da tradição, é uma condição necessária para a manifestação do fenômeno. Outro aspecto refere-se ao surgimento de uma esfera pública que propicia a algumas pessoas a condição de ser visível, este é um atributo decisivo na sua definição. A individualidade da pessoa célebre afirma-se no seio do espaço público, território de sua representatividade. Para transformar-se em algo reconhecí-

41 Consultar Renato Ortiz, "As celebridades como emblema sociológico", *Sociologia e Antropologia*, vol.6, nº 3, 2016.

42 Utilizo a expressão de Richard Schickel, *Intimate Strangers: the cult of celebrity in America*, New York, Doubleday, 1985.

vel o indivíduo não pode estar confinado à sua privacidade, deve projetar-se no terreno compartilhado pela opinião pública. Por fim, os meios de comunicação, eles conferem às celebridades o caráter de ubiquidade. Chris Rojek, ao diferenciar a noção de celebridade de renome, chama a atenção para este aspecto.[43] O renome seria uma distinção social dentro de um grupo limitado de pessoas; a fama estaria circunscrita a um campo com fronteiras bem delineadas. Em contrapartida a celebridade teria como pré-condição a superação da distância social, o fato de transcender o horizonte dos grupos e agrupamentos particulares. Ubiquidade que exige sua materialização através de meios técnicos adequados, fotografia, cinema, publicidade, televisão, internet, são eles que veiculam a imagem para "todos os lugares". Nathalie Heinich desenvolve o tema dentro de um perspectiva interessante quando retoma os conceitos de Pierre Bourdieu para definir a visibilidade como um capital simbólico. Ela diz: "a visibilidade é um valor que pode ser considerado endógeno ou auto-engendrado; são os meios tecnológicos que exibem a visibilidade que, ao mesmo tempo, fabricam e entretém o capital de visibilidade por um movimento circular, ou melhor dizendo, espiral".[44] A definição contempla, por um lado, a importância dos meios tecnológicos de comunicação, sem eles os conceitos de celebridade e de visibilidade estariam comprometidos. Mas ela vai além, propõe que o capital de ser visível torna-se um valor mais amplo constituindo uma espécie de parâmetro para a sociedade como todo. Haveria desta forma uma hierarquia que se organizaria a partir de uma

43 Chris Rojek, *Celebrity*, London, Reaktion Books, 2011.

44 Nathalie Heinich, *De la Visibilité: excellence et singularité em régime médiatique*, Paris, Gallimard, 2012, p.134.

maior ou menor acumulação deste capital, o que diferenciaria os participantes deste mundo célebre, políticos, estrelas de cinema, esportistas, vedetes de televisão. Não tenho dúvidas que em termos genéricos a ideia de visibilidade adquiriu um status que antes desconhecia, por isso transformou-se numa espécie de emblema da contemporaneidade. Ou como diz Daniel Boorstin, "a celebridade é uma pessoa conhecida pelo fato de ser bastante conhecida".[45] A tautologia contida na frase é eloquente, desloca nossas expectativas das qualidades intrínsecas à reputação de alguém para o sistema de construção do reconhecimento fundado na circulação de sua imagem. Este é o traço essencial, a circulação da imagem no espaço público. Entretanto, o que é válido para a apreensão de traços genéricos da contemporaneidade, aplica-se mal ao mundo dos ricos e ao universo do luxo. O bilionário da revista *Forbes* não se legitima através de sua visibilidade, esse não é o capital relevante, pelo contrário, sua imagem atesta a existência de um mundo ao qual poucos têm acesso. Claro, os meios de comunicação trazem sempre uma representação pública desses seres longínquos (nas revistas e vídeos é possível vê-los, apenas vê-los), mas os objetos e modo de vida, são inacessíveis, e, mais importante para minha argumentação, não são necessariamente valorizados em função do capital de ser visível. Dificilmente a visibilidade suplantaria os atributos da raridade e da excepcionalidade. Como no universo do luxo, no mundo dos ricos é preciso existir um controle, o visível encontra-se presente, desde que permaneça dentro de limites aceitáveis, as virtudes encontram-se do lado da restrição, este é o "segredo".

---

45 Daniel Boorstin, "From hero to celebrity: the human pseudo-events" in *The Image: or what happened to the American dream*, New York, Atheneum, 1961, p.57.

Dizer que o mundo dos ricos e o universo do luxo são simultaneamente transnacionais e restritos implica em articular aspectos diversos, porém, um obstáculo se impõe, a distância, é preciso ultrapassá-la para aproximar os elos afastados. Vários estudos mostram que as elites nacionais tem a necessidade de reproduzir o padrão de dominação para manter sua posição de autoridade. O poder não se resume ao simples dado econômico, ele requer um capital específico para assegurar tal legitimidade. A "distinção" é a expressão simbólica que corresponde à posição de classe dos grupos a que se referem. Neste sentido, os jantares, os vernissages, ir ao teatro, jogar golfe, participar de leilões de automóveis raros, frequentar determinados clubes, não são meras atividades de lazer, trata-se de um trabalho árduo de consolidação e de reprodução social. Os membros deste grupo seleto participam de um espaço comum, um circuito no qual os pares se reconhecem.

As elites possuem ainda uma vocação internacionalista, têm propriedades secundárias no exterior, viajam com frequência, e muitas vezes seus negócios e ambições transbordam as fronteiras de seus países. Anne-Catherine Wagner nos mostra como a viagem desempenhou no passado um papel importante na sua formação. No caso da França, a tradição da "grande viagem", o fato das famílias abastadas enviarem seus filhos para o exterior, constituía um mecanismo generalizado de ampliação dos laços que favoreciam suas atividades econômicas e financeiras. Mas não é apenas a preocupação de ordem material que conta: "As viagens são também momentos constitutivos da formação dos herdeiros: saber se distanciar em relação a sua posição e ao seu papel, jogar com os vários tipos de pertencimentos, ser capaz de desempenhar funções variadas, faz parte de um conhecimento que preparam para o distanciamento das múltiplas ocupações nos diferentes campos de poder. Essas disposições são importantes para a acumulação de um capital internacional que consiste em controlar os deslocamentos entre lugares diferentes".[46] A situação de globalização expande esses circuitos, recoloca essa experiência dentro de uma espacialidade mais dilatada. Entretanto, a natureza da modernidade-mundo é distinta da nacional, ela incide sobre a própria noção de espaço (desenvolverei o tema mais adiante). Dito de outra maneira, não se viaja mais para o "exterior", o deslocamento se faz "dentro" de um espaço transnacional idiossincrático; o universo do luxo contribui para a consolidação da solidariedade (diria Durkheim) no seu interior, ele dá solidez a seus fundamentos. O depoimento de um desses executivos globais é elucidativo: "Uma pessoa na África que dirige um grande banco, e que frequentou a Harvard Business School, tem muito mais em comum comigo do que com os seus vizinhos, e eu tenho mais em comum com ele do que com meus vizinhos. Beijing poder ser muito parecido com Nova Iorque. Você vê as mesmas pessoas, come nos mesmos restaurantes, pernoita nos mesmos hotéis".[47] A distância geográfica é grande mas o modo de vida aproxima. Outro exemplo: os cavalos de raça.[48] Existe atualmente uma indústria global que se ocupa desses animais, eles são criados em diversos lugares do planeta e mobilizam grandes somas de dinheiro. Seus proprietários, detém o controle do sêmen necessário para a reprodução das espécies, reúnem-se em feiras especializadas e eventos como as corridas; aí

---

46 Anne-Catherine Wagner, "La place du voyage dans la formation des élites", *Actes de la Recherche en Sciences Sociales*, vol.5, nº 170, 2007, p.65.

47 Citação in *Plutocrats: the rise o the new rich and the fall of everyone eles*, op.cit., p.114.

48 Ver Phil McManus, "The sport of kings, queens, sheiks and the super-rich: throughbred breeding and racing as leisure for the super-rich" in *Elite Mobiities*, op.cit.

se fazem os negócios e celebra-se os vínculos em comum. Longe de ser uma espécie de consumo conspícuo, como pensava Veblen, uma atividade fútil, nos deparamos com um mecanismo de reforço da memória coletiva de classe.

Porém, para que as pessoas se encontrem na imensidão do mundo, é preciso que as distâncias sejam "anuladas", ou melhor, percorridas dentro de um lapso de tempo aceitável para tal deslocamento. Mobilidade e velocidade tornam-se assim elementos cruciais de uma maneira de ser. Bauman capta este aspecto da contemporaneidade de maneira sugestiva: "A extensão ao longo do qual os da classe "alta" e os da classe "baixa" se situam numa sociedade de consumo é o seu grau de mobilidade, sua liberdade de escolher onde estar. Uma diferença entre os da alta e os da baixa é que aqueles podem deixar estes para trás e não o contrário".[49] Articula-se desta forma espaço e tempo como mecanismos de hierarquização social. A velocidade do deslocamento "deixaria para trás" os mais lentos; a mobilidade transforma-se em recurso acessado de maneira diferente e desigual pelos indivíduos. Como pondera Tim Cresswell: "A velocidade de uma pessoa é a lentidão de outra. Alguns se movem de tal maneira que os outros permanecem fixos no lugar".[50] O desenvolvimento dos meios técnicos acelera a mobilidade em escala local e global: sistema de transporte urbano, ferrovias, vias marítimas. É o caso do desenvolvimento da aviação privada, seu crescimento é vertiginoso nas últimas décadas (o Brasil é segun-

49 Zigmunt Bauman, *Globalização: as consequências humanas*, Rio de Janeiro, Zahar, 1999, p.95.

50 Tim Cresswell, "Towards a politics of mobility", *Environment and Planning D: Society and Space*, vol.28, 2010, p.21.

do mercado mundial de aeronaves).[51] Isso propicia às pessoas um tipo de "vida móvel", suas experiências são marcadas pelos deslocamentos constantes no interior de um sistema material que lhes dá sustentação. Anthony Elliot e John Urry fazem um diagnóstico interessante a esse respeito: "Movimento - inexorável, incansável, moroso - tornou-se o grau zero das sociedades contemporâneas, e desta forma o índice e o meio através do qual as relações sociais são organizadas (da migração forçada ao turismo global de luxo). Não é tanto porque mais pessoas hoje viajam mais rápido e mais longe do que nas épocas passadas, o que é certamente o caso, mas sobretudo pelo fato de que elas voluntariamente viajam sem um fim específico, o que lhes confere prestígio, poder e status... A vida que se deseja não se resume à posse e ao dinheiro; trata-se de movimento, a capacidade de escapar, estar em algum lugar, particularmente um lugar distinto do habitual. Hoje a mobilidade do status significa uma relação com poder e prazer".[52] Mobilidade torna-se um imperativo de nossa época, e sua divisão em estratos representaria um novo tipo de relação de poder. Por isso alguns autores falam em "classes móveis", referindo-se àqueles que possuiriam maior capacidade de movimentação; ou consideram a mobilidade uma espécie de capital cultural, valor e sinal de distinção.[53] O mundo dos ricos maximiza este aspecto, utilizando uma imagem de Bauman eu diria, "as elites viajam no espaço e mais rápido no tempo". O que

51 Ver Lucy Budd, "Aeromobile Elites: private business aviation and the global economy" in *Elite Mobilities*, op.cit.

52 Anthony Elliot e John Urry, *Mobile Lives*, London, Routledge, 2010, p.80

53 Jean Ollivro, "Les classes mobiles", *L'Information Géographique*, vol.69, nº 3, 2005; Anne-Catherine Wagner, "Le jeu de la mobilité et l'autochtonoNie au sein des classes supérieures", *Regards Sociologiques*, nº 40, 2010.

se encontra longínquo se aproxima. É o caso do turismo de luxo.[54] Diferentemente do turismo de massa, ele não necessita de grandes investimentos em infra-estrutura, qualquer lugar do planeta, desde que seja capaz de oferecer serviços de luxo, pode ser alcançado por meios de transportes privados (aviões ou barcos). Se para o turismo de massa a distância é um obstáculo a ser vencido, isso é secundário para o universo do luxo. Ao que parece a máxima aplica-se ao domínio da economia. Alguns estudos mostram que o surgimento dos países emergentes no mercado mundial aumentou a demanda por bens mais sofisticados, mas a comparação com a exportação dos produtos ordinários indica que a distância é um entrave para esses últimos, não para os primeiros.[55] Os produtos de luxo viajam para mais longe.

Mas seria a mobilidade sinal indubitável de hierarquização? Vincent Kauffmann é cético a esse respeito. Ele parte do princípio que é insuficiente considerar apenas a existência de um sistema técnico conferindo mobilidade às pessoas. Não se trata de negar as profundas transformações que atingem o sistema de transporte em escala mundial; tampouco a ideia dos indivíduos movimentarem-se em círculos diferentes, ou seja, nem todos possuem a mesma possibilidade de escolha. No entanto ele vê, nas análises deste tipo, um certo reducionismo ao aproximar, sem mediação, os meios técnicos às aspirações pessoais. Haveria assim uma con-

54 Dizem os especialistas, o que muda é a duração da estadia. Se a distância é grande a tendência é que a estadia seja mais longa, o inverso é verdadeiro quando as distâncias são menores. Ver Sopheap Teng, "Le luxe dans le champ du tourisme", *Études Caribéennes*, 30 avril 2015.

55 Ver Julien Martin e Florian Mayneris, "High-End Variety Exporters Defying Distance: micro facts and microeconomics implications", Paris School of Economics, *Working Paper* nº 35, October 2013.

fusão entre mobilidade e deslocamento, a velocidade conferida pelos meios se identificaria ao próprio deslocamento. Para evitar mal entendidos ele propõe a noção de motilidade: "maneira pela qual um indivíduo ou um grupo, faz uso e apropria-se do campo de possibilidades em matéria de mobilidade".[56] A motilidade ancora-se na utilização que as pessoas fazem dos meios técnicos disponíveis, ela seria algo em potencial, existiria inclusive em posição estática. A multiplicação dos possíveis é que introduziria a diferença onde antes não existia. A ideia é interessante. Aplicando-a ao mundo dos ricos poderíamos compreender o uso dos meios em função da disposição de riqueza dos segmentos que o empregam.[57] Retomando as categorias de Capgemini & Merrill Lynch teríamos o seguinte quadro: milionários: viagens de classe executiva nas companhias aéreas, carros de prestígio, utilização de chofer; intermediários: viagem de primeira classe nos vôos regulares, aluguel de aviões e iates, carros de luxo; bilionários: posse de aviões, iates e helicópteros. A distribuição assimétrica das formas de locomoção marcaria a potencialidade em se distinguir de uns e de outros. Porém, para apreendermos a lógica do mundo dos ricos é preciso dar um passo adiante, mobilidade e motilidade são pertinentes quando articulam espaços qualitativamente semelhantes. É necessário que a viagem se faça através dos lugares de luxo, são eles que determinam as virtudes do deslocamento, distância e a velocidade são elementos relativos. Um estudo de cunho etnológico sobre o percurso dos iates no Mediterrâneo (Monaco)

---

56 Vincent Kauffmann, "Mobilités et Reversibilités: vers des sociétés plus fluides?", *Cahiers Internationaux de Sociologie*, vol.1, nº 118, 2005, p.126.

57 Ver Jonathan Beaverstock e James R. Fauconbridge, "Wealth segmentation and the mobilities of the super-rich" in *Elite Mobilities*, op.cit.

mostra como seu circuito não é aleatório, pelo contrário, viaja-se para determinados pontos, geralmente acessíveis apenas por barcos.[58] O trajeto escolhido pela tripulação é qualificado, privilegia os embarcadouros com maior reputação, com bares e restaurantes "descolados" associados ao gosto e exigência de status do grupo. A singularidade do universo do luxo deve se sobrepor à espacialidade do mundo dos ricos, sua "qualidade superior" é a virtude que adensa um modo de vida. É comum encontrar na literatura dedicada ao luxo a ideia de excesso, diversos textos sublinham sua manifestação. A crítica focaliza aquilo que ultrapassa, é superlativo, exuberante, como o edifício Burj Al Arab em Dubai, que abriga hotéis magníficos e lojas Gucci, Armani, Cartier.[59] Creio, no entanto, que este tipo de perspectiva (tem o mérito de realçar a concentração da riqueza em poucas mãos) apenas tangencia o problema. O excesso não é o ponto capital. Sombart costumava fazer uma distinção entre luxo quantitativo e qualitativo. O primeiro se caracterizaria pelo excesso, por exemplo, usar cem criados no lugar de um; mas é o segundo tipo que lhe chama a atenção, o consumo de bens de uma "classe melhor", objetos valiosos e refinados. Na verdade, é o qualitativo que importa, aí reside sua identidade. Neste sentido o universo do luxo constitui um "lugar", no sentido em que Marc Augé utiliza o termo.[60] Ele observa que todo lugar caracteriza-se por sua identidade, delimita um espa-

58 Emma Spence, "Unraveling the politics of the super-rich mobility: a study of crew and guest on board luxury yachts", *Mobilities*, vol.9, nº 3, 2014.

59 Remeto o leitor a um livro interessante: Mike Davis e Daniel B.Monk (ed.) *Evil Paradises: dreamsworlds of neoliberalism*, New York, The New Press, 2007.

60 Marc Augé, *Non-Lieux: introduction à une anthropologie de la surmodernité*, Paris, Seuil, 1992.

ço no qual os indivíduos plantam raízes. Há portanto margens, limites: as casas, os bairros, as praças públicas. As bordas desse espaço lhe confere uma estabilidade mínima, solidifica os parâmetros para a apreensão dos outros. Mas não se deve reduzi-lo à sua dimensão geográfica, esta apenas desenha o contorno no qual articulam-se as relações entre seus habitantes. O lugar é um território de produção de sentido coletivo. Um exemplo, a cidade flutuante "The World". Um transatlântico de seis andares abriga a residência secundária de um grupo exclusivo de pessoas. Durante três a quatro meses elas desfrutam de suas regalias: piscina, quadra de tênis, spa, academia de ginástica, restaurantes (entre eles um de alta gastronomia), aulas de cultura geral, de mergulho, degustação de vinho. Cada família é proprietária de um studio ou de um apartamento de dois a três quartos, num total de 165 residências no navio; a população aí reunida, entre residentes e hóspedes, não ultrapassa 250 pessoas. Quarto e salas são decorados com esmero, a mobília e os quadros na parede são sinais inequívocos de "bom gosto", nos banheiros está disponível uma linha de produtos Bulgari para banho e cuidados do corpo. Todos são companheiros de viagem, comunidade na qual a rota do percurso é definida de antemão através do voto dos membros desse clube ímpar. The World é um "lugar", condensa as belas coisas de um "mundo", uma ilha que desliza lentamente no oceano, santuário ao abrigo dos inconvenientes alienígenas. Nele, as distâncias foram abolidas e a mobilidade é reduzida ao mínimo necessário.

Mobilidade e distância nos remetem a um outro tema, o cosmopolitismo. Não é minha intenção adentrar este debate, ele é rico e controverso, mas afastaria-me do tema central deste livro. Quero apenas sublinhar, é possível apontar pelo menos duas vertentes interpretativas no que lhe diz respeito. A primeira é de ordem filosófica e política. A dimensão cosmopolita associa-se à ideia de universal, particularmente entre os filósofos (Kant), ou a um conjunto de valores morais que serviriam de guia para a ação; ela nos retira do âmbito exclusivo das determinações particulares. Na situação de globalização o cosmopolitismo adquire uma configuração específica, e vários autores sublinham a necessidade de se cultivar uma perspectiva transnacional como forma de escapar ao nacionalismo exacerbado. Diante dos conflitos internos e externos de cada país, valoriza-se uma visão capaz de transcender os dilemas do "particularismo". É o caso de algumas propostas ético-políticas como o "Manifesto Cosmopolita" de Ulrich Beck, ou o "Manifesto Convivialista", lançado por intelectuais de diversas partes do mundo. Entretanto, outra concepção de cosmopolitismo é possível, eu diria, mais sociológica, que articula a "quebra das fronteiras" à sua manifestação. Neste sentido, alguns autores consideram a mobilidade um fator determinante de sua definição. Mobilidade de objetos e pessoas mas também de imagens que circulam globalmente no mundo do consumo (Coca-Cola, etc.), ou de lugares facilmente reconhecíveis (estampados nas publicidades das agências de turismo) capazes de despertar nos indivíduos o desejo de uma viagem real ou virtual. Bronislaw Szerszinsky e John Urry pensam que existiriam "culturas cosmopolitas" particulares ao deslocamento dos indivíduos, elas lhes confeririam uma mentalidade aberta distinta das exigências provincianas.[61] O processo de desterritorialização teria liberado o peso das raízes geográficas e a condição transnacional integraria o movimento de superação da distância, faria parte das estruturas da situação

61 Bronislaw Szerzinsky e John Urry, "Cultures of cosmopolitanism", *The Sociological Review*, vol.50. Nº 4, 2002.

de globalização.[62] Projetado na esfera dos ricos, o argumento se fortalece, afinal seus personagens são móveis e rápidos; de uma certa maneira poderíamos dizer que ela realiza as virtudes desse cosmopolitismo sociológico. Vejamos a descrição que o Financial Times faz de suas qualidades: "Enquanto a maioria das pessoas colocam trancas nas portas, um grupo mundial da elite, formado por super-ricos "sem Estado", está florescendo, transcendendo as fronteiras geográficas e adquirindo propriedades nas grandes cidades do globo terrestre. Sem nenhum vínculo com algum país específico, esses indivíduos têm uma vida nômade, movendo-se em função das estações do ano. A escolha de onde viver baseia-se no clima, na educação das crianças, na isenção das taxas, ou no grupo de amigos com os quais almoçam em qualquer dia do ano".[63] Imagem idealizada, realça a transgressão das fronteiras (os ricos têm seu dinheiro *off-shore*, fora das margens nacionais), as aventuras de uma vida nômade e prazeirosa na qual a rapidez é preliminar para desfrutar suas oportunidades. Sintomaticamente, o mesmo tipo de apreciação pode ser encontrado em escritos acadêmicos, constituindo uma espécie de senso comum partilhado. Jonathan Beaverstock caracteriza os "super-ricos" da seguinte maneira: "Coletivamente eles partilham os traços de transnacionalismo e de cosmopolitismo, possuem um estilo de vida rápido e mó-

62 O fenômeno da globalização adquire colorações diferentes quando observado de lugares distintos. Quando trabalhei o tema em meu livro *Mundialização e Cultura*, procurei compreendê-lo, no que se refere ao consumo, como a emergência de uma cultura "internacional-popular". Tive o cuidado em distinguir globalização de universalização. Curiosamente, uma certa literatura britânica e norte-americana irá justamente aproximá-lo à problemática do cosmopolitismo.

63 "Stateless and the super-rich", *Financial Times*, April 28, 2012.

vel, deslocando-se em circuitos exclusivos nos quais se entretém as relações sociais e capitalistas".[64] Um autor como Terry Eagleton não hesita em dizer: "os ricos têm mobilidade, os pobres localidade... os ricos são globais, os pobres locais".[65] Haveria assim uma convergência entre mobilidade e cosmopolitismo, traço idiossincrático das elites globais. Os trabalhos de Pinçon e Pinçon-Charlot sobre a burguesia francesa reforçam esta perspectiva.[66] Ela seria marcada por um "cosmopolitismo notável" manifestando-se nas viagens ao exterior (estações de esqui, cidades termais, práticas de esportes náuticos), nas residências secundárias fora do país, e no hábito de enviar seus filhos estudar em escolas internacionais (Suiça). Ser cosmopolita opõe-se ao que se restringe à esfera local, domínio das nações e das regiões; ultrapassar tal restrição seria o equivalente à realização de uma virtude maior.

Creio, no entanto, que este tipo de aproximação é enganosa, revela apenas a aparência das coisas. Esclareço meu raciocínio. Durkheim, em seu livro "As formas elementares da vida religiosa", diz que a categoria espaço nada tem de universal, contrariamente aos filósofos, em particular Kant, ele a considera como uma representação social. A reflexão é sugestiva porque transcende o objeto específico de sua análise, os aborígenes da Austrália. Ao dizer que a noção de espaço é construída socialmente inaugura-se uma linhagem de pensamento que busca compreendê-lo na sua relação material e simbólica com o entorno no qual se encontra

64 Jonathan Beaverstock, "The Privileged World City: private banking, wealth management and the bespoke servicing of the global super-rich" in Ben Derudden ali (ed.) *International Handbook of Globalization an World Cities*, Chatelnham (Reino Unido), Edward Elgar, 2012, p.379.

65 Terry Eagleton, *After Theory*, London, Penguin Books, 2004, p.22.

66 Ver *Grand Fortunes: dynasties of wealth in France* op.cit.

(por exemplo: o conceito de espaço no mundo grego, na Idade Média, em determinados grupos indígenas). Tomando sua proposta a sério posso perguntar: o que muda na situação de globalização? Em que medida as transformações em curso incidem na sua própria definição? A associação entre mobilidade e cosmopolitismo fundamenta-se em uma premissa, a existência de fronteiras bem delineadas e, posteriormente, sua transposição. Retomo um exemplo simples, digamos, clássico, da literatura sociológica. Robert Merton, em um pequeno texto, trata-se do estudo preliminar de uma comunidade norte-americana (Rovere: 11.000 habitantes), quer entender como se dá as relações de influência na interação entre os seus membros.[67] Ele distingue assim entre os locais e os cosmopolitas. Os primeiros tem pouco interesse pela grande sociedade (os Estados Unidos), contentam-se com vida quotidiana a seu alcance; os outros, são consideravelmente orientados pelo que ocorre fora dela. Os cosmopolitas são móveis, os locais fixos no espaço ao qual pertencem; a rede de relações pessoais é também distinta, os cosmopolitas interagem frequentemente com pessoas estranhas ao povoado, são leitores de jornais e revistas, privilegiando as informações de âmbito exterior. O mesmo tipo de argumento encontramos nos textos dedicados à globalização, e particularmente aos "super-ricos". Basicamente eles dizem: as fronteiras nacionais não mais circunscrevem seus interesses sendo incessantemente ultrapassadas em escala global. O problema é que o processo de globalização implica em mu-

67 Robert Merton, "Patterns of Influence: locals and cosmopolitans influentials" in Robert Merton, *Social Theory and Social Structure*, New York, The Free Press, 1957.

danças das categorias espaciais.[68] Um primeiro aspecto refere-se à ideia de viagem. O viajante é alguém que saí de sua casa, isto é de um ambiente familiar, deslocando-se para um ponto que lhe é desconhecido. Durante o percurso ele permanece suspenso entre dois referenciais distintos, vê a si mesmo e o outro. A viagem é um deslocamento no espaço e o viajante o intermediário que coloca em comunicação espacialidades díspares. Por isso os românticos a valorizavam, ela constituía um mecanismo de "sair de si mesmo" e conhecer "terras estrangeiras". Ora, na situação de globalização, com as transformações tecnológicas, o espaço adquire outra qualidade. A desterritorialização modifica nossos conceitos de próximo e afastado, o desconhecido, no passado sinônimo de distante, torna-se banal, ordinário. A modernidade-mundo possui sua própria mobília, seus artefatos confortam os indivíduos em qualquer lugar do planeta; quando nela nos movemos permanecemos no seu interior. A sensação de estranhamento é substituída pela familiaridade: hotéis, refeições continentais, lojas de departamento, vitrines repletas de mercadorias, cartões de crédito. A expressão "viajar para o exterior" encontra-se desta forma comprometida. Outro aspecto refere-se ao local. Esquece-se que a desterritoralização se concretiza quando enraizada em lugares concretos, a nação ou outra província qualquer. Isso significa que o espaço físico no qual habitam as pessoas é atravessado por forças distintas, locais, nacionais e globais. Tradicionalmente o local era pensado como um mundo seguro, com limites claros desenhando sua própria identidade; cada localidade geográfica conteria uma especificidade. Admitir que o espaço no qual circulam as pessoas é atra-

68 Retomo a análise que desenvolvi de maneira mais detalhada em "A viagem o popular e o outro" e "Espaço e Territorialidade" in *Um Outro Território*, São Paulo, Olho d'Água, 1996.

vessado por forças diversas implica em rever tal perspectiva. O lugar é o resultado do atravessamento dessas forças. Neste sentido, o local ou o nacional não se contrapõe ao global, pelo contrário, neles inserem-se as marcas da globalização, elas não se encontram "lá fora", fazem parte do dia a dia. Posso agora retornar o fio de minha argumentação. O deslocamento propiciado pelos jatos privados, iates, ou qualquer outro tipo de locomoção, não implica necessariamente que essas pessoas "viajaram", deixaram suas residências para ir "para fora", pelo contrário, eu diria que deslocaram-se no interior do lugar que lhes apetece. Neste sentido, nos deparamos no pólo oposto ao cosmopolitismo, transnacionalidade e restrição significa: ser globalmente provinciano. O oximoro é a figura de linguagem que capta os sentidos opostos unidos numa síntese que se faz compreensível. O global é provinciano porque, malgrado sua expansão planetária, resume-se a uma localidade ciosa de suas margens. A discussão sobre a globalização enfrentou diversos falsos problemas, um deles, o fim das fronteiras. A pujança tecnológica dos meios de comunicação induzia a uma certa ilusão de sua anulação; entretanto, esquece-se que este processo erige novas fronteiras, além de quebrar e redefinir as antigas. As linhas de demarcação permanecem mas adquirem outras feições.

O universo do luxo é povoado por serviços de qualidade excepcionais, raridade e autenticidade estabelecem o contraste com o que é ordinário. Alguns exemplos o atestam: o cliente de um grande hotel ao reservar uma limusine, pode fazer o check-in durante o trajeto para a estação de trem ou o aeroporto; um automóvel esporte (Maserati Coupé) ou um Bentley, com chofer, fica à disposição daqueles que reservaram uma suíte real. Coisas mais simples estão também à disposição: a camisa passada para ser usada ainda quente; a roupa lavada com produtos especiais; o aluguel de um carro. É possível ainda contar com os serviços de um mordomo. No quarto ele desfaz as malas, arruma as peças nos armários, em caso de necessidade lava e passa o que está amassado, se for desejo do hóspede prepara um banho de imersão; realiza ainda atividades externas, faz reservas para o teatro, ópera, restaurantes, compras nas floriculturas. Rachel Sherman observa que tudo em um hotel de luxo é preparado para que o visitante não faça nenhum trabalho manual;[69] ao chegar, os funcionários ocupam-se de suas malas, elas sobem de elevador por outra entrada, e o recepcionista preenche os formulários necessários para sua identificação. O hóspede encontra-se liberado de qualquer fardo, ou seja, a conotação implícita é que o trabalho, sobretudo manual, encerra algo de desqualificante. Para o cenário do luxo o mundo do trabalho é um elemento perturbador (Mary Douglas diria, ele é um poluente simbólico), por isso há uma clara divisão entre os empregados que se relacionam com os hóspedes e os que desempenham outras funções (cozinha, transporte e armazenamento dos produtos, lavanderia, etc.). Esses são realmente invisíveis, no sentido em que se encontram ausentes deste mundo maravilhoso. Cabe assim aos empregados domésticos (concierge, garçons, arrumadeiras, recepcionistas) ocupar-se das tarefas manuais, deixando os hóspedes à vontade. A incumbência atribuída ao mordomo é talvez a expressão máxima deste tipo de consideração; no elevador ele sobe junto com o cliente, vestindo luvas aperta o botão do andar, e ao acompanhá-lo até o quarto, abre a porta para sua passagem. Atos corriqueiros como apertar um botão ou segurar a maçaneta de uma porta são magicamente banidos, um intermediário existe para distanciar o corpo dessas coisas esdrúxulas. Nos

69 Remeto o leitor ao belo livro de Rachel Scherman, *Class Acts: services and inequality in luxury hotels*, Berkeley, University of California Press, 2007.

hotéis de luxo os clientes assíduos são imediatamente reconhecidos pelo concierge, e no caso de preferirem o anonimato, contam com sua cumplicidade; as empresas têm ainda o hábito de elaborar listas de seus desejos, e na medida do possível, procuram antecipá-los antes que sejam formulados: comida favorita, cobertores e almofadas especiais, jornais e revistas preferidos. Há portanto um elevado grau de personalização do serviço. A literatura de marketing insiste sobre a importância do atendimento ao cliente, na esfera do consumo tem-se a tendência (claro, ideológica) de considerá-lo como um ser idiossincrático. Seus desejos deveriam ser atendidos. Entretanto, é preciso diferenciar os níveis de serviços para entender de que maneira o mundo dos ricos distingue-se dos outros. Consideremos a definição de "personalização de massa": ela "refere-se à habilidade das firmas em eficientemente produzir produtos de massa que vão ao encontro às necessidades do consumidor. A popularidade deste processo advém do fato das pessoas terem a aspiração de serem únicas. Uma maneira simples de realizar a personalização de massa é oferecer um pacote básico de um produto, e depois disponibilizar ao consumidor uma gama de opções que podem ser adicionadas ou subtraídas do pacote".[70] É o caso de Netflix, quando alguém escolhe um filme, um algorítimo de computador é capaz de agregar os dados e construir o seu perfil; a empresa pode assim "sugerir" outros espetáculos adequados a seu gosto pessoal. Uma loja possui um conjunto de ternos produzidos de forma industrial, no entanto, o cliente pode pedir pequenas alterações para que o sinta melhor em seu corpo, *to customize* dá-lhe a sensação de receber uma atenção especial. O

70 Ashley Johns, "Mass customization in marketing: definition, benefits and examples" Study.com.

interessante nesses exemplos, assim como na própria definição da estratégia, é que a ideia de massa em nenhum momento é posta em causa. *Mass customization* ironicamente é vista como complementar à noção de individualidade; na verdade, importa escoar os produtos levando-se em consideração uma ínfima parte de seu Ser. O sentimento de personalização é a sensação térmica de uma temperatura real inteiramente outra na qual o auto-engano suplanta sua evidência.

Isso dificilmente se aplicaria ao mundo dos ricos, nele a ideia de unicidade predomina. Objetos e serviços precisam ser "únicos", como as obras de arte. Vejamos as relações entre vendedor e cliente nas lojas parisienses. Trata-se de uma clientela das classes superiores, sobretudo feminina, habituada a frequentar tais lugares. Parte-se primeiro de um princípio: o preço não se discute. Todos sabem que o luxo "não tem preço". Há ainda uma longa interação, interessada de ambas as partes, entre vendedoras e clientes. Como observa Henri Péretz: "Essas boutiques oferecem uma ampla gama de modelos, recobrindo as várias ocasiões da vida social, dos trajes sociais, vestidos, saias, tailleur, camisas, até às camisetas com o logo da casa. Esse guarda-roupa completo é apresentado em grande variedade de cores e tamanho, expressos em um código particular que não está ao alcance dos novos clientes; eles devem consultar o pessoal da casa. A amplitude da oferta, e a possiblidade de "coordenar" e "desemparelhar" os artigos, incentiva uma longa interação entre o cliente e os vendedores e as vendedoras, todos pagos por comissão no final do mês. O tempo dedicado a cada cliente encontra-se desta forma vinculado a necessidade de se conquistar fieis, os quais os vendedores conhecem os gostos e os hábitos. Por isso alguns empregados mantém cadernos de anotações nos quais escrevem as medidas e as compras de sua clientela pessoal... Esta vontade de individualizar a relação com o cliente, transformando-o em um habitué, manifesta-se no uso de adjetivos possessivos e expressões como, "minha cliente", utilizadas a todo momento pelo vendedor".[71] Da interação resulta um duplo benefício, o reconhecimento do status do cliente e a satisfação do vendedor. Na verdade, ademais da interação entre eles, o próprio espaço no qual se movem é concebido para realçar a dimensão do Eu. A descrição que Leilah Adham faz dessas boutiques é sugestiva: "A cenografia da boutique Vuitton consegue, com êxito, inverter a dialética entre público e privado, dando a ilusão que sua imensa superfície é, de fato, concebida à escala do indivíduo. A começar pelo espaço joalheria que, seguindo os passos das boutiques da Place Vendome, é constituído por pequenas secretárias que dão ao consumidor uma total sensação de intimidade no momento de interação com o vendedor durante a compra. Mais impressionante ainda é o espaço sapatos, situado na secção do prêt-à-porter, nele o cliente sente-se realmente seguro no recinto de uma rotunda: mini-espaço autônomo e praticamente fechado".[72] A personalização inscreve-se nos recantos, neles a intimidade encontra-se assegurada. Porém, o tratamento é inteiramente outro quando se trata das liquidações.[73] A começar pelo ponto de partida, o preço torna-se o mote determinante das compras, procura-se os artigos porque são mais em conta. Neste caso, a denegação material se desfaz. Mas sendo as lojas pequenas, um problema deve ser enfrentado, gerir o fluxo das pessoas. Quando as portas se abrem há uma pequena multidão à espera, para evitar confusões,

---

71 Henri Péretz, "Le vendeur, la vendeuse et leur client: ethnographie du prêt-à-porter du luxe", *Révue Française de Sociologie*, vol.33, nº 1, 1992, p.55.

72 Leila Adham, "La Boutique de Luxe: un espace théâtralisé" in *Luxe: métiers et management atypiques*, op.cit. pp.110-111.

73 Ver Henri Péretz, "Soldes haut de gamme à Paris", *Ethnologie Française*, vol.35, nº 1, 2005.

um empregado separa um grupo permitindo a passagem. Diante do número de pessoas transitando no interior da loja, o cliente já não pode mais circular livremente, não terá também tranquilidade para escolher suas peças preferidas, a concorrência entre os consumidores é feroz, disputa-se o que se quer pegar; tampouco receberá a atenção devida do vendedor, nos dias de liquidação não há comissão das vendas, artifício utilizado para evitar que alguns vendedores privilegiem seus favoritos. Deve-se ainda controlar o tempo nos provadores, não há espaço e espelhos suficientes para atender a demanda. As liquidações correspondem à uma des-personalização na qual a unicidade do cliente se dissolve.

Uma das maneiras de se contrapor ao ordinário é a ênfase na dimensão não industrializada, o contraste com o artesanal, que tínhamos visto antes, se repõe. Os serviços devem se afastar da ideia de padronização. Neste sentido, a definição de hotel boutique é interessante: "Para começar, um hotel boutique tem tamanho limitado... O tamanho do hotel é muito importante porque, em última instância, o intuito é providenciar uma experiência pessoal e íntima para os hóspedes... Diferentemente dos hotéis convencionais, as instituições cinco estrelas, que são ambientes limpos e quase estéreis, os hotéis boutique são geralmente excêntricos, caprichosos, e algumas vezes, extravagantes. Isso faz com que os hotéis boutiques sejam conhecidos como hotéis de design, e o design é frequentemente sua dimensão mais importante..... O conceito de hotel boutique reflete o desejo dos viajantes globais que estão cansados das experiências nesses hotéis "manufaturados", replicados em qualquer lugar do mundo".[74] Tudo precisa ser milimetricamente diferenciado da arquitetura ao acolhimento do

---

74 Ian Schrager, "The boutique hotel concept", ctbuh.org/papers, *Research Papers*, 2015, citação p.32 e p.34.

hóspede, sua experiência deve ser singular. Entretanto, se a dimensão individualizante é necessária, ela não é suficiente para preencher os quesitos da esfera do luxo. Falta-lhe algo. Retomo um caso trabalhado por Rachel Scherman. Uma de suas clientes-informantes faz a seguinte apreciação em relação à hospedagem: "Bem, a roupa de cama e os serviços, e eles trazem coisas, é tão acolhedor. Eles fazem de tudo para que você se sinta bem, como se dissessem: "se você não estivesse aqui estaríamos tão infelizes"! ... Eles focam em você, fazendo com que não se sinta perdido no meio da multidão. Isso é muito legal, porque todos nós, quando viajamos, não estamos em casa. E ser cuidado, ter alguém que se ocupa disso, é melhor do que sua mãe!... Faz você se sentir bem".[75] A satisfação resulta de um atendimento capaz de despertar a sensação de familiaridade e prazer, o hóspede "sente-se em casa", está à vontade. Um tratamento impessoal seria incapaz de tal coisa, todos estariam submetidos aos cânones anônimos de interação. A individuação é o oposto à repetição em série. Mas essas qualidades podem ser encontradas em outras situações. O viajante que escolhe utilizar a rede hoteleira Gîtes de France é recebido pelos pequenos proprietários dos estabelecimentos como alguém da família.[76] A ideia deste tipo de recepção, na qual estimula-se o sentimento de camaradagem, evita qualquer tipo de tratamento comercial; receber o turista como um "amigo" é privilegiar a relação entre indivíduos que se tornam "conhecidos". Por isso o café da manhã é partilhado entre os proprietários e os hóspedes. Assim, todos são percebidos como iguais pois a relação de amizade e convivialidade exclui as hierarquias sociais. Nos dois exem-

75 *Class Acts*, op.cit., p.24-25.

76 Christophe Giraud, "Recevoir le touriste en ami", *Actes de Recherche en Sciences Sociales*, vol.5, nº 170, 2007.

plos o contraste com o industrial é explícito, foge-se das malhas da padronização, porém, as diferenças são marcantes. Os hotéis palácios delimitam um território indubitável do luxo, sua mobília (objetos, decoração) e serviços comprovam a qualidade "superior"; nada semelhante existe na simplicidade das pousadas de Gîtes de France. A mesma sensação, "sentir-se em casa", adquire significados distintos quando imersas em ambientes diferentes. Mas há outro aspecto, a ausência de hierarquia entre as pessoas; a equalização dos participantes é algo inconcebível para uma esfera na qual os limites são visíveis e intransponíveis.

A distância une e separa, aproxima os pares, afasta os outros. Uma tensão manifesta-se entre suas intenções. Como o turismo de luxo na ilha Saint Barthélemy, possessão francesa no Caribe.[77] Frequentada pelas pessoas de grande fortuna, banqueiros, empresários da indústria do entretenimento, estrelas de cinema, situa-se numa região na qual seu alcance é regulado por medidas explícitas de contenção: o aeroporto permite apenas o pouso de aeronaves pequenas (fretadas ou privadas); o tamanho dos cruzeiros que desembarcam os passageiros no porto é submetido à regras estritas. A presença dos "intrusos" é uma preocupação constante. Entretanto, não há turismo de luxo sem serviços, a co-habitação com os habitantes da ilha é impreterível. O universo do luxo e o mundo dos ricos não escapa ao destino ao qual busca eludir, diante da inexorabilidade dos fatos resta a distância simbólica. Os estudos mostram como este distanciamento inscreve-se na própria arquitetura das lojas; em algumas delas as vitrines desse mundo de elegância são opacas, e possuem uma dupla função, expor os artigos ao público

77 Ver Bruno Cousin e Sebastien Chauvin, "L'Entre-soi élitaire à Saint Barthélemy", *Ethnologie Française*, vol.42, n.2, 2012.

e fixar os olhares à uma prudente distância de observação.[78] Louis Vuitton e Chanel, em Paris, exibem uma fronteira externa, a vitrine, e interna, muros ou outros artifícios (plantas, fachadas em metal) que da calçada impedem a vista de seu interior. O olhar descortina o que se encontra na frente, mas para apreender os meandros do "segredo" é preciso adentrar o espaço que se furta. Há ainda um porteiro, ele auxilia e seleciona, permite ou dificulta a passagem do passante. Mas como discernir a separação de classes quando o contato com os outros se faz intenso? Não se deve esquecer que o universo do luxo insere-se no mercado, é preciso atrair os compradores. Um exemplo: o show room de iates em West Palm Beach (Miami). Trata-se de uma estratégia comercial, existe também em Monaco e Cannes, com o intuito de exibir aos clientes potenciais um grande número de embarcações para serem compradas ou fretadas. Devido ao valor do investimento, a operação é desenhada para envolver pessoas com alto poder aquisitivo. Uma empresa de automóveis, sinergeticamente tira proveito dessa situação, atua em conjunto com os operadores de iates e oferece um programa VIP no qual o cliente pode ficar três dias com um Rolls Royce, sem pagar aluguel ou ter de devolvê-lo com o tanque cheio. O cálculo que se faz é que a venda de uma unidade compensa o custo do empreendimento. Um problema, porém, identificar as "pessoas de riqueza". Como se trata de um local público elas se misturam no meio da multidão (vende-se entrada para ter acesso ao cais no qual estão ancorados os barcos). Um primeiro sinal de distinção são as vestimentas e os acessórios: Vuitton, Hermès, Rolex. Os objetos são índices de status. Esta é, no entanto, uma sinalização superficial, por

78 Ver Leila Adham, "La Boutique de Luxe: un espace théâtralisé" in *Luxe: métiers et management atypiques*, op.cit.

isso alguém familiarizado com os códigos deste mundo deve fazer o escrutínio das pessoas para, em seguida, abordá-las, e convidá-las a bordo. Que critérios utilizar? O responsável pelo programa Rolls Royce tem uma visão intrigante: "mais câmeras eles têm menos riqueza possuem.... é engraçado, logo que alguém me pede, "oh! tire minha foto", imediatamente eu os dispenso como pessoas não qualificadas. Claro, fico contente em tirar a foto para eles, faço isso, mas minha interação com eles deixa de ser como se fossem clientes em potencial".[79] A observação, claro, repousa sobre uma avaliação subjetiva, sugere que determinadas ações (tirar fotografia) sejam percebidas como desclassificatórias, constituindo uma depreciação dos critérios de distinção social. Existe portanto um sistema de avaliação, explícito e implícito, que serve de referência ao julgamento. De posse dessas informações, qualidade da roupa e dos acessórios, hexis corporal, maneira de se comportar, o encarregado desta filtragem é capaz de reconhecer o seu alvo e descartar os "indesejáveis". Diz Emma Spence, participante do evento na condição de pesquisadora/identificadora: "No caso do evento de uma resposta "incorreta", o cliente não está qualificado para subir à bordo do iate. Isso leva a fase quatro do programa: a dissuação. O objetivo dessa etapa é recusar ao cliente o acesso à bordo sem, porém, ofendê-lo ou constrangê-lo. Se eu estivesse segura de estar frente à frente com um cliente inelegível, eu poderia explicar-lhe que o acesso estava reservado apenas aos proprietários, e no caso da pessoa ser insistente, que temporariamente, por causa de alguma atividade desconheci-

79 Citação in Emma Spence, "Eye-spy wealth: cultural capital and knowing luxury in the identification of and engagement with the superrich", *Annals of Leisure Reserch*, vol.19, nº 3, 2016, p.325.

da, o acesso à bordo tinha sido interrompido".[80] O mecanismo de dissuasão funciona como artifício eficaz de separação.

Outra situação é quando as pessoas ocupam, *a priori*, um espaço previamente definido como parte do mundo dos ricos. Neste caso não se trata de reconhecer e afastar os "intrusos" mas de apreender como se dá a interação entre os que convivem na mesma espacialidade. Ou seja, distinguir entre os verdadeiros membros do grupo e os estranhos. Consideremos o serviço doméstico nas casas burguesas e aristocráticas em alguns países europeus até meados do século XX.[81] No mesmo espaço conviviam estratos distintos, os senhores e os empregados. Basta analisar a planta das casas (geralmente com três andares) para se dar conta de como se fazia a separação entre eles. Uma clara divisão existia entre "alto" e "baixo". Não se trata de mera diferenciação de cunho espacial, empregados e empregadas dormiam no terceiro andar, onde se encontrava o dormitório. "Alto" estava reservado ao térreo, onde se localizava as salas de estar e de jantar, e ao primeiro andar, lugar dos aposentos privados dos senhores. "Baixo" significava o porão, aí estava a cozinha, a "pequena mesa" na qual os domésticos faziam suas refeições (a da sala de jantar no térreo era denominada de "grande mesa"), a adega de vinhos, e as dependências para armazenar víveres e carvão. Os empregados viviam "em baixo", os senhores "no alto" (como na série Downton Abbey). A comunicação entre a cozinha e a sala de refeição fazia-se através de uma escada de serviço, os pratos sendo transportados por um pequeno elevador de carga. Os empregados eram proibidos de

80 Idem p.319.

81 Ver Diane de Keyser, *Madame est Servie*, Paris/Bruxelles, La Longue Vue, 1997.

frequentar os cômodos do alto, sua presença era tolerada quando faziam a limpeza ou serviam os patrões, e não podiam circular na escadaria principal. Para comunicar esses blocos estanques utilizava-se um sistema elétrico de campainha, os quartos eram conectados ao quadro da cozinha e uma luz acendia onde estava marcado o número do aposento. O interessante na distribuição espacial dessas moradias nobres é a nítida diferenciação dos circuitos, delimita-se com clareza dois segmentos distintos. No universo do luxo e no mundo dos ricos isso é difícil de se realizar, no seu interior, o contato das dimensões opostas é a regra; é o caso dos serviços, turismo, hospedagem em hotéis, passeios e compras nas boutiques, e particularmente as viagens de iates, nas quais a tripulação e os convidados são obrigados a partilhar durante dias um espaço bastante restrito. Entretanto, as noções de "alto" e "baixo" permanecem, a questão é entender como são construídas as barreiras simbólicas que as materializam.

Goffman considera que a interação entre as pessoas pode ser apreendida através da ideia de teatro, cada indivíduo representaria um papel ao se deparar diante de outro personagem. Há portanto um "cenário" no qual a ação se desenrola, ele funciona como palco da trama; o ator deve ainda possuir uma "fachada", isto é, um conjunto de atribuições reconhecíveis pelos outros. Desta forma cada um age de acordo com as expectativas inscritas previamente no roteiro estabelecido. Goffman também denomina de "aparência" os sinais externos que revelam o status do ator, e de "maneira" as informações que cada personagem, através de sua atuação, emite para o reconhecimento pelo outro. Ele diz: "uma maneira arrogante agressiva pode dar a impressão de que o ator espera ser a pessoa que iniciará a interação verbal e dirigirá o seu curso. Uma maneira humilde escusatória pode dar a impressão de que o ator espera seguir o comando dos outros, ou pelo menos ser levado a proceder assim".[82] O modelo goffmaniano elucida um conjunto de aspectos quando aplicado ao universo do luxo, a começar pelo comportamento dos servidores. Todos estão envolvidos no mesmo ambiente de beleza e exuberância, e os estudos indicam que não se trata de um aspecto superficial. Os testemunhos recolhidos o demonstram: "É realmente luxo, isso é um luxo quando se trabalha nesses lugares"... "É bonito, trabalhar em um lugar bonito assim é algo insubstituível" (empregadas de hotel).[83] Os objetos e a decoração não passam desapercebidos, existe, inclusive, uma certa consciência de si que diferencia esses trabalhadores dos outros. Os estudos mostram que, longe de uma solidariedade de classe de um mesmo estrato de trabalhadores, o luxo funciona como valor de distinção entre eles. Entretanto, estar presente não significa partilhar, há um conjunto de sinais reconhecíveis para discernir entre o "alto" e o "baixo". Um exemplo, a vestimenta dos funcionários de uma loja: "sem fazer parte dos artigos da loja, ela deve estar em harmonia com as peças oferecidas às clientes. O uniforme bem feito, no estilo da casa, revela o gosto dos empregados, sem nos enganar em relação a seu status, o que evita a confusão com as roupas ambicionadas pelas clientes".[84] Ponto fundamental, sobretudo sabendo-se que as boutiques contratam como vendedoras jovens cujo padrão de beleza não deve ofuscar as clientes. Goffman insiste no aspecto

82 Erving Goffman, *A representação do eu na vida cotidiana*, Petrópolis, Vozes, 2011, p.31.

83 Ver P.Guibert, G.Lazuech, V.Troger, "Les femmes de chambre de l'hotellerie de luxe ou le déclassement d'une élite invisible", *Formation Emploi*, nº 123, juillet-septembre 2013, p.33.

84 Henri Péretz, "Le vendeur, la vendeuse et leur client: ethnographie du prét-à-porter du luxe", op.cit. p.57.

da "apresentação de si" no teatro das interações pessoais. Este é um elemento decisivo para o bom resultado da trama. Para desempenharem seus papéis de forma convincente os empregados dos hotéis de luxo são orientados e educados a evitar qualquer tipo de arestas: "não falar alto", "abotoar a blusa", "não arrastar os pés", "caminhar ereto". É preciso harmonicamente incorporar na hexis corporal a nobreza do serviço prestado. O cuidado do corpo reflete-se na imagem impecável da indumentária e da aparência: as camisas bem passadas, os homens com a barba feita, cabelos penteados, sapatos engraxados; as mulheres devem evitar brincos chamativos, arrumar os cabelos, trabalhar de salto alto. O contato sendo próximo e frequente, o imperativo de satisfazer o cliente está presente a todo momento. Deixá-lo à vontade é vital, mas há contrariedades, contratempos, algo pode "sair do lugar". Nessas ocasiões demonstra-se empatia com os dilemas enfrentados: "o Sr. tem razão"; "se estivesse em seu lugar também estaria decepcionado". Isso exige um árduo trabalho emocional, os empregados devem ler as inclinações dos clientes, colocar-se a seu lado, entender seu humor e queixumes.[85] Um traço não pode faltar: sinceridade. Rachel Scherman considera que sem ela os personagens deste enredo perderiam em substância e convencimento. O depoimento de um de seus informantes é sugestivo: "No hotéis de primeira classe, geralmente os empregados olham nos olhos quando nos acompanham na entrada. E quando alguém pergunta, "você deseja alguma coisa a mais?" ou "está apreciando a estadia?", eles olham diretamente nos olhos e estão realmente perguntando algo que importa, não simplesmente dizendo, "eu tive de correr para a

85 Ver Gabrielle Pinna, "Luxe, genre et émotions dans l'hôtellerie", *La Nouvelle Revue du Travail*, nº 6, 2015.

entrada no meu intervalo de dezoito minutos, para ver se alguém precisava de alguma coisa".[86] Olhar nos olhos, ser sincero, confere veracidade à cena.

Goffman define ainda regras de conduta como um guia para a ação, ele é recomendado nas interações entre os indivíduos porque as possíveis infrações de sua autoridade induziriam a um sentimento de constrangimento.[87] No encontro entre as pessoas ele distingue duas classes de regras de conduta: simétricas e assimétricas. O primeiro tipo caracteriza-se pelo fato do indivíduo ter expectativas e obrigações em relação aos outros que os outros têm em relação a ele; o outro tipo implica que o tratamento que alguns dão a certas pessoas é diferente do que essas pessoas lhes dão. Neste caso os símbolos de status predominam, regem a interação e deixam explícito a posição social de cada um. As regras de conduta do universo do luxo são assimétricas, exigem dos que se situam "em baixo" deferência e servicibilidade. Os diversos artifícios acima descritos (modo de falar, de se vestir, dirigir-se ao cliente) garantem a eficácia do código de relacionamento. A deferência sublinha o status superior do cliente, a servibilidade assegura que os empregados encontram-se à sua disposição. As fronteiras simbólicas são nítidas, ultrapassá-las implica em desagrado e sanções. Mas esse emaranhado de pequenas ações que possibilitam a interação encontra-se também ordenado, isto é, fazem parte de um ritual que pauta o encontro dos personagens deste teatro goffmaniano. Vários estudos sublinham esta dimensão de ritualização. Gabrielle Pinna assim descreve sua experiência de

86 Rachel Sherman, *Class Acts*, op.cit., p.45-46.

87 Ver Erving Goffman, "The nature of deference and demeanor", *American Anthropologist*, vol.58, nº 3, 1956. Consultar ainda de sua autoria "Symbols of status", *The British Journal of Sociology*, vol.2, nº 4, 1951.

pesquisadora e empregada nos grandes hotéis: "Alem da beleza do imóvel e de sua localização no centro da cidade, o que faz o luxo, pelo menos sob o ângulo dos serviços, não é apenas a personalização das atividade, mas também uma certa ritualização entre os clientes e os assalariados. Os assalariados, para realçar o cliente, devem contribuir com um conjunto de comportamentos simbólicos: eles devem abrir a porta do hall de entrada, dando passagem ao cliente, acompanhá-los até o taxi e abrir a porta do carro, carregar sua bagagem, estacionar seus automóveis particulares, dar sempre prioridade a eles, descer do elevador quando eles entram, ir buscar um guarda-chuva e, abri-lo, quando chove, afastar-se do hotel ou se esconder para tomar um café ou telefonar. Eles devem também manifestar deferência através de um conjunto de expressões faciais e atitudes corporais: o sorriso, mas também outras mímicas que significam, disponibilidade, paciência, atenção, como o fato de inclinar a cabeça em relação ao cliente, sublinhando a posição de escuta, ou ainda, manter as mãos fechadas no nível do quadril. As fórmulas de polidez são escrupulosamente respeitadas".[88] A enumeração de cada uma das tarefas e ações mostra que elas não estão desarticuladas, fazem parte de um conjunto ordenado e correspondem a uma totalidade, a estadia do hóspede. Devem por isso ser metodicamente preenchidas, os personagens não podem desviar do roteiro que os aprisiona e os orienta. Outro exemplo de ritualização: a recepção que a tripulação de um iate reserva a seus visitantes.[89] O pessoal é avisado que o avião chega

88 Gabrielle Pinna, "Vendre du luxe au rabais: une étude de cas dans l'hôtellerie haut de gamme à Paris", *Travail et Emploi*, nº 136, octobre-décembre 2013, p.32.

89 Ver Emma Spence, "Unraveling the politics of the super-rich mobility: a study of crew and guest on board luxury yachts", op.cit.

às 11.15 no aeroporto de Nice, o que significa que estarão no cais às 12:30. Todos se preparam, mudam as roupas que estão usando e vestem o uniforme nº 1 (para usar no interior da embarcação: camiseta preta, ombreiras, calça e sapato preto; para usar no deck: camisa branca, ombreiras, calça e sapato preto). No aeroporto o capitão recebe os visitantes, está vestido a caráter, ombreiras galonadas, camisa branca de tecido amassado, e sapatos pretos brilhantes. Duas vans Mercedes-Benz esperam os convidados para conduzi-los ao barco; pelo rádio o capitão avisa que chegarão em 3 minutos. Os empregados preparam-se para a recepção final, alinhada em formação de marinheiro, a tripulação presta homenagem aos recém-chegados e lhes oferece uma taça de champanhe. A pequena cerimônia tem a função de estabelecer a posição de cada um ao longo de um futuro convívio forçado de algumas semanas. O conceito de ritual é caro à Antropologia e nos remete à ideia de ordem. Marcel Mauss dizia que o ato mágico, para ser eficaz, deve ser realizado de modo preciso e ordenado. O lugar escolhido, as plantas utilizadas, as encantações proferidas em voz alta, marcam uma sequência que não pode ser negligenciada. Explica-se o fracasso de uma operação mágica justamente pelo desrespeito em relação aos ordenamentos prescritos; o cliente não identificou a fase correta da lua, não tomou os devidos cuidados para escolher as plantas, apressou-se para completar o ritual antes do tempo. Mas em muitos caso, a noção de ordem identifica-se à de ordem social, a performance ritualística têm o propósito de reforçá-la. A China antiga é um exemplo de como as exigências hierárquicas inscreviam-se no corpo das pessoas, orientando-as a seguir um detalhado código de etiqueta no relacionamento com outros. A mesura dos gestos, a expressão facial, a direção do olhar, a inclinação da cabeça em sinal de respeito, tudo era orquestrado para que não houvesse nenhum imprevisto ou constrangimento.

O confucionismo, religião e ideologia de ajustamento da vida aos desígnios celestiais, tinha uma obsessão particular pela etiqueta, as desigualdades existentes deviam ser contidas na própria hexis corporal. Marcel Granet faz uma observação sugestiva a respeito da tensão entre desigualdade e sujeição. Mostra-nos que a concepção ética de Confúcio considerava todos homens iguais no nascimento; esse era, porém, o "mal", urgia ensiná-los a respeitar a assimetria das agruras humanas. O universo do luxo e o mundo dos ricos repousam sobre o mesmo princípio.

Considerações finais
Autenticidade e o gosto

"Há poucos casos nos quais a sociologia se assemelha tanto à psicanálise social, do que quando ela se defronta com um objeto como o gosto".[1] A frase é sugestiva, abre o primeiro capítulo do livro "A Distinção". Compreender o gosto é aproximarmos da esfera do inconsciente (daí o paralelo com a psicanálise), ou seja, o que se encontra encoberto à volição pessoal. Bourdieu segue os passos da tradição intelectual francesa que busca a explicação dos fenômenos sociais em "causas" sociais, um pouco como fizeram seus antecessores, Durkheim e o suicídio, Maurice Halbwachs e a memória. Não é propriamente a dimensão individual que lhe retém a atenção, mas a individualidade imersa em um contexto de relações sociais (ele a apreende através do conceito de habitus). Seu projeto tem a intenção de entender a diferenciação do gosto e sua articulação com a posição social dos indivíduos. Para isso utiliza a noção de capital

---

1 Pierre Bourdieu, *La Distinction*, Paris, Les Éditions Minuit, 1979, p.9.

cultural e social; sendo a sociedade desigual há uma distribuição assimétrica desse capital, o que significa dizer, o gosto (disposição que orienta a escolha) classifica os indivíduos no interior desse espaço hierarquizado. Por exemplo, a prática de fotografar. Nas classes populares há uma nítida preferência por temas como "primeira comunhão" ou "pôr do sol", nas classes altas, objetos como "casca de árvore" ou "repolho" são considerados dignos de serem fotografados. A variação temática faz-se em função do capital cultural disponível, sendo escasso nas classes baixas, a opção privilegia aquilo que se encontra rente à vida, é habitual. Já os membros das classes superiores, devido à educação privilegiada (frequentam bons colégios, pertencem à famílias distintas), são capazes de construir um discurso estetizante a respeito de uma prática banal como a fotografia. Outro exemplo, a diferença entre "gostar" de música clássica ou de música popular, a preferência não seria apenas um julgamento individual, pelo contrário, situaria o ouvinte mais próximo ou mais distante de uma educação erudita. A proposta de Bourdieu capta a distinção social através da diferenciação das escolhas (música popular, filmes, decoração da casa, pintores preferidos, etc.), porém, ela repousa em uma premissa implícita em toda sua argumentação: a existência de um gosto burguês hegemônico. Haveria assim a prevalência de uma norma cultural de legitimidade construída ao longo da história específica à sociedade francesa. Ela penetraria as diferentes classes e segmentos sociais (através de várias instituições, escola e família) sendo a referência principal em relação à qual o gosto se estrutura. A problemática do luxo, como a estou considerando, situa-se dentro desta perspectiva, meu objetivo principal não é tanto a distinção em si (sei que ela é importante) mas a legitimidade simbólica de um padrão que se consolida como referência para a efetivação desta distinção. O contexto no qual me situo é porém diverso do trabalhado por Bourdieu, interessa-me a constituição de padrões globais de autoridade difundidos entre classes e grupos sociais de diferentes lugares. Antes de mais nada, para evitar mal entendidos, esclareço alguns pontos que desenvolvi em meu livro "Mundialização e Cultura".[2] Primeiro, a distinção que faço entre mundialização e globalização. A ideia de globalização implica uma certa unicidade por isso pode ser aplicada sem maiores problemas ao domínio da economia e da tecnologia. De fato existe uma economia global e uma tecnologia global. Mas dificilmente poderíamos dizer o mesmo da esfera cultural, ela é marcada por uma diversidade de tradições, histórias, costumes, idiomas; não há uma cultura global. Prefiro utilizar o conceito de mundialização quando trabalho a problemática cultural para dar conta das transformações ocorridas na situação de globalização. Não existe tampouco para mim uma sociedade global, isto é, um todo integrado no interior do qual as partes, países, lugares, espaços, estejam sistemicamente integrados.[3] O processo de globalização atravessa de maneira desigual e diferenciada esses espaços. A modernidade-mundo não é portanto homogênea ou plana (metáfora cara aos economistas) trata-se de uma espacialidade transnacional na qual se insere uma diversidade de sentidos. Segundo, a diferença que estabeleci entre *pattern* e *standard*. A noção de padrão está associada à ideia de normas estruturantes das relações sociais; a ideia de *standard* vincula-se à serialização de determinados bens culturais (por exemplo, a indústria cultural). O padrão ao qual me refiro não se confunde com a serialização, significa a presença de determinadas normas que se impõem como legítimas. O mundo é um universo hierarquizado no qual algumas

2 Ver *Mundialização e Cultura*, op.cit.

3 A respeito da crítica à ideia de sociedade global ver: "O senso comum planetário" in *Mundialização Saberes e Crenças*, São Paulo, Brasiliense, 2006.

delas adquirem ascendência sobre as outras. Elas são produzidas por instituições e agentes específicos, em determinados círculos da esfera social e cultural, e possuem uma abrangência mundial. Insisto nesta dimensão do fenômeno. O processo de globalização implica a existência de instâncias mundiais de legitimidade distintas das instituições locais ou nacionais. Para entendê-las é preciso situar a análise no âmbito da modernidade-mundo. O universo do luxo, ao constituir-se em espaço legítimo de alcance global, instaura um tipo de autoridade que serve de parâmetro para os que dele se apropriam. Dito de outra maneira, ele representa o que Pierre Bourdieu, em outros escritos, denominou de "produção da crença", os mecanismos simbólicos que fundamentam as relações de poder.

Para isso é necessário que o valor da crença assente-se em um alicerce sólido, o trabalho simbólico dos agentes deste universo é portanto determinante. Um primeiro aspecto refere-se à ideia de singularidade, isto é, o luxo como um mundo separado de outras instâncias da vida social. Há fronteiras explícitas que definem o seu contorno. As noções de raridade, autenticidade, efeito Veblen, tradição, eternidade, lhe garantem uma "superioridade inquestionável", quero dizer, convincente. Ao dizer que um objeto é raro e que seu valor não pode ser inteiramente expresso em uma quantidade monetária, o preço da mercadoria, eu o separo de outros produtos. Considerar que sua "eternidade", ou seja, sua durabilidade, contrasta com o efêmero do mundo contemporâneo, significa atribuir-lhe uma virtude que somente os produtos de luxo podem compartilhar. Da mesma maneira, as práticas e hábitos dos que vivem no interior deste território, devem ser distintas e diferenciadas de outras práticas e hábitos. Nas palavras de Giorgio Armani: "a lei do luxo não é agregar, mas separar". O universo do luxo é duplamente "superior", enquanto dimensão simbólica e por materializar-se nas classes superiores (desta vez, sem aspas). Ele é diferente, não se confunde com os produtos industriais, é artesanal, mas é também, "elevado", desfruta uma posição de destaque em relação aos concorrentes no mercado de bens simbólicos. Uma maneira de se apreender a anatomia do gosto é através da utilização de substantivos e adjetivos que descrevem sua idiossincrasia. Em um dos primeiros números da revista *Actes de la Recherche en Sciences Sociales*, na capa da publicação, como se o leitor estivesse diante de um poema concreto, está estampado o seguinte quadro sinóptico:[4]

Comum	Atrevido	Sentimental	Modesto	Vulgar	Simples
Artista	Aconchegante	In	Refinado	Ultrapassado	Harmonioso
Pretencioso	Distinto	Esnobe	Íntimo	Pobre	Ordinário
Você me viu	Sóbrio	Autêntico	Sofisticado	Quente	Fino
Pesado	Elegante	Parcimonioso	Original	Escolhido	Caipira
Impertinente	Banal	Rebuscado	Usado	Fácil	Burguês
Raro	Discreto	Desajeitado	Chique	Sem Jeito	Limpo
Ridículo	Novo Rico	Cômodo	Vistoso	Crú	Grosseiro
Insípido	De Qualidade	Leve	Rico	Único	Legal

4 Ver "Anatomie du Goût", *Actes de la Recherche en Sciences Sociales*, nº 5, octobre 1976.

O intuito de Bourdieu, ao apresentar esta sequência de qualidades, é mostrar que o gosto possui uma dupla natureza; por um lado qualifica a escolha, por outro funciona como categoria de classificação das coisas. Fino, único, raro, elegante, agrupam determinadas práticas e objetos numa classe que os distingue de grosseiro, banal, comum, vulgar. Há portanto uma classificação e uma hierarquização do mundo. O mesmo ocorre em relação ao universo do luxo. Um quadro sinóptico semelhante ao anterior pode ser esboçado:[5]

Sonho	Mágico	Mito	Eternidade	Cultura
Emoção	Fantasia	Perfeição	Gosto	Exceção
Raridade	Gênio	Maravilha	Arte	
Sublime	Marvilhoso	Surpreendente	Feitiço	

As palavras nomeiam uma esfera específica na qual são enunciadas suas virtudes essenciais. Entretanto, a enumeração pressupõe um contraste, a oposição entre o maravilhoso e o banal, a fantasia e a (cruel) realidade, o feitiço e a repetição em série. Um abismo interpõe-se entre mundos diversos e antípodas. Por isso a questão da distância é crucial, é preciso separar a autenticidade do inautêntico, evitar a mescla indevida de categorias desalinhadas. O uso dos termos extra-ordinário e excepcional tem assim um valor estratégico, delimita a separação dos espaços: "No turismo e

---

5 Ver Marie-Claude Sicard, *Luxury, Lies and Marketing*, op.cit., p.1.

na gastronomia os compartimentos de luxo são necessários porque agregam uma dimensão suplementar de algo extra-ordinário. Eles respondem, desta forma, particularmente à uma demanda de personalização e de excepcionalidade"; "Luxo refere-se à exceção e exclusividade, seja em relação aos produtos ou aos serviços. Um produto de luxo/serviço é único, e não apenas por causa de sua qualidade fora de série. Ele diz muito mais do que isso".[6] Excepcional é o que há de mais banal nos textos sobre o luxo, sua recorrência nos remete à ideia de inacessibilidade, dimensão estranha à rotina quotidiana. Não nos esqueçamos, o "paradoxo" do luxo é exprimir-se no mercado e ser simultaneamente algo rarefeito, neste sentido o vulgar é uma ameaça constante. A aura dos objetos necessita ser administrada de maneira a não comprometer sua força. Como diz Jean Castarède: "o médio, o medíocre, o banal, eis o inimigo".[7]

Outra forma de se nomear o fora do comum é através da ideia de sonho, artifício recorrente da literatura de marketing e até mesmo de alguns textos analíticos: "O preço dos produtos de luxo parece que não se define, nem pelo custo da produção, nem pelo posicionamento da concorrência. Ele refere-se à delicada arbitragem entre o valor simbólico de um passaporte e o preço de um sonho"; "O perfume é invisível e presente... É o cúmplice da noite, a esperança e o grito do dia. O perfume é um símbolo, um sonho... Estimula o desejo, suscita entusiasmo e cria mistério. O perfume

---

6 Citações respectivamente in Christian Barrère ali, "Tourisme de luxe et gastronomie", op.cit., p.14 ; Christian Blanckaert e Ashok Soom, *The Road to the Luxury*, op.cit., p.30.

7 Jean Castarède, *Le Luxe*, op.cit., p.8.

embeleza a vida... O perfume é a vida".[8] Sonho e mistério denotam o que se encontra oculto. Alguns manuais, ao se referirem às empresas de luxo, sintomaticamente empregam a expressão "oferecer o sonho" ao cliente, ele seria uma espécie de oferenda vinda do "além".[9] Um escritório de consultoria (conselheiros do luxo) assim descreve os serviços que disponibiliza: "O perfil dos clientes é muito variado. Pode ser a parisiense que tem por hábito comprar no Bon Marche, algumas gestoras de fundos financeiros ou advogadas empresariais, cujo código de vestimenta é do tipo social. Sua independência financeira lhe possibilita ter um guarda-roupa feminino e sedutor, mas para isso ela deve recorrer à ajuda profissional para estar a par das últimas tendências. As clientes do Oriente Médio, princesas dos emirados ou da Arábia Saudita, recorrem a nossos serviços e se comportam como as estrelas americanas que durante todo o ano têm um serviço de estilistas à sua disposição. Outros nos pedem para lhes oferecer uma Paris dos sonhos: pedido especial para a confecção de uma jóia da Victoire Castellane da Dior, ou um perfume criado especialmente por um perfumista de Cartier. Há algumas semanas organizamos o aniversário de um jovem casaque que recebeu uma centena de amigos de vários lugares do mundo, em um castelo de Fontainebleau. Uma festa temática: Maria Antonieta. Colocamos à sua disposição nossa lista de endereços para estar à altura de seu sonho".[10] "Escapar à rotina" seria sinôni-

8 Citações respectivamente in Jacques Marseille, "Le luxe est-il cher?" in *Le Luxe en France*, op.cit., p.174 ; Jean Yves Gaborit, *Le Parfum, Prestige et Haute Couture*, Paris, Office du Livre Éditions Vilo, 1985, p.7.

9 Ver Anne-Laure Robert, *Les Mètiers du Luxe*, op.cit.

10 Isabelle Dubern, "Le personal shopper: le conseiller du luxe", *Géoéconomie*, vol.2, nº 49, 2009, p.69.

mo de sublime, surpreendente, fantasia, mágico; daí a tendência a confundi-lo com a dimensão onírica, alheia à realidade. Mas o que significa realmente esse emaranhado de qualidades? Um pequeno conto nos esclarece:[11] uma loja possuía uma belíssima bolsa cor de rosa em couro de crocodilo com fecho em diamante; mas dificilmente alguém estava disposto a adquiri-la; um dia uma mulher entra na loja e apaixona-se pelo objeto, sua cor é "única", "nunca vi um rosa assim"; entretanto, na hora de pagar, por um motivo qualquer, seu cartão de crédito é recusado; no dia seguinte ela retorna, feliz, paga em dinheiro, e diz, "Vim, para pegar o meu sonho". O relato pode ser visto como uma fábula sobre as vicissitudes do mundo luxo: o sonho se realiza. Este é o traço decisivo, sem ele o mercado seria inoperante. Um desses dirigentes de empresa pode assim dizer: "Fala-se geralmente, em relação ao grande consumo, da relação preço/qualidade. Creio que no universo do luxo nos encontramos na relação preço/prazer, prazer/preço. De alguma maneira, o luxo é um prazer que se tem a partir de um sonho. Seja, realiza-se o sonho, ou se obtém o sentimento de realizá-lo, seja, ele não se realiza".[12] Entretanto, o sonho que se realiza perde seu encanto onírico, transforma-se em algo corriqueiro. Um contraponto pode ser feito com a prática de se colecionar objetos. Alguns autores mostram que as coleções, abrangem uma diversidade de tópicos, de selos à flâmulas, revestem-se de algumas características: o colecionador é movido pelo afã de acumular coisas raras, ele busca o único, o original. Sua atitude privilegia o consumo diferenciado por excelência.

11 Christian Blanckaert e Ashok Soom, *The Road to the Luxury*, op.cit., p.1-3.

12 Jean Claude Bonner ali. "Le luxe aujourd'hui" op.cit. p.179.

Russel Belk propõe um definição sugestiva do ato de colecionar:[13] processo apaixonado e seletivo de aquisição de coisas que são retiradas de seu uso ordinário; cada uma das peças deste tesouro é percebida como uma unidade idiossincrática. Isso significa que os objetos de uma coleção tornam-se "artigos de luxo". Entretanto, o termo é utilizado de maneira metafórica, apenas sublinha a existência de um circuito que o colecionador construiu. O universo do luxo opera de outra maneira, trata-se de um mundo extra-ordinário que realiza-se enquanto ordinário, os objetos não devem ser removidos de seu uso, importa estarem envoltos pela aura da excepcionalidade. Neste sentido, extra-ordinário não significa estar "fora da realidade", a expressão nomeia o inacessível. Para os habitantes das classes superiores a exceção é a regra, dia a dia dos que desfrutam sua intimidade, sua verdade é "surpreendente" quando contraposta aos que vivem à distância. Como observa Jean-Noël Kapferer e Vincent Bastien: "Luxo é acesso ao sonho. Deixe-nos lembrar as dimensões deste sonho. Primeiro, sua dimensão social: o luxo confere imediatamente uma classe. Ele refere-se implicitamente a uma hierarquia da sociedade, mesmo quando a denegamos por razões ideológicas. Todos os homens podem ter sido criados iguais em uma democracia, mas meritocratimente eles terminam por não ser iguais. A outra dimensão do sonho está ligada ao entendimento sensorial que o luxo oferece. O objeto é fonte intrínseca de prazer devido à sua natureza multi-sensorial elevada ao extremo".[14] A capacidade de sonhar pressupõe a existência de um fosso social, não há portanto contradição entre o extraordinário e o banal apenas oposição hie-

13 Russel Belk, "Collecting as luxury consumption: effects on individuals and households", *Journal of Economic Psychology*, vol.16, 1995.

14 Jean-Noël Kapferer e Vincent Bastien, *Luxury Strategy*, op.cit., p.128.

rárquica. Na filosofia hegeliana a contradição funciona como uma espécie de motor da história, nela se aninha a mudança (por exemplo, a dialética do senhor e do escravo). Quando Adorno trabalha a temática do iluminismo nas sociedades capitalistas "avançadas" (os Estados Unidos das décadas de 1940 e 1950), seu pessimismo o faz dizer que nelas a alienação deixou de existir. Realidade e ilusão não mais seriam dimensões distintas e separadas, pertenceriam ao mesmo domínio. Nesse quadro de indiferenciação, onde "tudo é igual", o radicalmente diferente não encontraria espaço para se manifestar. O hiato necessário à alienação teria cessado de existir. A figura de linguagem, fugir da realidade, seria neste sentido anacrônica, e deveria ser substituída por outra: fugir para a realidade. A oposição entre o extraordinário e o banal no universo do luxo tem algo disso, o mágico e a fantasia não são qualidades abstratas, imaginação ou utopia, elas se concretizam nas coisas desse mundo. O sonho, ao se realizar, foge para a realidade.

O excepcional e o onírico manifestam-se em um espaço no qual as virtudes enunciadas possam desabrochar. Aí elas tornam-se palpáveis, visíveis. O luxo materializa-se na arte de viver, é expressão de beleza, elegância e refinamento. Alguns autores insistem nessas virtudes como elementos preliminares de sua definição: "Pode-se dizer que uma marca de luxo é exclusiva, que ela faz parte de uma categoria única de produtos, e que aparece como símbolo de raridade, de refinamento e bom gosto".[15] Coco Chanel dizia que "o luxo é o contrário da vulgaridade, e não da pobreza". A frase ilustra a nítida diferença de valor entre os termos, mas a oposição "alto" e "baixo" encerra agora um desdobramento, con-

15 Michel Chevalier e Gérad Mazavolo, *Management et Marketing de Luxe*, op.cit., p.5.

figura um julgamento estético. Viver o luxo seria sinal de uma existência "superior" e de "bom gosto". Por isso sua manifestação encontra-se intimamente associada à ideia de beleza. Diz um diretor dessas grandes empresas: "Não se pode compreender o luxo se somos indiferentes à beleza... A busca da beleza não é o resultado de uma formação académica, escolar, universitária, nem é consequência de um esforço.... A beleza é simples e não pode ser explicada".[16] Não se trata de mera afirmação de natureza estética, a ela associa-se a positividade de todo um ideal:[17] "O luxo é postura, elegância"; "Na verdade, a elegância é a própria expressão do luxo profundo". O universo do luxo possuiria assim uma essência, ele se encontraria lá, diante de nós, a espera de reconhecimento. Elegância e refinamento incrustam-se no próprio objeto, nele encerra-se a eloquência de sua identidade "profunda". Uma dessas publicidades de Patek Philippe afirma: "Conhecer e apreciar um Patek Philippe é fazer parte do pequeno grupo que sabe que o verdadeiro refinamento reside, sem ostentação, na perfeição dos detalhes ocultos".[18] Isso significa, como observa Gilles Marion, que os objetos contém em si uma semiótica virtuosa, isto é, traduzem na sua materialidade os princípios enunciados pelos artífices deste mundo. Cada uma dessas virtudes faz parte da constituição de seu Ser. Esta é a diferença entre o mercado de bens simbólicos de massa e o de luxo. As empresas de luxo detém o monopólio da definição da raridade e da autenticidade de seus produtos, são au-

16 Christian Blanckaert, *Les 100 Mots du Luxe*, op.cit. p.19-20.

17 Idem, respectivamente p.25 e p.44.

18 Citação in Gilles Marion, "Objets et Marques de Luxe" in Olivier Assouly, *Le Luxe: essais sur la fabrique de l'ostentation*, Paris, Éditions de l'Institut Français de la Mode, 2000, p.301.

tônomas em relação à apreciação do consumidor. A legitimidade dos objetos é construída fora de sua alçada. O julgamento, "sou excepcional porque uso Chanel", retira sua autoridade não da escolha individual, mas da excepcionalidade construída no seio de um espaço que a transcende.

É comum encontrarmos no comércio dirigido ao grande público a expressão: *your own kind of beautiful*. Ela aparece na publicidades de artigos diversos ou está escrita nas vitrines das lojas. A frase sugere a independência do consumidor em relação ao que está sendo oferecido, é o seu gosto que orienta a opção. Realidade ou ilusão, este é ponto de partida. O universo do luxo faz o oposto. Um executivo assim se refere ao fascínio da marca Ralph Loren: "A genialidade de Ralph está em criar belos produtos que contam uma história, a história que descreve o mundo romântico e luxuoso com o qual o consumidor sonha e aspira...Nós criamos vários mundos, do moderno ao atraente, do clássico ao tradicional inglês. Nossa companhia encarna diferentes estéticas e muitos mundos que exprimem, todos, o gosto de Ralph.... Não se trata de moda, mas de maneira de viver".[19] É o gosto do criador que modela o gosto do cliente, não o contrário. No universo do luxo o artista é o demiurgo da irradiação estética, sua visão de mundo materializa-se nos artefatos, tornando-os distintos. Beleza e elegância resultam do encontro entre sua intenção e a confecção das coisas. Sublinho na citação anterior a diferença entre moda e maneira de viver. O que ela nos permite entender? Consideremos a definição que Le Grand Larrouse faz do luxo: "maneira de viver que revela a elegância e o refinamento". Trata-se de uma condição

19 Pamela N. Danziger, *Let Them It Cake*, Chicago, Dearborn Trade Publishing, 2005, p.179.

objetiva que atribui à pessoa uma qualidade específica. A arte de viver não pode ser efêmera, deve ser permanente, repetitiva, concretizar-se em práticas recorrentes. A moda caracteriza-se pela ideia de supérfluo e assenta-se na escolha individual, ajusta-se à preferência de cada um, é diversificada e plural. Tal diversificação é incompatível com o que se quer representar. Por isso alguns autores dirão: "Luxo e moda são, ambos, instrumentos de diferenciação individual, porém, hoje, somente o luxo associa-se a uma hierarquia social latente, por isso somente o luxo é responsável por uma re-hierarquização, também latente: a moda se expandiu como uma ferramenta de reforço dos clãs existentes na sociedade. Portanto, há mais de uma moda; há um número amplo de modas para que as pessoas se diferenciam umas das outras, e desta forma integrem-se nos seus grupos, suas tribos, e a um baixo custo".[20] O contraste entre o luxo e a moda nos faz refletir a respeito da noção de estilo de vida. No âmbito das Ciências Sociais ela encontra-se associada ao grupo de status. É como a vê Max Weber, em diversas sociedades a riqueza e o prestígio exprimem-se em determinados estilos de vida; o tipo de vestimenta, a alimentação diferenciada, o privilégio do porte e do uso de armas, são os sinais exteriores que revelam o status das camadas sociais. Cada estrato é marcado por um modo de vida que o torna reconhecível em relação aos outros, explicitando, no convívio interpessoal, sua posição social. O mesmo nos sugere Maurice Halbwachs quando analisa o estilo de vida do homem urbano e rural, seus hábitos peculiares nos permitem identificá-los. Entretanto, na sociedade de consumo, há uma certa inversão dos termos, estilo de vida torna-se uma escolha, elemento crucial da definição do Eu. Roupas,

---

20 Kapferer e Bastien, *Luxury Strategy*, op.cit., p.98.

maneira de falar, lazer, preferência de comida, bebida, viagens, fazem parte da idiossincrasia pessoal. O estilo, ao tomar forma no corpo das pessoas, na sua vivência, torna-se uma afirmação da identidade, signo que atesta suas características mais íntimas.[21] Fazer parte de uma tribo urbana (punk, por exemplo), implica em optar por determinadas vestimentas, estilos, comportamento, capazes de revelar a eleição inicial e o pertencimento a uma vida em comum. Haveria assim, o elemento coletivo que se identifica ao grupo e a escolha dos que nele se inserem. As pesquisas de marketing privilegiam justamente este aspecto, classificam as opções e as agrupam em classes específicas. Desta forma é possível desenhar o perfil do consumidor, a face pessoal comum àqueles que partilham o mesmo gosto. Aplicar este princípio ao domínio do luxo seria problemático, pois a iniciativa da definição da norma estaria ao encargo do consumidor. A empresa construiria o seu perfil após a demanda individual. Ora, vimos como toda a economia do luxo gira em torno da oferta, e não da demanda, invertê-la seria comprometer sua singularidade. Por isso é importante diferenciar entre maneira de viver e estilo de vida. O universo do luxo não é uma escolha mas um destino, apenas os eleitos possuem, simultaneamente, a competência para discernir suas qualidades e os meios para desfrutá-lo.

A elaboração da norma de distinção não pode ainda prescindir da esfera da arte. Este é um aspecto que Bourdieu explora fartamente em seu livro. A autoridade do gosto artístico possui um fundamento: "reconhecer que toda obra legítima tende, de fato, a impor as normas de sua própria percepção, e que ela ta-

21 Ver Stuart Ewen, "Marketing dreams: the political elements of style" in Alan Tomlinson (ed.) *Consumption, Identity, & Style*, London, Routledge, 1990.

citamente define como sendo o único modo de percepção legítimo que implementa certas disposições e certas competências".[22] A legitimidade insere-se no seio deste mundo no qual o talento a exprime e a representa; ela é fruto de um trabalho e de um debate entre os pares (os artistas). Um elemento importante do princípio de autoridade é a diferença entre a forma e a função. A forma exprime a intenção estética na sua "pureza", na sua profundidade. Bourdieu retira um exemplo sugestivo dos textos de Panofsky. Se eu escrevo para um amigo convidando-o para jantar, a carta é mero instrumento de comunicação; porém, se faço atenção à forma da escrita, ela tende a se transformar em obra de caligrafia. A linha de demarcação entre forma e função é tênue, mas para cruzá-la é preciso um investimento particular na intenção estética. Neste sentido, o ponto de vista do artista cria o objeto de arte, seu olhar "desinteressado" afasta-se da percepção prática, a utilidade da obra, para construir algo transcendente ao mundo no qual se insere. A intenção estética implica o primado da forma sobre a função. Os objetos artísticos representam uma ruptura em relação ao que é ordinário, distinguem-se dos artigos banais na medida em que traduzem uma dimensão para além das pequenas coisas quotidianas. É dentro desta perspectiva que pode-se diferenciar entre um gosto "puro" e um gosto "bárbaro". O primeiro seria o resultado da apreciação estética dos que conhecem o código artístico, possuem uma competência capaz de distinguir e confirmar o desinteresse inscrito na norma prescrita. O segundo faria parte de uma estética popular na qual a função prevaleceria sobre a forma (por exemplo, a resistência que as classes populares têm em apreciar as experiências de ordem puramente formal no teatro ou

22 Pierre Bourdieu, *La Distinction*, op.cit., p.29.

nas artes plásticas). Como o gosto inscreve-se em práticas específicas, sua diferenciação consolidaria uma dominação simbólica, reforçando a separação entre as classes sociais. Os argumentos avançados por Bourdieu esclarecem alguns pontos em relação ao universo do luxo, no que eles têm de semelhante e diverso em relação ao quadro de sua análise. Vimos como a arte e o luxo partilham um espaço comum. O criador dos objetos identifica-se ao artista na sua versão romântica. Há várias maneiras de explicitar tal identificação:[23] "O criador de um objeto de luxo é como um artista: é um visionário"; "O trabalho de um criador possui vários pontos em comum com a atividade criativa de um artista. Os dois, artistas e criadores, precisam fazer escolhas de formas e de cores. Os verdadeiros artistas e os criadores têm um estilo próprio, ambos são habitados por um ideal de beleza, uma filosofia, valores que buscam exprimir através de seus trabalhos". Ao se enunciar as qualidade partilhadas por duas esferas distintas, a amálgama criador-artista solidifica-se. A tal ponto que alguns autores chegam a imaginar a inexistência de grandes diferenças entre elas: "o luxo é arte e a arte é um luxo".[24]

Entretanto, a separação entre forma e função, que Bourdieu privilegia para entender a anatomia do gosto, dificilmente seria válida para a temática que nos interessa. Isso porque a questão conceitual que ela envolve torna-se problemática. Dizer que o predomínio da forma sobre a função é uma distinção em relação à utilidade das coisas, é desconhecer que nas sociedades contemporâneas a relação entre útil/inútil se transformou. Esse era o centro do debate sobre a

---

23 Citações respectivamente in Jean Castarède, *Le Luxe*, op.cit., p.19-20; Chevalier e Mazzavolo, *Management et Marketing de Luxe*, op.cit., p.243.

24 Stéphanie Le Bail, *Le Luxe: entre business et culture*, op.cit., p. 100.

estetização do mundo assim como de sua artificação; a expansão da dimensão estética para fora das fronteiras previamente estabelecidas pela tradição artística faz com que suas qualidades tenham agora outro alcance e outro significado. O valor simbólico dos objetos não coincide necessariamente com sua utilidade. A ideia de inflação estética, considerada anteriormente, pressupõe que neles algo é simbolicamente acrescentado, retirando-os do domínio exclusivo de sua funcionalidade. Rompe-se assim a equivalência entre utilidade e função. Por outro lado, o pólo da "pureza", associado à exclusividade da forma, tampouco se realiza enquanto tal. O luxo é uma prática na qual o valor simbólico não se restringe às regras do código artístico, ele reveste-se de uma concretude, o uso dos objetos. A intenção estética, como os espíritos de candomblé, deve encarnar nos cavalos deste ritual distintivo. Na verdade, o ponto nevrálgico da superposição dos espaços, luxo e arte, refere-se à existência de um domínio à parte, o extra-ordinário. Não se trata tanto de saber se o "luxo é arte" (sabemos que a arte não é necessariamente luxo), o importante é compreender que essas duas instâncias partilham um conjunto de traços que conotam a raridade. Sonho, fantasia, magia, surpreendente, podem ser colocados lado a lado com a intenção artística. A junção é convincente porque cada um dos termos enunciados nos remetem ao mesmo quadro sinóptico.

Realço esse aspecto. Quando Bourdieu trabalha a competência dos indivíduos para identificar as obras legítimas, ele diferencia, entre aqueles que possuem determinado capital cultural, algumas disposições estéticas. Por exemplo, a diferença entre escolher Bolero e o Concerto para mão esquerda, ambos de Ravel. Bolero é um tema difundido entre o grande público, a música é reconhecível pelo fato de ter sido veiculada, não apenas em concertos eruditos, mas no rádio, cinema e televisão. Concerto para a mão esquerda corresponde a um saber esotérico, somente os que dispõem de um capital cultural mais "sofisticado" (Ravel o compôs para um amigo que havia perdido a mão direita) conseguem identificá-lo. O mesmo pode ser dito em relação aos pintores. Rafael e Van Gogh são mais facilmente identificados porque algumas instituições, museus e estabelecimentos de ensino na França, a eles dedicam um esforço de socialização das artes. Braque e Goya desfrutam de menor reconhecimento do grande público, mas têm o prestígio assegurado entre aqueles com maior familiaridade com o mundo da arte (são exemplos do autor). Existe portanto, no interior deste mundo à parte, uma diferenciação e uma hierarquia que sinaliza a posição dos atores (os artistas) e a valorização de suas obras. Elas não são equivalentes, desfrutam de prestígio distintos. O campo da arte é heterogêneo, sendo marcado pela disputa de seus personagens em torno de sua própria definição. A arte à qual se refere o luxo não se encaixa dentro desta matriz. Importa contrapor o extra-ordinário ao banal, não tanto estabelecer uma hierarquia entre as obras consagradas. O universo do luxo acolhe todas as tendências estéticas e entre elas não há propriamente uma ordem. Este é o sentido da citação anterior, relativa à Ralph Loren: cria-se vários mundos, do moderno ao tradicional inglês. Entre eles não há contradição, mas complementaridade. A mescla de estilos pode ser observada em relação à Yves Saint-Laurent. Em 1966 ele desenvolve uma série de vestidos inspirados em Mondrian, mas suas coleções futuras contemplam outras heranças artísticas: "Os Impressionismos", "Homenagem à Matisse", "Coleção cubista, homenagem à Braque". Como diz o autor em relação à suas inspirações: "Mondrian [...] mas igualmente Matisse, Braque, Picasso, Bonnard, Léger. Como eu poderia resistir à pop-art, expressão de minha juventude. A Jasper Johns, Lichtenstein, Rauschenberg, e meu querido Andy Warhol? E como não poderia deixar de emprestar de Van Gogh suas íris, seus girassóis, suas cores maravilhosas? Como, em outra ordem de ideias, eu poderia deixar de revestir de musseline os moldes de Claude Lalanne"?[25] O interessante na citação é a justaposição de nomes heteróclitos, mescla-se desde personagens consagrados do mundo das artes plásticas como Matisse e Picasso até os precursores da pop-art como Jasper Johns e Andy Warhol; sem esquecer um crítico da cultura de massa como Lichtenstein, com sua temática das histórias em quadrinho (quadro Look Mickey) ou um designer contemporâneo como Claude Lalande. É como se os diferentes estilos estéticos harmonicamente convivessem no interior de um mesmo conjunto. Na verdade, o universo do luxo abriga, do impressionismo ao contemporâneo, do clássico ao moderno. Não há diferença substantiva entre Van Gogh e a beleza das esculturas da Grécia Antiga, ou entre um retratista holandês do século XVI e a "ousadia" de Kandisky. Quando Fendi "convida" vários artistas para revisitar uma de suas peças icônicas, a bolsa *baguette*, a empresa não está preocupada em distinguir os estilos de cada um deles (Carl André, Kendell Geers, Sylvie Fleury, Jeff Koons, Michelangelo Pistoletto, Hervé di Rosa, Tom Sachs, Damien Hirst); Carl André é minimalista, Sylvie Fleury uma artista pop, Michelangelo Pistoletto famoso por suas intervenções. Fendi mescla em sua promoção as mais diversas tendências, importa apenas que seus "convidados" sejam consagrados pela legitimidade dos museus, tipo Tate Modern e MoMA, e por suas obras vendidas no mercado global. Consideremos a visão de Giorgio Armani: "A mulher que veste Armani é uma mulher sutil, que se move maravilhosamente bem em uma roupa de homem, com uma elegância interior diferente de uma mulher que deixa os seios à mostra".[26] A

25 Citação in Méryl Martin, "L'Art du Luxe: sur le processus de reconnaissance artistique et culturelle des maisons de luxe", op.cit., p.12.

26 Citação in Michel Gutsatz, "Le sage et le créateur: éléments pour une analyse des stratégies des marques de luxe" op.cit., p.25.

afirmação é convincente porque a dimensão estética encontra-se implícita na personalidade do artista, dela resulta as qualidades inscritas no objeto que modela. A relação do criador com a arte é sempre interessada, não se esgota em si mesma, é preciso articula-la à elegância, ao refinamento, ao "bom gosto". A dimensão terrena é imprescindível. O universo do luxo é eclético. As concepções de forma e beleza que encerra fazem parte de um conjunto autônomo em relação às controvérsias que habitam o mundo da grande arte; são os fragmentos da cultura legítima que importam, eles podem ser utilizados no momento da criação segundo a inclinação dos intérpretes. Um pouco como faz o bricoleur que nos descreve Levy-Strauss. A cada ação ele retira de sua caixa de ferramentas os objetos heteróclitos que ela guarda; em função da tarefa a ser realizada ele os combina através de seu saber prático. A caixa de ferramenta dos criadores do luxo contém pedaços estéticos do mundo da arte, cada um deles é uma fração a ser utilizada na elaboração dos objetos. Apenas um imperativo se impõe, eles devem inequivocamente fazer parte deste lugar consagrado. Esta é a condição *sine qua non* do princípio de autoridade.

A autoridade da norma envolve ainda um último elemento: a imitação. Na literatura sobre os produtos de luxo este é um tema omnipresente. As empresas e as associações de classe (tipo Comité Colbert na França, Altagamma na Itália) a consideram um flagelo a ser combatido.[27] Como diz um desses autores: "A falsificação é um ponto de ruptura das regras de uma sociedade de consumo, ela beneficia as redes criminosas e burla a legislação... Mesmo que se reconheça que ela em parte democratiza o acesso aos bens de

27 Ver "Le Role du Comité Colbert dans la Lutte contre la Contrefaçon en France et dans le Monde", Paris, Comité Colbert, 2015.

consumo, em favor de um número maior de pessoas, não se pode esquecer que em muitas ocasiões ela mata. É um fenómeno condenável do ponto de vista moral e contrário às leis económicas e sociais".[28] A luta contra as falsificações adquire assim uma dimensão jurídica e moral, e a recusa assenta-se em um princípio ético, impedir o consumidor de ser "ludibriado": "A falsificação dos produtos de luxo tem como fundamento a fraude, seja dos falsificadores, desejosos de enganar o consumidor em relação à origem e a qualidade dos produtos, seja do consumidor que aspira a subir de valor social no meio em que vive".[29] Caberia ao Estado legislar contra sua proliferação e aos homens de bem afastar-se deste "desvio de conduta". Os imperativos de ordem econômica são também relevantes: o comércio ilegal configuraria uma concorrência desleal, favoreceria o desemprego, além de burlar a boa-fé do consumidor.[30] Alguns estudos observam que o consumo abundante de artigos ilegais responde a uma demanda represada; como as *maisons* têm uma política de controle e de restrição dos produtos, os bens falsificados seriam uma forma de preencher a

28 Andy Hyeans, "La contrefaçon dans le monde: entre dangers, profits et perspectives", *Cahiers de la Sécurité*, nº 15, janvier-mars 2011, p.1.

29 Patricia Anna Hitzler e Günter Müller-Stewens, "The strategic role of authenticity in the luxury business" in M.A.Gardetti (ed.) *Sustainable Management of Luxury*, Singapore, Springer Nature Singapore Pte Ltd, 2017, p.8.

30 Consultar Insaf Bekir ali "L'imitation et la contrefaçon peuvent-elles être bénéfiques aux firmes originales"?, *Révue Internationale de droit économique*, vol.1, nº 23, 2009; Philippe Maitre e Murriel Perrino, "Contrefaçon et ostentation", Revue d'Économie Industrielle, nº 117, 1er trimestre 2007; Nejla Yacoub e Blandine Leperche, "Stratégie anti-contrefaçon des entreprises cosmétiques de luxe: accumulation versus valorisation du capital-savoir", *Innovations*, v.2, nº 41, 2013.

insatisfação latente. Há na literatura de marketing uma controvérsia em relação ao impacto das falsificações. O efeito negativo é o mais evidente, o prejuízo comercial acarretado pela concorrência "desleal". Mas há autores que argumentam haver algumas implicações de aspecto positivo. A venda dos produtos falsificados aumentaria a exposição da marca no mercado global, tornando-a mais cobiçada; outro argumento denomina-se efeito aprendizado, ao escolher uma imitação os indivíduos estabeleceriam um primeiro contacto com os meandros do luxo, podendo, futuramente, transformar-se em clientes potenciais (sic). De qualquer maneira, os dados estatísticos disponíveis são evidentes, a expansão e o crescimento do mercado de luxo independe das falsificações, não existe uma relação causal entre eles. Na verdade, a discussão alimentada pelos empresários do setor é contraditória e ambígua, os argumentos apresentados são ideológicos e pouco convincentes, pecam por um moralismo de conveniência cujo intuito é encobrir os interesses de cunho marcadamente comerciais. Basta lermos o relatório sobre produtos piratas realizado pela Comunidade Européia para entendermos que se trata de uma acirrada disputa de mercado.[31] O que se define como pirataria, do ponto de vista institucional, abrange uma diversidade de produtos (de vestimentas à maquinários) que podem ser classificados nas seguintes categorias de infração: direitos autorais, de marca, de design, patentes. A estimativa para 2013 é que o comércio ilegal teria movimentado

31 "Trade in Counterfeit and Pirated Goods: mapping the economic impact", Paris, OECD/EUIPO (European Union), 2016. O relatório divide-se em duas partes: "mercados primários, nos quais os compradores de bens falsificados são enganados e acreditam que estão comprando bens legítimos; e mercados secundários, nos quais o consumidor deseja expressamente adquirir esses produtos falsificados e piratas", p.21.

461 bilhões de dólares, o equivalente à 2,5% do total das trocas comerciais mundiais. Não obstante, o interessante é compreender como se distribui regionalmente esse mercado, para isso, o contraste entre os Top 10 países produtores e consumidores das imitações é sugestivo:[32]

Países exportadores de Falsificações	Países Consumidores de Falsificações
China	Estados Unidos
Hong Kong	Itália
Turquia	França
Singapura	Suiça
Tailândia	Japão
Índia	Alemanha
Marrocos	Reino Unido
Emirados Árabes	Luxemburgo
Paquistão	Finlândia
Egito	Espanha

O contraste entre os dois blocos de países é esclarecedor, revela o quanto os argumentos morais são inconsistentes; trata-se de uma divisão geográfica na qual as empresas, na sua maioria de origem ocidental, sofrem uma forte concorrência do que é produzido fora de seu controle. É o caso da China continental e Hong Kong, onde são confeccionados grande parte desses artigos: relógios, peças em couro, perfumes e cosméticos, capacetes (*headgear*: equipamentos para a cabeça), roupas, brinquedos, jóias e bijute-

32 O quadro foi elaborado a partir dos dados do "Trade in Counterfeit and Parated Goods" op.cit.

ria. O relatório esclarece ainda que a maior parte das imitações recaem sobre as marcas (95%), apenas 5% divide-se entre infrações de direitos autorais, design e patentes. O comércio de bens pessoais de luxo ressente-se justamente deste tipo de concorrência, trata-se de produtos artesanais que utilizam pouca sofisticação tecnológica (contrariamente aos telefones celulares e televisões), sendo facilmente confeccionados com um custo operacional mínimo (a deslocalização dissemina o *savoir-faire* original entre os produtores de várias regiões do mundo). Isso incide diretamente no valor das mercadorias, uma comparação entre o preço médio das falsificações e dos originais evidencia o abismo existente entre eles: óculos Ray Ban, entre 5 e 150 dólares; bolsa Louis Vuitton, entre 5 e 1.500 dólares; relógios Rolex, entre 5 e 20.000 dólares.

Mas as imitações encerram, além de tópicos de ordem econômica, uma dimensão simbólica. Consideremos a questão do artesanato. Como vimos antes, os trabalhadores do universo do luxo são artesãos, mas não de qualquer tipo. Há uma diferença entre o artesanato comum, no qual se confecciona objetos banais, e o artesão de luxo dedicado à elaboração de artefatos excepcionais. Contrariamente a um saber puramente tradicional, ele seria altamente criativo e partilharia as virtudes intrínsecas ao mundo artístico. Isso evidenciaria o valor "único" e a qualidade de sua criação. Neste sentido, as falsificações atingiriam não apenas o lado comercial dos produtos, mas o seu âmago.[33] O artesanato verdadeiro é feito por verdadeiros artesãos. A tautologia da frase assegura suas virtudes. Como sublinham os estudiosos: "A indústria de luxo procura defender o seu status de exclusividade. Ela

33 Consultar, Eugénie Briot ali, "La contrefaçon chez les artisans du luxe: dispositifs de protection et rôle du reseau", *International Conference Luxury and Couterfeiting*, Geneva, June 9-10th 2011.

procura escapar de sua diluição nos produtos de massa e deste forma refere-se a si mesma como sendo autenticamente de luxo ou uma autêntica operação em relação à um segmento de consumo".[34] A preservação da qualidade é uma necessidade interna à própria definição do que se quer proteger, a autenticidade é sua expressão identitária. É preciso distinguir o verdadeiro do falso, confundi-los seria uma ameaça à sua existência. Mas há vários tipos de imitações. Um estudo de caso realizado na região de Guangdong na China é interessante a esse respeito.[35] Uma alternativa possível incide sobre o nome da marca; troca-se Gucci por Guggi, Boss por Boos, Swatch por Watches, Chanel por Channel. Este é um artifício também utilizado na fabricação de calçados: Nike-Mike; Puma-Puna; Adidas-Adibas; ou telefones celulares: Sony Ericsson - Song Ericsson; Nokia-Nokir; Samsung-Sanxin. A cacofonia entre a denominação da marca e a imitação remete a uma sonoridade reconhecível, embora superficial, de algo que o consumidor eventualmente identificaria no mercado. Estamos distantes das coisas de luxo, a alusão ao nome destorcido apenas tangencia suas virtudes. Outras vezes é o logo de uma marca que é reproduzido sem a autorização das empresas, por exemplo, as letras L e V impressas em uma bolsa Louis Vuitton. A imitação de um relógio Rolex requer um grau maior de complexidade, os fabricantes adquirem um exemplar verdadeiro, o modelo mais barato, o desmontam e incrustam falsos diamantes que passam por verdadeiros. A caixa da versão original é preservada, nela depo-

34 Patricia Anna Hitzler e Günter Müller-Stewens, "The strategic role of authenticity in the luxury business", op.cit., p.29.

35 Yi-Chieh Jessica Lin, "Knockoff: a cultural biography of transnational counterfeit goods", PhD Thesis, Departement of Anthropology, Cambridge, Harvard University, 2009.

sita-se uma jóia com o mecanismo inteiramente adulterado. Os produtores e distribuidores chineses de relógios e bolsas estabelecem desta forma uma hierarquia das cópias: a) nível B: produtos visivelmente diferentes dos originais; b) nível A: a diferenciação em relação ao original é mais difícil de ser percebida, embora o material utilizado na fabricação seja de qualidade inferior; c) nível AA: artigos superiores ao dos níveis anteriores; d) nível super A: cópia exata da genuína.

Haveria assim um continuum que caminharia do mais simples ao mais complexo, do imperfeito ao perfeito. No caso do mercado brasileiro, faz-se uma distinção semântica sugestiva entre cópia e réplica. A primeira seria marcada por um conjunto de imperfeições, a segunda conteria algo de genuíno. Um site de anúncio de relógios assim se refere a seus produtos: "Porque [você] deveria comprar uma réplica? Pode existir várias razões, entre elas: 1° - Porque você quer comprar um relógio genuíno, e não pode devido aos preços altíssimos; 2° - Porque você quer surpreender seus amigos e clientes de negócio; 3° - Porque você poderá substituir o seu original de vez em quando, por uma bela réplica devido a hipótese de roubo. O principal motivo é porque nossas réplicas possuem um alto nível de qualidade, ficando assim ser praticamente impossível um especialista à olho nu, diferenciar de um original".[36] A ideia de imitação pressupõe a legitimidade do original, esse é o princípio de toda cópia. Dentro desta perspectiva, o continuum de falsificações adquire um significado diferente em função do aperfeiçoamento e da fidelidade dos artefatos reproduzidos. As cópias são repletas de falhas e defeitos,

36 Citação in Suzana Strelauh, "O Luxo Falsificado e suas Formas de Consumo", Tese de Doutorado, São Paulo, Escola de Administração de Empresas de São Paulo da Fundação Getúlio Vargas, 2004. p.69.

representam uma ameaça relativamente desprezível; as réplicas, devido à proximidade ao original, induzem ao erro de avaliação. Por isso uma autora como Danielle Allerès diferencia entre cópias grosseiras, mal acabadas, e cópias inteligentes.[37] Essas últimas seriam as mais danosas, incidem sobre a autenticidade do produto. Neste caso, o monopólio da definição da norma seria posto em dúvida, tendo, consequentemente, sua autoridade debilitada. Este é o motivo que leva empresas como Louis Vuitton, Hermès, Dior, Cartier, a oferecer ao comprador um certificado de autenticidade de seus objetos (não confundir com certificado de garantia), ele é o atestado formal de sua veracidade. Este tipo de serviço estende-se aos objetos comprados nas lojas de segunda mão, para garantir a fidelidade da origem as empresas atestam a autenticidade da marca após um exame criterioso do material utilizado. Lembro que no domínio das artes a distinção entre o verdadeiro e do falso é crucial. Cabe aos especialistas esclarecerem as ambiguidades entre a obra e a ilusão induzida pelo falsário. Porém, como observam Raymonde Moulin e Alain Quemin (ver capítulo III), o que se encontra em jogo neste processo de reconhecimento não é simplesmente a confirmação da infidelidade em relação ao modelo. O julgamento dos especialistas recobre o estatuto da própria arte. No universo do luxo temos algo análogo, os certificados de autenticidade dizem respeito à legitimidade de sua definição. Um último aspecto merece ser sublinhado. Os fabricantes de imitações possuem uma visão utilitarista do mercado, todas as artimanhas são boas para sua ampliação. Seus produtos dirigem-se ao consumidor, exploram o desejo de distinção, entretanto, as

37 Danielle Allerès, "La propriété intellectuelle dans l'univers du luxe", *Réseaux*, vol.16, nº 88-89, 1998.

regras do jogo situam-se na esfera da oferta, não da procura. O consumo de bens falsificados em nada compromete a veracidade do que se quer imitar. Mas não porque no mundo contemporâneo a diferença entre o original e a cópia tornou-se irrelevante, ou a ideia de autoria tenha se transformado em algo anacrônico com a "morte do autor". Original e cópia pertencem à domínios qualitativamente distintos, a distância entre eles é imensa. As imitações incidem ainda sobre produtos determinados, bolsas, roupas, óculos, perfumes, cosméticos, elas atingem as declinações do luxo. Vimos como podíamos representar o universo do luxo através de círculos concêntricos, as imitações confinam-se às margens, as regiões intermediária e central estão ao abrigo de sua voracidade. A disputa simbólica entre o original e o falso traduz a necessidade de conter os ruídos estranhos fora de um território privilegiado, mas no seu interior, o padrão de autoridade repousa incólume.

Digressão

O destino do dinheiro é o movimento em busca de sua abstração. Tudo se passa como se o conteúdo das coisas fosse, cada vez mais, reduzido à sua dimensão genérica. Max Weber considerava o mercado a mais impessoal das organizações sociais nas quais os homens tecem suas relações sociais, ele encontra-se em total oposição a todos os tipos de comunidades onde a interação entre as pessoas pressupõe um mínimo de "fraternidade". Daí sua distinção entre economia natural, na qual o uso do dinheiro inexiste, e economia de mercado, na qual ele é o principal elemento que orienta a ação individual. Marcel Mauss dizia que nas sociedades indígenas o sistema de prestação de trocas incluía os mais variados itens, festas, danças, ritos, mulheres, o mercado é apenas um momento desse ciclo de circulação mais ampla. Em muitas sociedades os bens materiais são agrupados em categorias hierarquizadas e as trocas se fazem no interior de um circuito fechado. Por exemplo, entre os Siani da Nova Guiné há várias classes de bens: de subsistência: produtos agrícolas, colheitas, artesanato;

de luxo: tabaco, óleo de palmeira, sal, nozes de pandano; artigos preciosos: conchas, plumas de aves, machados ornamentais, porcos utilizados em rituais como casamento e iniciação religiosa. Nenhum bem de cada uma dessas categorias podia ser trocado com os bens das outras categorias, cada uma delas funcionava como um sistema de vasos não comunicantes. Os estudos antropológicos nos familiarizam com a existência de moedas que constituíam bens preciosos, roupas com plumas, dentes de animais, elas funcionavam como uma espécie de fundos de poder. No entanto, Maurice Godelier observa a esse respeito: "Aparentemente, esses bens preciosos parecem desempenhar o papel de nossa moeda, mas rapidamente nos damos conta que tais "moedas" primitivas raramente podiam ser trocadas entre elas, e, o que era mais frequente, nunca eram trocadas contra a terra ou o trabalho; a acumulação e a circulação entre os indivíduos e os grupos sociais não implicava no desenvolvimento geral das forças produtivas, como é o caso do capital nas sociedades mercantis capitalistas".[1] Ou seja, para que o dinheiro desempenhe a função com a qual estamos habituados foi necessário todo um processo histórico de mudanças e transformações.[2] Antes, as moedas eram simultaneamente um meio de transação comercial e um objeto de consumo: a pasta de chocolate entre os aztecas, as amêndoas em algumas regiões da Índia, a cevada entre os babilônios, além do sal, tabaco, arroz e peixes. Uma mudança importante faz-se quando os alimentos e bens perecíveis são substituídos pelos metais precio-

1 Maurice Godelier, "Aux Sources de l'Anthropologie Économique", Socio-anthropologie, 15 janvier 2003, URL : http://socioanthropologie.revues.org/98, p.7.

2 Um bom livro que nos guia nesse processo de transformação é o de Martín Hopenhayn, *El Mundo del Dinero*, Buenos Aires, Norma, 2002.

sos, o dinheiro ganha uma durabilidade que desconhecia. Porém, transformação ainda maior se dá quando os metais preciosos que o representam adquirem um valor convencional independente de seu valor intrínseco. A convenção que o determina como unidade de troca o afasta de sua utilidade (por exemplo, o ouro ou o bronze como objetos de luxo) acentuando seu movimento de abstração. Por fim, o dinheiro em papel, introduzido pelos banqueiros italianos durante o Renascimento, o distancia definitivamente dos metais preciosos, conferindo-lhe um grau de amplitude ainda maior. Esta é a dimensão que faz com que os filósofos iluministas o considerassem um lubrificante capaz de reduzir as fricções próprias às trocas comerciais. Sua fluidez aceleraria a mobilidade do comércio, a troca entre mercadorias as mais díspares possíveis. O capitalismo industrial desenraíza o conteúdo das coisas de forma definitiva, dizia Marx, na mercadoria o valor de uso é superado pelo valor de troca. O dinheiro é o equivalente universal entre todas as coisas do mundo, tudo pode ser reduzido a uma quantidade específica. Seu ideal traduz a existência de um quadro no qual as pessoas e os objetos possuem um significado apenas quando inseridos em um sistema de cálculo que lhes confere um atributo mensurável. Isso assegura que possam ser "trocados" uns pelos outros. Como observa Simmel: "Quanto mais cresce o papel do dinheiro como condensador de valor, necessariamente, menos ele encontra-se vinculado à uma substância".[3] Seu destino trágico seria o esvaziamento do sentido das coisas.

Luxo e dinheiro possuem relações íntimas. Enquanto mercadoria os produtos de luxo devem ser trocados no mercado, neste sentido, do ponto de vista da equivalência universal, não há di-

3 Georg *Simmel, Philosophie de l'Argent*, Paris, PUF, 1987, p.225.

ferença substantiva em relação à outras práticas comerciais. É preciso que eles circulem em função de seu valor de troca. Mas se o consideramos como parte de um universo, não apenas na sua particularidade de produto, percebe-se que a relação com o dinheiro é de outra natureza. Trata-se de uma fronteira para a entrada em outro mundo, o dos privilegiados. Neste caso, não é o anonimato das coisas que prevalece mas sua singularidade, o traço que não pode ser reduzido à nada, a não ser ele mesmo. No mundo dos ricos os objetos e as práticas enraizam-se em um lugar separado de todos os outros. Há portanto um certo paradoxo, o dinheiro, símbolo de indiferenciação, é a condição primeira de acesso a esse espaço de privilégio, mas, ao mesmo tempo, é preciso controlar sua voracidade. Sem a sua presença e manifestação o inacessível se impõe, as portas se fecham para esse território de abundância, porém, uma vez no seu interior, as regras são distintas. Todo o esforço de representação do universo do luxo resume-se a essa dimensão, conferir ao indiferente um valor de diferença. A aproximação com a arte provém dessa necessidade, pois ela é algo que se destaca do dia a dia, dos afazeres banais. Ao se enunciar como distinto e separado daquilo que o rodeia o universo do luxo representa, no sentido durkheimiano do termo, a sociedade que lhe dá sustentação. Com isso quero dizer, ele nos permite compreender as forças sociais a partir de um ponto de vista que "fala" de nossos dilemas, mas de uma forma na qual não estamos habituados a escutar. Se é verdade que o dinheiro, ícone da racionalidade e do cálculo, somente atinge sua verdadeira abstração com o advento do capitalismo industrial, não se deve esquecer que há uma história deste capitalismo. No início ele se contrapõe ao mundo tradicional, rural, a indústria é o seu centro de irradiação. A "imobilidade" da tradição anterior contrasta desta forma com a mobilidade crescente desta modernidade do século XIX. Entretanto, com o correr dos anos, este mesmo capitalismo transforma-se em tradição, este é o solo no qual nos inserimos. "Tudo é moderno". As mudanças recentes referem-se às rupturas desta tradição da modernidade, por isso dizemos que "houve uma época" em que existia o fordismo, momento ultrapassado pela flexibilidade do capitalismo contemporâneo. Mas as características que o descrevem, flexibilidade, fluidez, instabilidade, fugacidade, líquido (geralmente condensadas no termo neo-liberalismo) contrastam fortemente com o universo que procurei compreender. Na verdade, deveríamos dizer, o capitalismo atual é flexível mas não o mundo dos ricos no qual o luxo se aliena. Este é o oposto do efêmero, suas qualidades são outras, sólido, estável, permanente. A instabilidade não faz parte do mundo dos ricos, seu fundamento possui a solidez na qual a dominação se ancora. Toda dominação necessita de estabilidade, aí repousa o segredo de sua autoridade. A fugacidade não pode ser o alicerce no qual ela se assenta. A desigualdade despe-se assim de seu caráter ácido, explícito, cruel, transmutando-se em distinção, norma legítima que organiza e oculta as relações de poder.

Bibliografia

Referências Gerais

AUGÉ, Marc. *Non Lieux: introduction à une anthropologie de la surmodernité*, Paris, Seuil, 1992.

BAUDRILLARD, Jean. *O Sistema dos Objetos*, São Paulo, Perspectiva, 2006.

______. *Pour Une Critique de l'Économie Politique du Signe*, Paris, Gallimard, 1972.

______. *La Société de Consommation*, Paris, Denoël, 1970.

Barthes, Roland. *Le Degré Zéro de l'Écriture*, Paris, Ghontier, 1964.

______. *Mythologies*, Paris, Éditions du Seuil, 1957.

Bauman, Zigmunt. *A Modernidade Líquida*, Rio de Janeiro, Zahar, 2001.

______. *Globalização: as consequências humanas*, Rio de Janeiro, Zahar, 1999.

BECK, Ulrich. "El manifiesto cosmopolita" in *La Sociedad del Riesgo Global*, Madrid, Siglo XXI, 2002.

BELL, Daniel. *The Coming of Post-Industrial Society*, New York, Basic Books, 1973.

BENJAMIN, Walter. *Parigi Capitale del XIX Secolo*, Torino, Einauldi, 1986.

BOORSTIN, Daniel. *The Image: or what happened to the American dream*, New York, Atheneum, 1961.

BOURDIEU, Pierre. *As Regras da Arte*, São Paulo, Companhia das Letras, 1996.

______. *La Distinction*, Paris, Minuit, 1979.

______. "La production de la croyance: contribution à une économie des biens symboliques", Actes de la Recherche en Sciences Sociales, vol.13, nº 1, 1977.

BOURDIEU, Pierre; DELSAUT, Yvette. "Le couturier et sa griffe", Actes de la Recherche en Sciences Sociales, nº 1, 1975.

CHANDLER, Alfred. *The Visible Hand: the management revolution in American business*, Cambridge, Harvard University Press, 1977.

CLARK, Kenneth. *The Romantic Rebellion: romantic versus classical arts*, New York, Harper and Row, 1976.

CLARK, R.T. *Herder: his life and thought*, Oakland, University of California Press, 1955.

CRESSWELL, Tim. "Towards a politics of mobility", Environment and Planning D: Society and Space, vol.28, nº 1, 2010.

DAHRENDORF, Ralph. *Class and Conflicts in Industrial Society*, Stanford, Stanford University Press, 1959.

DE SWAAN, Abram. *Words of the World*, Cambridge, Polity Press, 2001.

DERUDDEN, Ben ali. (ed.) *International Handbook of Globalization and World Cities*, Chatelham (Reino Unido), Edward Elgar, 2012.

EGLEATON, Terry. *After Theory*, London, Penguin Books, 2004.

FEATHERSTONE, Mike. *Cultura do Consumo e Pos-Modernismo*, São Paulo, Studio Nobel, 1995.

GOFFMAN, Erwing. *A Representação do Eu na Vida Quotidiana*, Petrópolis, Vozes, 2001.

______. "The nature of deference and demeanor", American Anthropologist, vol.58, nº 3, 1956.

______."Symbols of Status", The British Journal of Sociology, vol.2, nº 4, 1951.

GRANET, Marcel. *O Pensamento Chinês*, Rio de Janeiro, Contraponto, 1997.

HEINICH, Nathalie. *De la Visibilité: excellence et singularité en régime médiatique*, Paris, Gallimard, 2012.

HERZ, Robert. "La préeminence de la main droite: étude sur la polarité religieuse" in *Sociologie Religieuse et Folklore*, Paris, PUF,1970.

HOPENHAYN, Martin. El Mundo del Dinero, Buenos Aires, Norma, 2002.

HORKHEIMER, Max. "Art and Mass Culture", Studies in Philosophy and Social Sciences, 1941.

KAMENETSKY, Christa. "The German folclore revival in eighteenth century: Herder's theory of naturpoesie", Journal of Popular Culture, nº 4, Spring 1973.

KAUFFMANN, Vincent, "Mobilités et Réversibilités: vers des sociétés plus fluides?", Cahiers Internationaux de Sociologie, vol.1, nº 118, 2015.

LASH, Scot; URRY, John. *The End of Organized Capitalism*, Madison, University of Wisconsin Press, 1987.

LEVITT,Theodore. "The globalization of markets", Harvard Business Review, May-June 1983

LIEBERSON, Stanley. "Forces affecting language spread: some basic propositions" in R.Cooper (ed.) *Language Spread*, Bloomington, Indiana University Press, 1982.

LIPOVETSKY, Gilles. *L'Empire de l'Éphemère*, Paris, Gallimard, 1987

LYOTARD, François. *O Pós-Moderno*, Rio de Janeiro, José Olympio, 1986.

Manifesto Convivialista (vários autores), São Paulo, Anablume, 2016.

MERTON, Robert. *The Sociology of Science*, Chicago, The University of Chicago Press, 1973.

______. *Social Theory and Social Structure*, New York, The Free Press, 1957.

ORTIZ, Renato. *Mundialização e Cultura*, São Paulo, Brasiliense, 1994.

______. *Cultura e Modernidade: a França no século XIX*, São Paulo, Brasiliense, 1991.

______. *O Próximo e o Distante: Japão e modernidade-mundo*, São Paulo, Brasiliense, 2000.

______. *Mundialização: saberes e crenças*, São Paulo, Brasiliense, 2006.

______. *A Diversidade dos Sotaques: o inglês e as ciências sociais*, São Paulo, Brasiliense, 2008.

______. *Um Outro Território*, São Paulo, Olho d'Água, 1996.

______. "As celebridades como um emblema sociológico", Sociologia e Antropologia, vol.6, nº 3, 2016.

PINHEIRO-MACHADO, Rosana. "China-Paraguai-Brasil: uma rota para pensar a economia informal", Revista Brasileira de Ciências Sociais, vol.23, nº 67, 2008.

PRATT, Mary. *Olhos do Império: relatos de viagem e transculturação*, Baurú, EDUSC, 1992.

REICH, Richard. "Who is them?", Harvard Business Review, March-April 1991.

ROJECK, Chris. *Celebrity*, London, Reaktion Books, 2011.

SARTRE, Jean-Paul. *L'Idiot de la Famille: Gustave Flaubert de 1821 à 1857*, Paris, Gallimard, 1972.

______. *L'Être et le Néant*, Paris, Gallimard, 1943

SASSEN, Saskia. *The Global City: New York, London, Tokyo*, New Jersey, Princeton University Press, 1991.

SCOTT, Allen John. *Social Economy of Metropolis: cognitive cultural capitalism and the global resurgence of cities*, Oxford, Oxford University Press, 2008.

______. "Creatives Cities: conceptual issues and policy questions", Jornal of Urban Affairs, vol.28, nº 1, 2006.

SHAW, Kate. "Gentrification: what it is, why it is, and what can be done about it", Geography Compass, vol.2, nº 5, 2008.

SIMMEL, Georg. *Filosofia da Moda e Outros Escritos*, Lisboa, Texto & Grafia, 2008.

______. *Philosophie de l'Argent*, Paris, PUF, 1987.

SCHICKEL, Richard. *Intimate Strangers: the cult of celebrity in America*, New York, Doubleday, 1985.

SOMBART, Werner. Amor, Luxo e Capitalismo, Lisboa, Bertrand, 1990.

SZERZINSKY, Bronislaw; URRY, John. "Cultures of cosmopolitanism", The Sociological Review, vol.50, nº 4, 2002.

THOMPSON, John B. *Merchants of Culture: the publishing business in the twenty-first century*, Penguin, London, 2013.

TIEGHEN. Paul van. *Le Romantisme dans la Littérature*, Paris, Albin Michel, 1969.

TOLIMSON, Alan (ed.) *Consumption, Identiy & Style*, London, Routledge, 1990.

TOURAINE, Alain. *La Société Postindustrielle*, Paris, Denoël, 1969.

URRY, John. *Consuming Places*, London, Routledge, 1995.

VAN GENNEP, Arnold. *Os Ritos de Passagem*, Petrópolis, Vozes, 2011.

VEBLEN, Thorstein. *The Theory of the Leisure Class*, New York, Mentor Book, 1953.

WAIZBORT, Leopoldo. *As Aventuras de Georg Simmel*, São Paulo, Editora 34, 2000.

WRIGHT MILLS, C. "O ideal do artesanato" in *Sobre o Artesanato Intelectual e Outros Ensaios*, Rio de Janeiro, Zahar, 2009.

História e Ciências Sociais

ABELÈS, Marc. *Un Ethnologue au Pays du Luxe*, Paris, Odile Jacob, 2018.

ASSOULY, Olivier (ed.) *Le Luxe Essais sur la Fabrique de l'Ostentation*, Paris, Éditions de l'Institut Français de la Mode, 2005.

______. *Goûts à vendre, essais sur la captation esthétique*, Paris, IFM/Regard, 2007.

BAUDRILLART, Henri. "Le luxe et les formes de gouvernement", Revue des Deux Mondes, 1er septembre, 1877.

LEROY-BEULIEU, Paul. "Le luxe: la fonction de la richesse", Revue des Deux Mondes, 1er novembre, 1894

BELK, Russel. "Collecting as luxury consumption: effects on individuals and households", Journal of Economic Psychology, vol.16, 1995.

BERGERON, Louis. *Les Industries du Luxe en France*, Paris, Odile Jacob, 1998.

BERRY, Christopher. *The Idea of Luxury: a conceptual and historical investigation*, Cambridge, Cambridge University Press, 1994.

BERG, Maxine. "In Poursuit of Luxury: global history and British consumer goods in eighteenth century", Past and Present, nº 182, February 2004.

BERG, Maxine; EGER, Elizabeth (ed.) *Luxury in Eighteenth Century*, New York, Palgrave Macmillan, 2003.

BLAY, Jean-Pierre. "La maison Hermès, du dernier siècle du cheval à l'ère de l'automobile", Histoire Urbaine, vol.1, nº 12, 2005.

BRIAT-SAVARIN, Jean Anthelme. *Physiologie du Goût*, Paris, Edição Ebook, 1826.

BRIOT, Eugénie. *La Fabrique des Parfums: naissance d'une industrie de luxe*, Paris, Éditions Vendemiaire, 2015.

COQUERY, Natacha. "Hôtel, luxe et société de cour: le marché aristocratique parisien au XVIIIe siècle", Histoire & Mesure, vol.10, nº 3-4, 1995.

D'AVENEL, Georges. *Le Nivellement des Jouissances*, Paris, Flammarionm 1913.

______. *Les Mecanismes de la Vie Moderne*, Paris, Collin, 1896.

DIDEROT, Denis, verbete "Luxe" da Encyclopaedie, Pergamon Press (versão digital).

DEJEAN, Joan. *Du Style: comment les français ont inventé la haute couture, la grande cuisine, les cafés chic, le raffinement et l'élégance*, Paris, Grasset, 2005.

DURAND, José Carlos. *Moda, Luxo e Economia*, São Paulo, Babel Cultural, 1988.

GOUBERT, J. P. (ed.) *Du Luxe au Confort*, Paris, Bélin, 1988.

GOURNAY, Antoine. "Le luxe de la Chine ancienne", Monde Chinois, vol.1, nº 29, 2012.

HANSEN, Joachin; Wanke, Michaela. "The abstractness of luxury", Journal of Economic Psychology, vol.32, 2001.

HOFMEESTER, Karin. "Les diamants, de la mine à la bague: pour une histoire globale du travail au moyen d'un article de luxe", Le Mouvement Social, nº 241, octobre-décembre 2012.

JENNINGS, Jeremy. "The debate about luxury in the eighteenth-nineteenth century French political thought", Journal of History of Ideas, vol.68, nº 1, 2007.

KERLAU, Yann. *Les Dynasties du Luxe*, Paris, Perrin, 2010.

MARSEILLE, Jacques (ed.) *Le Luxe en France du Siècle des Lumières à Nos Jours*, Paris, Association pour le Développement de l'Histoire Économique, 1999.

NADAULT, Henri. *Notre Ennemi le Luxe*, Paris, Jouvert et Cie, 1869.

PASOIS, Paul-Gérard. *Louis Vuitton: the birth of modern luxury*, Ed. Harry N. Abrams, 2005.

PERROT, Philippe. *Le luxe: une richesse entre faste et confort XVIIIe-XIXe siècle*, Paris, Seuil, 1995.

ROBERT, M.J.D. "The concept of luxury in British political economy: from Adam Smith to Alfred Marshall, History of Human Sciences, vol.1, nº 1, 1998.

ROCHE, Daniel. *La Culture des Apparences*, Paris, Fayard, 1989.

SCHIVELBUSCH, Wolfgang. *Historia de los Estimulantes*, Barcelona, Editorial Anagrama, 1995.

SOUGY, Nadège (ed.) *Luxes et Internationalisation (XVIe-XIXe siècles)*, Neuchâtel, Presses Universitaires Suisses, 2013.

VETTRAINO SOULARD, Marie-Claude. *Luxe et Publicité*, Paris, Retz, 1990.

WILLIAMS, Rosalind. *Dreams World: mass consumption in 19th century France*, Los Angeles, University of California Press, 1982.

Economia, Indústria

BAGWEL, Laurie; BERNHEIM, B. Douglas. "Veblen effects in a theory of conspicuous consomption", The American Economic Review, vol.86, nº 3, 1996.

BAIN & COMPANY

______. Luxury Goods Worldwide Market Study, October 2008.

______. Luxury Goods Worldwide Market Study, October 2009.

______. Luxury Goods Worldwide Market Study, October 2010.

______. Luxury Goods Worldwide Market Study, October 2012.

______. Luxury Goods Worldwide Market Study, October 2013.

______. Luxury Goods Worldwide Market: Study Fall-Winter 2014.

______. Luxury Goods Worldwide Market: Study Fall-Winter 2015.

______. Altagama 2016 Worldwide Luxury Market Monitor.

CHATRIOT, Alain. "La construction récente des groupes de luxe français: mythes, discours et pratiques", Entreprises et Histoire, vol.1, nº 46, 2007.

COLLI, Andrea; MERLO, Elisabetta. "Family Business and Luxury Business in Italy 1950-2000", Entreprises et Histoire, vol. 1, nº 47, 2007.

DELOITTE (DTTL). "Global Powers of Luxury Goods 2014".

DEPAL, Franck; JACOMET, Dominique. *Économie du Luxe*, Paris, Dunod, 2014.

DONZÉ, Pierre-Yves. *A Business History of the Swatch Group*, London, Palgrave Macmillan, 2014.

FONTAGNE LIONEL, Hatte Sophie, "European High-End Products in International Competition". Paris School of Economics, Working Paper nº 37, November 2013.

GRANERO, Arlete alli. "O mercado de luxo: composto de marketing e crescimento no Brasil", Revista Eletrônica de Comunicação, UNI-FACEF, edição 03, janeiro-junho 2007.

JACOMET D., Morand P., "L'économie de la mode", Annales des Mines-Réalités industrielles, novembre 2013.

KOROMYSLOV, Maxime. "La logique de la délocalisation dans le luxe: motivations, accélérateurs et freins", XVIème Conférence Internationale de Management Stratégique, Montréal, 6-9 juin 2007.

LATOUCHE, Serge. "Le luxe guillotiné, ou comment un concept disparaît du discours économique dans la tourmente révolutionnaire", Revue du MAUSS, nº 5, 1989.

"Le Marché Mondial des Produits de Luxe Devrait Continuer à Croitre à un Taux Réel de 2 a 4 % en 2015", http://www.bain.fr/publications/communiques-de-presse/le-marche-mondial-des--produits-de-luxe-devrait-continuer-a-croitre-a-un-taux-reel--de-2-a-4-pourcent-en-2015.aspx

LEIBENSTEIN, Harvey. "Bandwagon, snob and Veblen effects in the theory of consumer's demand", Quartely Journal of Economics, vol.64, nº 2, 1950.

"Luxueux Paradoxe: le marché de l'automobile de luxe ne connait pas la crise", Revue Automobile, nº 35, 2015.

"Main Streets Across the World", A.Cushman & Wakefield Research Publication, 2015/2016.

MARTIN, Julien; MAYNERIS, Florian. "High-End Variety Exporters Defying Distance: Micro Facts and Macroeconomic Implications", Paris School of Economics, Working Paper nº 35, October 2013.

MERLO, Elisabetta; POLESE, Francesca. "Turning fashion into business: the emergence of Milan as an international fashion hub", The Business History Review, vol.80, nº 3, 2006.

PARIS, Ivan. "Fashion as a system: change in demand as the basis for stablishement of the Italian fashion system (1960-1970). Entreprise & Society, vol.11, nº 3, 2010.

RAY, Anna; VATAN, Antoine. "Demand for Luxury Goods in a World of Income Disparities", Paris School of Economics, Working Paper nº 36, October 2013.

TOKATLI, Nehabat. "Doing a Gucci: the transformation of a Italian fashion firm into a global powerhouse in a Los Angeles-izing world", Journal of Economic Geograpy, vol.13, December 2012.

______. "Made in Italy? Who Cares! Prada new economic geograpy", Geoforum, vol.54, April 2014.

______. "Single firm case studies in economic geography: some methodological reflexions on the case of Zara"Journal of Economic Geography, vol.15, May, 2014.

"US luxury market share in 2015, by brands", Statista.com

VERLEY, Patrick. "Marché des produits de luxe et division internationale du travail: XIXe-XXe siècles, Revue de Synthèses, vol.127, nº 2, octobre 2006.

XERFI, "La Distribution de Produits de Luxe", Paris, 2016.

Mundo dos Ricos

ALCOFORADO, Michel. "Coisas de Rico: tempo, valores e posição social". Tese de Doutorado, Rio de Janeiro, UERJ, 2016.

"An Economy for the 1%", Oxfam Birefing Paper, 18 January, 2016.

ATKINSON, Rowland. "Limited Exposure: social concealment, mobility and engagement with public space by super-rich in London", Environment and Planning A, vol.48, nº 7, 2016.

BIRTCHNELL, Thomas; CALETRÍO, Javier (ed.) *Elite Mobilities*, London, Routledge, 2014.

BEAVERSTOCK, Jonathan alli. "Getting away with it? Exposing the geography of the super-rich", Geoforum vol.35, 2004.

CAPGEMINI & MERRIL LYNCH.

______. World Wealth Report 2004.

______. World Wealth Report 2005.

______. World Wealth Report 2010.

______. World Wealth Report 2011.

______. World Wealth Report 2015.

______. World Wealth Report 2016.

BURROWS, R.; WEBBER, R.; ATKINSON, R. "Welcomo to Pikettyville? Mapping London Alpha Territory", The Sociological Review, vol.65, nº 2, 2017.

DAVIS, Mike; MONK, Daniel B. *Evil Paradises: dreamworlds of neoliberalism*, New York, The New Press, 2007.

FRANK, Robert H. *Luxury Fever: weighing the coast of excess*, Princeton, Princeton University Press, 2010.

FORREST, Ray alli. *Cities and the Super-Rich: real state, elite practices and urban political economies*, London, Palgrave Macmillan, 2017.

GERTH, Karl. "Lifestyles of the rich and the infamous: the creation and implication of China's new aristocracy", Comparative Sociology, vol.10, nº 6, 2011.

HASELER, Stephen. *The Super-Rich: the unjust new world of global capitalism*, London, Palgrave MacMillan, 2000.

HAY, Iain (ed.) *Geographies of the Super-Rich*, Cheltenham (U.K), Edward Elgar Publishing, 2013.

HAY, Iain; BEAVERSTOCK, Jonathan (ed.) *Handbook on Wealth and the Super-Rich*, Cheltenham (UK), Edward Elgar, 2016.

HAY, Iain; MULLER, Samantha. "That tiny, stratospheric apex that owns most of the world: exploring geograph of the super-rich", Geographic Research, vol.50, nº 1, 2012.

Jornal Valor Econômico, 2 de dezembro 2016.

LINS RIBEIRO, Gustavo. "A globalização popular e o sistema mundial não hegemônico", Revista Brasileira de Ciências Sociais, vol.25, nº 74, 2010.

Martin Prosperity Institute,"The geography of the global super-rich", Working Paper Serie, Toronto, University of Toronto, April, 2016.

MEDEIROS, Marcelo. "O que Faz os Ricos ricos: um estudo sobre os fatores que determinam a riqueza", Tese de Doutorado, Brasília, UNB, 2003.

MEDEIROS, Marcelo; FERREIRA, Pedro HG. "The rich, the afluents and the top incomes", Current Sociology Review, vol.63, nº 3, 2014.

OLLIVRO, Jean. "Les classe mobiles", L'Information Géographique, vol.69, nº 3, 2005.

PAUGAM, S; COUSIN, B.; GIORGETTI, C. *Ce que les Riches Pensent des Pauvres*, Paris, Seuil, 2017.

PINÇON, Michel; PINÇON-CHARLOT, Monique. *Sociologie de la Bourgeoisie*, Paris, La Découverte, 2007.

______. *Voyage en Grande Bourgeoisie: journal d'enquête*, Paris, PUF, 1997.

______. Les Milionnaires de la Chance: rêve et réalité, Paris, Payot, 2010.

______. Grand Fortunes: dynasties of wealth in France, New York, Algora, 1998.

PIKETTY, Thomas. *Le Capital au XXIe Siècle*, Paris, Seuil, 2013.

PULICI, Carolina. "O Charme (in)discreto do gosto burguês paulista: estudo sociológico da distinção social em São Paulo", Tese de Doutorado, São Paulo, Universidade de São Paulo, Departamento de Sociologia, 2003.

QUINTAVALLE, Alessandro. "Uber Luxury: for bilionaires only" in Jonas Hoffmann Hoffmann e Ivan Coste-Maniére, *The Global Luxury Trends*, London, Palgrave Macmillan, 2013.

Revista Exame, 20 de outubro 2015.

SPENCE, Emma. "Unraveling the politics of super-rich mobility: a study of crew and guest on board luxury yachts", Mobilities, vol.9, nº 3, 2014.

______. "Eye-Spy Wealth: cultural capital and knowing luxury in the identification of engagement with the super-rich", Annals of Leisure Research, vol.19, nº 3, 2016.

SAVAGE, Mike; WILLIAMS, Karel (ed.) *Remembering Elites*, Oxford, Blackwell, 2008.

SAVAGE, Mike; CUNNINGHAM, Niall. "The Secret Garden? Elite metropolitan geography in the contemporary UK", Sociological Review, vol.63, nº 2, 2015.

SIEBOLD, Steve. *How Rich People Think*, London, London House, 2010.

"Stateless and the super-rich", Financial Times, April 28, 2012.

STEINER, Phillipe. *Les Rémunérations Obscènes*, Paris, Éditions la Découverte, 2011.

THURLOW, Crispin; JAWORSKI, Adam. "Elite mobilities: the semiotic landscape of luxury and privilege", Semiotics, vol.22, nº 4, 2012.

______. "The alchemy of the upwardly mobile: simbolic capital and stylization of elites inf frequent-flyer programmes", Discourse & Society, vol.17, nº 1, 2006.

URRY, John; ELIOTT, Anthony. *Mobile Lives*, Oxon, Routledge, 2010.

WAGNER, Anne-Catherine. "La place du voyage dans la formation des elites", Actes de la Recherche em Sciences Sociales, vol.5, nº 170, 2007.

______. "Le jeu de la mobilité et l'autochnomie au sein des classes supérieures", Régards Sociologiques, nº 40, 2010.

World Ultra-Wealth Report, Applied Wealth Intelligence, New York, Wealth-X PTE.Ltd, 2017.

Gestão e Marketing

ALBINO, José Coelho alli. "Internacionalização de marcas de luxo brasileiras: um estudo de caso da joalheria H.Stern", Revista Eletrônica de Negócios Internacionais, vol.4, nº 1, 2009.

ALLÉRÈS, Danielle. *Luxe... Stratégies. Marketing*, Paris, Economica, 2004.

ALLÉRÈS, Danielle (ed.) *Luxe... Métiers et Management Atypiques*, Paris, Economica, 2005.

ANTONI, Marine. *Le Luxe Déchainé: de l'hernanisation des marques de luxe*, Paris, Le Bord de l'Eau, 2013.

BELLON, Stéphane. "Quand Ducasse et Chanel se marient au Japon", Le Journal de l'École de Paris du Management, vol.1, nº 57, 2006.

BLANCKAERT, Christian. *Les Chemins du Luxe*, Paris, Grasset, 1996.

______. *Les 100 Mots du Luxe*, Paris, Que sais-je? (PUF), 2010.

BLANCKAERT, Christian; SOM, Ashok. *The Road to Luxury: the evolution, markets and strategies of luxury brand management*, New Jersey, Wiley, 2015.

BERTOLI, Giuseppe (ed.) *International Marketing and the Country of Origin Effect: the global impact of made in Italy*, Cheltenham (UK), Edward Elgar, 2012.

BRIONES, Eric; CASTGER, Grégory. "Une connexion au luxe bien spécifique", L'Expansion Management Review, vol.2, nº 153, 2014.

BRIOT, Eugénie; DE LASSUS, Christel. "La figure de l'entrepreneur fondateur dans le récit de marque et la construction de la personnalité de la marque de luxe", Managemen Internacional, vol.17, nº 3, 2013.

BRONNER, Jean-Claude alli. "Le luxe aujourd'hui", Entreprises et Histoire, vol.1, nº 46, 2007.

BOTELHO DE SOUZA, Elisa. "Identidade Regional no Cluster Comercial da Oscar Freire", Mestrado Administração, Universidade Municipal de São Caetano do Sul, 2011.

Business Dictionary, http://www.businessdictionary.com/definition/brand.html

CASTARÈDE, Jean. *Histoire du Luxe en France: des origines à nos jours*, Paris, Eyrolles, 2007.

______. *Le Luxe*, Paris, Que Sais-je? (PUF), 2015.

CATRY, Bernard. "Le luxe peut être cher, mais est-il toujours rare?", Revue Française de Gestion, vol.2, nº 171, 2007.

CHEVALIER, Michel; MAZZALOVO, Gerard. *Management et Marketing du Luxe*, Paris, Dunod, 2008.

CHEVALIER, Michel; LU, Pierre. *Luxury China: market opportunities and potencial*, Singapore, John Wiley & Sons, 2010.

DANZIGER, Pamela N. *Let Them It Cake*, Chicago, Dearborn Trade Publishing, 2005.

DAUMAS, Jean-Claude; Ferrière le Vayer, Marc de. "Les métamorphoses du luxe vue d'Europe", Entreprises et Histoire, vol.1, nº 46, 2007.

DEHOORNE, Olivier; THENG, Sopheap. "Étudier le Luxe", Études Caribeènnes, avril 2015

DEREAUMAUX, René-Maurice. "Le Luxe et l'Image de Marque", Market Management, vol.7, nº 1, 2007.

DUBERN, Isabelle. "Le conseiller en luxe", Géoéconomie, vol.2, nº 49, 2009.

DUBOIS, Bernard. "Comment surmonter les paradoxes du marketing du Luxe?", Revue française de Gestion, Vol. 18, N°76, 1992.

DUGUAY, Benoit. "Le luxe de 1950 à 2020: une nouvelle géoéconomie des acteurs", Géoéconomie, vol.2, nº 49, 2009.

FERRIÈRE LE VAYER, Marc de. "Des métiers d'art à l'industrie du luxe en France ou la victoire du marketing sur la création", Entreprises et Histoire, vol.1, nº 46, 2007.

GIACALONE, Joseph. "The market for luxury goods: the case of the Comité Colbert, Southern Business Review, vol.32, nº 1, 2006.

HAIE, Valérie. *Donnez Nous Notre Luxe Quotidien*, Paris, Gualino Éditeur (Institut Supérieur de Marketing de Luxe), 2002.

JOHNS, Ashley. "Mass customization in marketing: definition, benefits and examples", Study.com

KAPFERER, Jean-Noël, entrevista ao jornal Le Monde 5 octobre 2016.

KAPFERER, Jean-Noël. "Abundant rarity: the key to luxury growth", Kelley School of Business, Indiana University, http://dx.doi.org/10.1016/j.bushor.2012.04.002

KAPFERER, Jean-Noël; BASTIEN, Vincent. *Luxury Strategy: break the rules of marketing to build luxury brand*, London, Kogan Page, 2009.

KAPFERER, Jean-Noël; BASTIEN, Vincent. "Developing luxury brands whitin luxury groups: sinergies without dilution?", Marketing Review St. Gallen, nº 1, 2012.

KOROMYSLOV, Maxime. "Le made in France em question", Revue Française de Gestion, vol.9, nº 218-219, 2011.

KOROMYSLOV, M.; WALLISER, B.; ROUX, E. "Marques françaises de luxe: effects de la délocalisation de la fabrication e du design sur l'évaluation du client", Management Internacional, vol.17, nº 3, 2013.

LE BAIL, Stéphanie. *Le Luxe Entre Business et Culture*, Paris, France-Empire, 2011.

LIPOVETSKY, Gilles; ROUX, Elyette. *O Luxo Eterno: da idade do sagrado ao tempo das marcas*, São Paulo, Companhia das Letras, 2005.

LIPOVETSKY, Gilles; FONROUGE, Cécile. "Les entrepreneurs du luxe: une analyse historique-sociale", Management International, vol.17, nº 3, 2013.

MOORE, Christopher alli. "Brands without boundaries: the internationalisation of the designer retailer's brand", European Journal of Marketing, vol.34, nº 8, 2000.

______. "Flagship store as a marketing entry method: the perspective of luxury fashion retailing", European Journal of Marketing, vol.44, nº 1:2, 2010.

MOORE, Christopher; WIGLEY Stephen. "The anatomy of a international fashion retailes: the Giorgio Armani group", Woking Paper, British Academy of Management (BAM) 2004, 30th August-1st September 2004, St. Andrews, UK.

NUENO, José Luis; QUELCH, John A. "The mass market of luxury", Business Horizons, November-December 1998.

PRZYBYLA, Kim. "Les Stratégies du Marketing de Luxe: le Kelly d'Hermès", Mémoire, Sciences Po Toulouse, Année Universitaire 2013-2014.

REMAURY, Bruno. *Marques et Récits: la marque face à l'imaginaire culturel contemporain*, Paris, Institut Français de la Mode/ Regard, 1998.

RICCA, Manfredi; ROBINS, Rebecca. *Meta-Luxury: brands and the culture of excelence*, London, Palgrave Macmillan, 2012.

ROBERT, Anne-Laure, *Les Métiers du Luxe*, Paris, Les Éditions de l'Etudiant, 2016.

ROUX, Elyette. "Le Luxe: entre prestige et marché de masse", Décisions Marketing, nº 1, janvier-avril, 1994.

______. "Le luxe au temps de marques", Géoéconomie, vol.2, nº 49, 2009.

ROUX, Elyette; FOCH, Jean-Marie. "Gérer l'ingérable: la contradiction interne de toute maison de luxe", Décisions Marketing, nº 9, setembre-décembre, 1996.

SERRALVO, Franciso Antônio; Furrier, Márcio Tadeu. "Fundamentos do posicionamento das marcas: uma revisão teórica", Pesquisa Quantitativa de Marketing, Seminário de Administração, 7, 2004, São Paulo, Anais FEA/USP.

SICARD, Marie-Claude. *Luxe Mensonges et Marketing*, Paris, Pearson Education France, 2010.

TREBUCHET-BREITWILLER, Anne-Sophie. "Le Travail du Precieux: une anthropologie économique des produits de luxe à travers des exemples du parfum et du vin", Thèse Doctorat, École Nationale Supérieure des Mines de Paris, 2011.

WIEDMANN, Klaus-Peter; HENNIGS, Nadine (ed.) *Luxury Marketint: the challenge for theory and practice*, Wiesbaden, Springer Gabler, 2013.

Luxo e Arte

ANDRZEJEWSKI, Adam. "Artification and the anthology of art", *Proceedings of European Society for Aesthetics*, vol.5, 2013.

ASSOULY, Olivier. *Le Capitalisme Esthétique: l'industrialisation du goût*, Paris, Cerf, 2008.

Artisans du Luxe Français, Paris, La Martinière, 2014.

BECHTLER, Cristina (ed.) *Art and Architecture in Discussion: art, fashion and work for hire*, New York, Springer, 2008.

BELTING, Hans. *O Fim da História da Arte*, São Paulo, Cosac Naify, 2006.

BECKER, Howard. *Art Worlds*, Berkeley, University of California Press, 1982.

BONNARDOT, André. "La photographie et l'art", *Revue Universelle des Arts*, vol.2, octobre 1855 – mars 1856.

BOURGEON-RENAULT, Dominique. *Marketing de l'Art et de la Culture*, Paris, Dunod, 2009.

BRET, Jean-Noël; MOUREAU, Nathalie (ed.) *L'Art, L'Argent et la Mondialisation*, Paris, L'Harmattan, 2013.

BYRD, Sarah C. "The New Look: John Galliano's Haute Couture at Dior 1997-2007", Master of Arts Fashion and Textile Studies, New York, SUNY, 2013.

COLLINGWOOD, R. G. *The Principle of Art, Oxford*, Oxford University Press, 1958.

CRANE, Diana. "Reflections on the global art market: implications for the Sociology of culture", *Sociedade e Estado*, vol.24, nº 2, 2009.

______. "La géographie du marché de l'art mondial en pleine évolution", *Sociologie et Socétés*, vol.47, nº 2, 2015.

CREWE, Louise. "Placing fashion: art, place, display and the building of luxury fashion market throught retail design", *Progress in Human Geography*, vol.40, nº 4, 2016.

DANTO, Arthur. *Após o Fim da Arte: a arte contemporânea e os limites da história*, São Paulo, Edusp, 2006.

Dandysme 1808 à 2008: de Barbey d'Aurevilly à Christian Dior, Versailles, Éditions Artlys, 2008.

DION, Delphine; ARNOULD, Eric. "Retail luxury strategy: assembling charisma through art and magic", *Journal of Retailing*, vol.87, nº 4, 2011.

Dior: le bal des artistes, Paris, Musé Christian Dior de Granville, 2011.

FOSTER, Hal (ed.) *Visual and Visuality*, Marceline (Missouri), Walsworth Publishing Co., 1988.

FRÈCHES, José (ed.), *Art & Cie: l'art est indispensable à l'entreprise*, Paris, Dunod, 2005.

GUTSATZ, Michel. "Le sage et le créateur: éléments pour une analyse des marques de luxe", *Décisions Marketing*, nº 23, mai-août, 2001.

HARTLEY, John (ed.). *Creative Industries*, Oxford, Blackwell, 2005.

HEINICH, Nathalie. *Le Paradigme de l'Art Contemporain*, Paris, Gallimard, 2014.

HEINICH, Nathalie; SHAPIRO, Roberta (ed.) *De L'Artification: enquête sur le passage à l'art*, Paris, EHESS, 2012.

______. "When is artification?" *Contemporary Aesthetics*, Special Volume, Issue 4, 2012. http://hdl.handle.net/2027/spo.7523862.spec.409

Impressions Dior: Dior et l'Impressionisme, New York, Rizzoli, 2003.

Inspiration Dior, Paris, Éditions de la Martinière, 2011.

JOURDIN, Anne. "Les métiers d'art, réalités économique d'un secteur méconnu", *Annales des Mines-Réalités Industrielles*, novembre 2013.

JOY, Annamma. "M(Art) Worlds: consumer perceptions of how luxury brand stores become art instituions", *Journal of Retailing* XXX, 2014. http://dx.doi.org/10.1016/j.jretai.2014.01.002

KAPFERER, Jean-Nõel. "The artification of luxury: form artisans to artists", *Business Horizons*, vol.57, nº 3, 2014.

KASTNER, Olga Louisa. *When Luxury Meets Art: forms of collaboration between luxury brands and the arts*, Berlin, Springer Gabler, 2014.

KAWAMURA, Yuniya. "The Legitimation of Fashion: Japanese designers in the French fashion system", Dissertation, New York, Columbia University, 2001.

L'Art de l'Automobile: chefs d'oeuvres de la collection Ralph Lauren, Paris, Les Arts Décoratifs, 2011.

"Le rapport annuel sur le marché de l'art contemporain 2016", artprice.com

LIPOVETSKY, Gilles; SERROY, Jean. *A Estetização do Mundo: viver na era do capitalismo artista*, São Paulo, Cia das Letras, 2014.

LOGKIZIDOU, Maria. "The impact of visual merchandising display on consumer purchases of luxury brand. Doutorado, Cardiff University (Walles) 2016.

L'Objet Cartier: 150 ans de tradition et innovation, Paris, La Bibliothèque des Arts, 1992.

Louis Vuitton: l'art de traverser le temps. Paris, Éditions Louis Vouitton Malletier, 1996.

Louis Vuitton Marc Jobs, Paris, Les Arts Décoratifs, 2012.

MARTIN, Méryl. "L'art du luxe: sur le processus de reconnaissance artistique et culturelle des maisons de luxe", Paris, Mémoire, Université Panthéon-Sorbonne, 2015.

MERLO, Márcia (org.) *Museus e Moda*, São Paulo, Estação das Letras e Cores, 2016.

MOULIN, Raymonde. *Le Marché de l'Art: mondialisation et nouvelles technologies*, Paris, Flammarion, 2000.

______. *L'Artiste, L'Institution et Le Marché*, Paris, Flammarion, 1992.

______. "La génèse de la rarété artistique", *Ethnologie Française*, vol.8, nº 273, 1978.

MOULIN, Raymonde; QUENTIN, Alain. "La certification de la valeur de l'art", Annales: *Histoires Sciences Sociales*, vol.48, nº 6, 1993.

MOUREAU, Nathalie; SAGOT-DUVAUROUX, Dominique. *Le Marchè de l'Art Contemporain*, Paris, La Découverte, 2016.

NAUKKARINEN, Ossi. "Variations on artification", *Contemporary Aesthetics*, Special Issue, vol.4, 2012.

Nº 5 Culture Chanel, Paris, Éditions la Martinière, 2013.

QUEMIN, Alain. "Qui detient le pouvoir en art contemporain?", *Sociologie et Sociétés*, vol.47, nº 2, 2015.

SHAPIRO, Roberta. "Qu'est ce que l'artification", XVIIème Congrès de l'AISLF 'L'individu social', *Comité de recherche 18*, Sociologie de l'Art Tours, juillet 2004.

Van Cleff & Arpels: l'art de la haute joaillerie, Paris, Les Arts Décoratifs, 2012.

Van Cleef & Arpels: reflets de l'éternité, Paris, Éditions Cercles d'Art, 2005.

Volez, Voguez, Voyager: Louis Vuitton, Paris, Flammarion, 2015

WHITE, Harrison C.; WHITE, Cynthia A. *Canvases and Careers: institutional change in the French painting world*, Chicago, The University of Chicago Press, 1993.

Imitação e Cópia

ALLÉRÈS, Danielle, "La propriété intelectuelle dans l'univers du luxe", *Réseaux*, vol.16, nº 88-89, 1998.

BEKIR, Insaf; EL HARBI, Sana; GROLEAU, Giles. "L'imitation et la contrefaçon peuvet-elles être bénéfiques au firmes originales?", *Révue Internationale de Droit Économique*, nº 1, tome XXIII, 2009.

BRIOT, Eugénie ali. "La contrefaçon chez les artisans du luxe: dispositif de protection et rôle du reseau", *Internation Conference Luxury and Counterfeiting*, Geneva, June 9-10th 2011.

CHANG, Hsiao-hung, "Fake logos, fake theory, fake globalization", *Inter-Asian Cultural Studies*, vol. 5, nº 2, 2004.

GOSLINE, Renée Ann. "The Real Value of Fakes: dynamic symbolic boundaries in social embedded consumption", Dissertation, Harvard Business School, 2009.

HYENS, Andy. "La contrefaçon dans le monde: entre dangers, profits et perspectives", *Cahiers de la Sécurité*, nº 15, janvier/mars, 2001.

JIANG, Ling. "Call for copy: the culture of counterfeit in China", *Journal of Chinese Economics*, vol.2, nº 2, 2014.

"Le Role du Comité Colbert dans la Lutte Contre la Contrefaçon en France et dans le Monde", Paris, Comité Colbert, 2015.

LIN, Yi-Chieh Jessica. "Knockoff: a cultural biography of transnacional counterfeits goods", Tese de Doutorado, Departamento de Antropologia, Harvard University, 2009.

LINS RIBEIRO, Gustavo. "What's a copy?", Vibrant, vol.10, nº 1, 2013.

Luxe et Contrefaçon: défis, enjeux et perspectives, 1er Colloque International, WESFORD Geneva, June 9-10th 2011.

MAITTE, Corine, "Imitation, copie, contrefaçon, faux: définitions et pratiques sous l'Ancien Régime", *Entreprises et Histoire*, vol.1, nº 78, 2015.

MAITRE, Philippe; PERRINO, Muriel. "Contrefaçon et Ostentation", *Revue d'Économie Industrielle*, nº 117, 1er trimestre 2007.

MILLER, B.; KOCHER, B.; IVENS, B. "Contrefaçons de produtis de luxe: une étude de la perceptions et de l'intention d'achat selon le lieu", *Revue Française de Gestion*, vol.3, nº 212, 2011.

STRELAU, Suzane. "O Luxo Falsificado e suas Formas de Consumo", Tese de Doutorado, FGV-SP, 2004.

STREHLAU, Suzane; GOMES, Sílvia Cressoni. "Avaliação das alternativas de compra: entre a falsificação e o original", *Revista Brasileira de Marketing*, vol.10, nº 3, 2011.

YACOUB, Nejla; LEPERCHE, Blandine. "Stratégies anti-contrefaçon des entreprises cosmétiques de luxe: accumulation versus valorisation du capital-savoir", *Innovations*, vol.2, nº 41, 2013.

"Trade in Counterfeit and Pirated Goods: mapping the econonic impact", Paris, OECD/EUIPO (European Union), 2016.

Hotelaria, Viagens, Turismo, Objetos de Luxo

Atout France, "Tableau de Classement Catégorie: hôtels de tourisme", 2016.

BARRÈRE, Christian alli. "Tourisme de luxe et gastronomie de luxe: une nouvelle Sainte Alliance sur le fond de patrimoine?", *Territoire en Mouvement*, vol.21, 2014.

______. "Luxury gastronomy as an attractive for luxury tourism", OMI Research Center, University of Reims, *Oenometrie XVI*, Namur, 2009.

BURR, Chandler. *The Perfect Scent: a year inside of the perfume industry in Paris and New York*, New York, Henry Holt, 2008.

CHU, Yin. "A Review of Studies on Luxury Hotels over the Past Two Decades", Master of Science, Hospitality Management, Iowa State University, 2014.

COUSIN, Bruno; CHAUVIN, Sébastien. "L'entre-soi élitaire à Saint Barthélemy", *Ethnologie Française*, vol.42, nº 2, 2012.

DANNEFER, Dale. "Rationality in a private experience: modern consciousness and the social world of old-car collectors", *Social Problems*, vol.7, nº 4, 1980.

Dans les Secrets des Parfumeurs, http://www.elle.fr/Beaute/Dossiers-beaute/Parfums/Dans-le-secret-des-pa rfumeurs-226 61550.

Delahaye, François. "L'Hôtellerie de luxe: enjeux et mutations", *Géoéconomie*, vol.1, nº 64, 2013.

DESCHAMPS, Marc. "L'inexistence du luxe comme catégorie finie et unifiée: le classement hôtellier en France", *Innovations*, vol.2, nº 41, 2013.

DION, Delphine; BOISSIEU, Elodie de. "Construction et mis en scène d'un lignage dans le luxe: le cas des chefs dans la haute cuisine", *Décisions Marketing*, avril-juin 2013.

ELLENA, Jean-Claude. *Le Parfum*, Paris, Que c'est je?, PUF, 2007.

______."Un métier de l'art de vivre: le parfumeur", Annales des Mines-Réalités Industrielles, vol.4, novembre, 2013.

GABORIT, Jean Yeves. *Parfums: prestige et haute couture*, Paris, Office du Livre Éditions Vilo, 1985.

GIRAUD, Christophe. "Recevoir le touriste en ami : la mise en scène de l'accueil marchand en chambre d'hôte", *Actes de la recherche en sciences sociales*, vol.5, nº 170, 2007.

GOUIRAND, Pierre. "Le concept de palace: le luxe dans l'hôtellerie et son évolution", *Recherches Regionales* (Colloque Tradition et grandeur de l'hôtellerie de luxe sur la Côte d'Azur), vol.54, nº 203, 2013.

GUIBERT, Pascal alli "Les femmes de chambre de l'hotellerie ou le déclassement d'une élite invisible", *Formation Emploi*, nº 123, juillet-septembre, 2013.

HERTRICH, Sylvie; MAYRHOFER, Ulrike. "Les défis à l'international d'un constructeur d'automobile haute gamme: un entretien avec Patrice Franke, directeur générale d'Audi France", *Décisions Marketing*, nº 43/44, juillet-décembre 2006.

KEYSER, Diane. *Madame est Servie*, Paris/Bruxelles, La Longue Vue, 1997.

"L'Hôtellerie de Luxe", Paris, Office du Tourisme et des Congrès, 2013.

MASSARO, Camille. "Automobile, Art and Auction: a study of practice, history and potencial growth of collectible cars auction", Master Degree in Art Business, Sotheby's Institut of Art, 2014.

NICOLAU NETO, Michel; MIRALDI, Juliana. "O turismo de luxo e a denegação social", inédito.

NLEMVO, Frédéric; SURLEMONT, Bernard. "Les choix des modèles de revenue dans la haute gastronomie", *Revue Française de Gestion*, vol.1, nº 181, 2008.

NUBAMI, Linda. "Delving in the attributes that make luxury hotels", Master of Science, Departement of Architecture and Interior Design, University of Cincinnati, 2001.

PÉRETZ, Henri. “Soldes haut de gamme à Paris”, *Ethnologie Française*, vol.35, nº 1, 2005.

______. “Le vendeur, la vendeuse et leur client: ethnographie du prêt-à-porter du luxe”, *Révue Française de Sociologie*, vol.33, nº 1, 1992.

PHAN, Michel. “Innovation des services: étude de cas Plaza Athénée Paris”, *Décisions Marketing*, nº 48, octobre-décembre, 2007.

PINNA, Gabriele. “Vendre du luxe au rabais: une étude de cas dans l'hôtellerie haute gamme à Paris”, *Travail et Emploi*, nº 136, octobre-décembre 2013.

______. “Luxe, genre et émotions dan l'hotellerie”, *La Nouvelle Revue du Travail*, vol.6, 2015.

PLUYETTE, Cyrille. “Rolls-Royce a su faire revivre la légende”, *Le Figaro*, 9/4/2012

POUPEAU FRANK, Réau Bertrand “L'enchantement du monde touristique”, *Actes de la recherche en sciences sociales*, vol.5, nº 170, 2007.

SCHRADER, Halwart. *Rolls-Royce & Bentley: depuis 1931 marques d'excellence,* Paris. Éditions E.P.A, 1990.

SCHRAGER, Ian. “The boutique hotel concept”, *CTBUH Research Paper*, 2015.

SHERMAN, Rachel. *Class Acts: services and inequality in luxury hotels*, Berkeley, University of California Press, 2007.

TENG, Sopheap. “Le luxe dans le champ du tourisme”, *Études Caribéennes*, vol.30, Avril 2015.

TISSOT, Laurent. L'hôtellerie de luxe à Genève (1830-2000)”, *Entreprises et Histoire*, vol.1, nº 46, 2007.

TIXIER, Maud. “La contribution de l'hôtellerie haute gamme à la renommée internationale de Courchevel”, *Humanisme et Entreprise*, vol.5, nº 290 2008.

Moda, Alta Costura

AGOGÉ, Marine; NAINVILLE, Guillaume. "La haute couture aujourd'hui: comment concilier le luxe et la mode", Annales de Mines, vol.1, nº 99, 2010.

BARRÈRE, Christian; SANTAGATA, Walter. *La Mode: une économie de créativité et du patrimoine à l'heure du marché*, Paris, Ministère de la Culture et de la Communication, 2005.

BAUDOT, F. *Yohji Yamamoto*, Paris, Éditions Assouline, 1997.

BERLOQUIN-CHASSANY, Pascale. "Créateurs africain de mode et labellisation ethnique", Autrepart, vol.2, nº 38, 2006.

CRANE, Diana. "Diffusion models and fashion: a reassessment", The Annals of the American Academy of Political and Social Sciences", vol.566, November 1999.

______. "Globalisation, organizational size, and innovation in the French luxury fashion industry: production of cultural theory revisited", Poetics, vol.24, nº 6, July 1997.

"Ethnique haute couture" www.matoushi.com/2012/02/ethnique--haute-couture.html

ERNER, Guillaume (ed.), L*a Mode des Tendances*, Paris, PUF, 2011.

MIQUETI, Miqueli. *Moda Brasileira e Mundialização*, São Paulo, Annablume, 2015.

Mode de Recherche (revista digital do Institut Français de la Mode)

______. "Mode d'emploi", nº 1, janvier 2004.

______. "Luxe et patrimoines", nº 2, juin 2004.

______. "La mode comme objet de recherche", nº 6, juin 2006.

______. "Le modèle économique de la mode", nº 8, juin 2007.

______. "Mode et modernité", nº 9, janvier 2008.

______. "Management de la création", nº 10, juin 2008.

______. "Le parfum", nº 11, janvier 2009.

______. "Gastronomie cycles de mode et consommation", nº 13, janvier 2010.

______. "Qualifier le design: entre usages, esthétiques et consommation", nº 14, juin 2010.

______. "Le luxe", nº 16 juin 2011.

______. "L'artisanat, la main et l'industrialisation", nº 18, juin, 2012.

______. "Le vin entre culture et marché", nº 21, janvier 2015.

______. "Paris, capitale de la mode?", nº 22, décembre 2015.

Mode et Luxe: économie, création, marketing, Paris, Institut Français de la Mode/Regard, 2014.

REINACH, Simona. "Fashion and national identity: interaction between Italians and Chine ses in the global fashion industry", Business History Conference, 2009. URL: http://www.thebhc.org/publications/BEHonline/2009/reinach.pdf.

SORBIER, Frank. "La haute couture est un monde particulier un peu en dehors de la mode", franceculture.fr

TROY, Nancy. *Couture Cultures: a study in modern art and fashion,* Cambridge, The MIT Press, 2003.

Alameda nas redes sociais:

Site: www.alamedaeditorial.com.br
Facebook.com/alamedaeditorial/
Twitter.com/editoraalameda
Instagram.com/editora_alameda/

Esta obra foi impressa em São Paulo no verão de 2019. No texto foi utilizada a fonte Adobe Caslon Pro em corpo 10 e entrelinha de 15,25 pontos.